윤리와 사상

더 나은 삶을 위한 성찰의 힘

인문학

윤리와 사상

더 나은 삶을 위한 성찰의 힘

인문학

초판 1쇄 인쇄일 2015년 9월 30일
초판 1쇄 발행일 2015년 10월 5일

지은이 문종길
펴낸이 양옥매
디자인 최원용
교 정 조준경

펴낸곳 도서출판 책과나무
출판등록 제2012-000376
주소 서울특별시 마포구 월드컵북로 44길 37 천지빌딩 3층
대표전화 02.372.1537 **팩스** 02.372.1538
이메일 booknamu2007@naver.com
홈페이지 www.booknamu.com
ISBN 979-11-5776-099-2(43190)

이 도서의 국립중앙도서관 출판시도서목록(CIP)은 서지정보유통지원 시스템
홈페이지(http://seoji.nl.go.kr)와 국가자료공동목록시스템
(http://www.nl.go.kr/kolisnet)에서 이용하실 수 있습니다.
(CIP제어번호 : CIP2015026110)

윤리와 사상
Ethics and Thought

더 Better 나은
삶을 For life 위한
성찰의 reflec tion 힘
인문학

문종길 지음

책과나무

CONTENTS

Chapter **01**

° 인간은 모든 것에 대해 기준이다

Chapter **02**

° 우리 모두는 자신의 영혼의 수련을 통해 정신의 건강을 돌보아야 한다
° 가장 나쁜 악은 불의를 당하는 사람이 아니라 그것을 행하는 사람이다
° 무지는 사람을 겁쟁이가 되게 하고, 지혜는 사람을 용기 있게 한다

Chapter **03**

° 동물의 세계는 물론, 인간의 세계에서도 정의란 강자의 지배적 힘이다. 그러므로 더 능력 있는 자가 더 많이 갖는 것이 정의이다

Chapter 04

현실 세계에는 그 자체로 완전한 것은 없고, 그것들의 이데아(본·本)를 어느 정도 '닮아 있는' 것들만 있다 – 플라톤
·043·

° 우리의 지성을 통해 이를 수 있는 최선의 인식을 좋음(good)의 이데아(Idea)라 한다
° 지성에 의해서만 인식할 수 있는 완전한 영역과 감각·경험을 통해서만 생각할 수 있는 불완전한 영역이 있다
° 정의로운 국가란 저마다 타고난 성향에 따라 각자가 한 가지 일에 종사하는 것이며, 또 한 철인이 다스리는 국가이다

Chapter 05

행복은 궁극적이고, 자족적인 어떤 것이며, 모든 행동의 목적이다
– 아리스토텔레스
·059·

° 행복은 인간 정신의 유덕한 활동이며, 온전한 덕(德)과 생애 전체를 통해서 비로소 성 취되는 것이므로 그 자체로서 절대적인 가치를 지닌다
° 한 사람의 성품은 습관의 결과이지 타고나는 것이 아니다
° 모름지기 사람은 중간적인 올바른 이치를 선택해야 한다
° 가장 좋은 정치 형태는 군주제이고, 최악의 정치 형태는 참주제이다

Chapter 06

너의 능력을 넘어서는 역할을 바라지 말고, 자연에 따르는 삶을 살라
– 에픽테토스
·075·

° 행복한 삶이란 '풍족하게 흐르는 강물과 같은 삶이다'
° 서로 다른 것들로부터 가장 아름다운 조화가 이루어진다
° 보편적 자연과 그것의 로고스에 맞지 않는다면, 아무리 사소한 것일지라도 생겨날 수 없다
° '이성에 따르는 삶'은 곧 올바르게 '자연에 따르는 삶'이다
° 사람을 심란하게 만드는 것은 그 일들 자체가 아니라 그 일들에 대한 우리의 믿음이다

Chapter 10

고귀하고 관대한 행위만큼 아름답고 정의로운 것은 없고, 잔인하고 배반적인 행위만큼 혐오감을 불러일으키는 것은 없다 – 흄
·153·

° 과거의 습관적이고 규칙적인 경험에 기초해 미래에도 같은 결과가 일어날 것이라고 똑같이 가정할 수 없다
° 이성은 감정의 노예이고, 이성의 임무는 오직 감정에 봉사하고 복종하는 것이다
° 공감은 다른 사람이 느낀 쾌감/불쾌감을 우리에게도 동일하게 느끼게 해주어 우리를 자신만의 세계에서 벗어나게 해주는 원리이다

Chapter 11

이 세상은 물론, 이 세상 밖에서라도 아무런 제약 없이 선하다고 생각될 수 있는 것은 오직 선의지뿐이다 – 칸트
·173·

° 자신의 이성을 스스로 사용함을 배우라
° 너의 행위의 준칙이 너의 의지에 의해 보편적인 법칙이 되어야 할 것처럼 그렇게 행위하라
° 자신은 물론, 모든 사람의 인격 안의 인간성 또한 언제나 동시에 목적으로 사용하도록 그렇게 행동하라

Chapter 12

우리가 어떤 결정을 할 것인지는 물론, 우리가 어떤 행동을 할 것인지는 전적으로 두 명의 군주(쾌락 또는 고통)에 달려 있을 뿐이다 – 벤담
·192·

° 19세기 영국 사회는 시장 경제 발전으로 인해 복잡한 사회 문제의 등장과 개인의 권익 추구 현상이 자연스런 흐름을 형성하고 있었다
° 우리가 무엇을 하든, 우리는 오직 쾌락과 고통만을 기준으로 삼아야 하며, 유용성의 원리는 개인의 모든 행동은 물론, 정부의 모든 정책을 평가하는 원리이다
° 좋은 행위란 관련된 사람들 모두 또는 개인들로 이루어진 공동체 전체와 관련해서도 일반적으로 좋은 경향성을 지닌 행위이다

° 우리가 어떤 행동을 할 것인지는 오직 쾌락과 고통과 관련해서 결정되며, 이것을 통제
하는 원칙을 외적 제재라고 한다

° 법의 공통된 보편적인 목적은 공동체 전체의 행복을 증진하는 것이며, 형벌은 더욱 큰
해악을 제거할 수 있으리라는 가능성이 있을 때로 제한된다

° 양적이며 질적인 두 가지 쾌락을 경험해본 사람이 어느 한 가지를 더욱 선호한다면, 바
로 그것이 더욱 바람직한 쾌락이라고 할 수 있다(J. S. 밀)

Chapter 13

동정심은 사심 없는 행위의 유일한 원천이며, 따라서 도덕성의 참된 기초이다
– 쇼펜하우어   ·221·

° 칸트의 윤리는 '선결문제 요구의 오류'이며, 그의 정언명령은 신학적 윤리학을 은폐하
기 위한 도구이며, 우스꽝스런 자기 미화일 뿐이다

° "나를 위해서는 모든 것을, 남을 위해서는 아무것도"처럼 남의 불행을 순수하게 기뻐하
는 것보다 더 악마적인 것은 없다

° 어떤 것도 의지의 소망을 충족시켜줄 수 없기 때문에 괴로워하지 않고 산다는 것은 완
전히 모순된 일이다

° 타인의 고통과 쾌락만을 고려하는 동정심만이 사심 없는 행위의 유일한 원천이며, 따
라서 도덕성의 참된 기초이다

° 살아 있는 모든 존재에 대한 무제한적인 동정심은 도덕적으로 훌륭한 행동을 위한 가장
견고하고 확실한 보증이다

Chapter 14

**"만약에 신이 없다면 모든 것이 허용된다."는 이 말은 곧 "실존은 본질에 앞선다."는 말이
며, 이로써 인간은 자유롭게 된다. 절대적 가치나 질서란 없다 – 사르트르**   ·247·

° 만약에 신이 없다면, 인간의 본성을 어떤 응고된 결정론에 의존해 설명할 필요가 없게
된다. 즉 실존이 본질에 앞서게 되어 인간은 자유롭게 된다

° 인간이 어떤 본질도 없이 이 세상에 던져진 부조리라는 말은 인간이 자유롭도록 선고받
   았다는 뜻이다. 따라서 인간은 매순간 스스로를 창조해야 한다
° 홀로 남겨져 있다는 것은 불안을 수반하지만, 인간이 자유롭다는 뜻이고, 자신의 본질
   이 스스로를 선택하는 실존으로 있다는 뜻이다
° 실존주의가 휴머니즘인 이유는 자유와 주체성에서 출발해 스스로를 넘어선다는 초월성
   때문이다. 인간은 이유 없이 결정을 내릴 운명이고, 영원히 자유로울 운명이다

Chapter 15

사회적 · 경제적 불평등은 모든 사람들에게 이익이 되리라는 합당한 기대가 있도록 조정
될 때 정당화된다 – 롤스   · 268 ·

° 정의(옳음)의 원칙에 대한 합의는 자신의 선택과 무관한 우연적 요소를 배제함으로써
   가능하다
° 한 개인이 현재와 미래의 이익 · 손실을 비교하듯이 사회는 여러 개인들 사이의 이익과
   불만족을 계산하여 비교하기 때문에 '최대 다수의 최대 행복'이 좋을지는 모르지만 옳은
   것은 아니다
° 분배적 정의란 균등하게 하는 것이 아니라 모두에게 이익이 되도록 하는 것이다
° 복지(국가적) 자본주의는 부와 자본을 소유한 소수의 영향력으로부터 자유롭지 못하
   며, 부와 자본을 소수자에게 집중시킨다

Chapter 16

너의 행위의 결과가 언제나 미래의 인간 생명 가능성에 대해 파괴적이지 않도록 행위 하
라 – 한스 요나스   · 293 ·

° 전통 윤리학에서 윤리적 의미는 지금 여기에 있는 인간과 인간 사이의 직접적인 관계를
   전제로 성립했다
° 기술 지배 권력은 책임의 본질적 지평을 불확정적 미래로 확장할 것을 요청받고 있다

Chapter **17**

우리의 삶과 행위는 거대한 서사적 성격을 가지며, 그 안에서 우리의 삶은 우리 스스로가
등장인물이자, 작가이며, 현재 공연하고 있는 이야기이다 – 매킨타이어   ·310·

° 현대 사회를 특징짓는 주정주의적 자아는 어떤 필연적인 사회적 정체성이 결여된 '박탈
  된 자아', '유령적 자아'이다
° 전통 사회에서 개인의 정체성을 확인하는 수단은 다양한 사회 집단 속에 그 개인이 소
  속되어 있다는 사실에 있었다
° 실천이란 사회적으로 정당화된 협동적 인간 활동의 일관성 있고 복합적인 형식이며,
  이를 통해 내재적 선들이 실현된다
° 우리의 삶이란 서사적 존재로서의 삶이며, 나의 삶의 역사는 언제나 나의 정체성을 이
  끄는 내가 속한 공동체의 역사 속에 편입되어 있다
° 내가 추구하는 선(善)은 전통에 의해 정의된 하나의 콘텍스트 안에서 이루어지는 것으
  로 보아야 한다
° 롤스와 노직은 공통적으로 정의의 문제를 다루면서 '공적(미덕, desert)'을 배제하고
  있다

머리말을 쓰는 일이 두려운 과정이라는 사실을 원고를 모두 마치고서야 깨닫게 되었다. 왜냐하면 지혜를 사랑했던 17명의 철학자들, 이들이 오직 나를 향해, 스스로에게 다시 물음을 던지도록 했기 때문이다. 이 말은 곧 "정의롭지 못한 세상이 일상성의 자리를 차지하게 되거나, 우리가 그런 세상을 냉소적으로 인정하게 되는 것은 지식의 결핍 때문이라기보다 의지의 타락 때문이다."라는 하버마스의 말과도 닿아 있다. 이런 이유 때문에 그들이 주었던 깨달음과 이어지는 질문들을 짧은 머리말에 모두 담아낸다는 것이 사실상 불가능하고 두려운 일이란 걸 비로소 깨달은 것이다.

"너는 자연의 정의가 곧 현실 사회·정치·경제의 모습이라는 사실에 눈감고 있지는 않았는가?(칼리클레스)", "너는 각자의 다양성을 얼마나 존중하면서 살아왔는가?(프로타고라스)", "너는 너의 정신을 언제나 매순간 진리를 위해 수련하고 있는가?(소크라테스)", "너는 스스로 정의로운 사람, 정의로운 사회의 구성원으로서 덕을 갖추고자 삶에 얼마나 충실했는가?(플라톤)", "너는 중용의 덕이 생애를 통해 습관이 되도록 실천의지를 단련하는 삶을 살아가고 있는가?(아리스토텔레스)", "너는 들끓는 격정으로부터 초연하여 너의 삶이 언제나 이성적이도록 살아가고 있는가?(에픽테토스)", "너는 건전한 생각을 갖고 불필요한 헛된 것들에서 자유롭고자 하는 삶을 살아가려고 항상 노력하고 있는가?(에피쿠로스)", "너는 언제나 너에게 이익이 되는 것만을 추구하는 것이 옳다고 믿고 있는 것은 아닌가?(홉스)", "너는 살면서 인류애라는 도덕 감정을 얼마나 실천하고 있는가?(흄)", "너는 도덕과 입법의 원칙이 무엇이어야 한다고 스스로에게 물어보았는가? 너는 다수의 논리 뒤에 숨어 소수를 배려하는 일에 무관심하지 않았는가?(벤담)", "너는 당연하게 전해져오고 있는 가치들에 대해 항상 의심을 품고자 했는가?(데카르트)", "너는 우리가 어떤 것을 행해야 하는 행동 규칙들이 어디에서 왔는지에 대해 물음을 가져본 적이 있는가?(칸트)", "너는 진정한 도덕성이 무엇이어야 한다고 생각해보았는가?(쇼펜하우어)", "너는 언제나 지금이 아닌 상태로 있지 않으려는 주체이고자 항상 그렇게 살고 있는가?(사르트르)", "너는 지금의 복지 국가적 자본주의가 최선의 이념이라고만 생각하지는 않았는가?(롤스)", "너는 지금의 지구 · 생태적 위기의 책임을 그들의 이야기로만 넘기지 않았는가?(요나스)", "너는 전통의 미덕을 언제나 버려야 할 것으로만 여기지는 않았는가?(매킨타이어)"

물론, 그들이 나 스스로에게 던지게 했던 물음과 고민들이 여기에 쓴 겨우 17개의 물음만으로 정리될 수는 없다. 중요한 점은 그들이 끊임없이 그들의 중심 생각은 물론, 그들의 생각과는 반대되거나 확산적인 물음으로 이어지도록 나를 자극해주었다는 점이다. 그리고 바로 이런 이유들이 다른 사람이 아니라 모두 나를 향하여, 나의 고유성으로 작용하는 순간 머리말을 쓰는 것이 동시에 두려운 일이 되었다.

이 책은 『누구나 한 번은 알고 싶었던 인문 교양 : 윤리와 사상』(2014)과 짝을 이루는 일종의 시리즈이다. 『누구나 한 번은 알고 싶었던 인문 교양 : 윤리와 사상』이 동양의 사상가들을 중심으로 다룬 첫 번째 결과물이라면, 이 책은 서양의 사상가들을 중심으로 다룬 두 번째 결과물이다.

나는 처음 이들을 호기심과 즐거움으로 읽었고, 다음엔 학생들을 가르치기 위해 읽었다. 그런 다음 지금 비로소 깊이와 재미로 읽게 되었다. 물론, 이 또한 현재 진행형이기 때문에 시간이 지나면 이들은 또 다른 깨달음으로 나를 이끌어 갈 것이다.

지은이가 여기에 이르도록 자극을 주고, 도움을 주고, 이끌어준 많은 학생들, 그리고 '연심(研心)'의 마음을 간직하도록 지도해주신 서규선, 김학권, 김정현 교수님께 진심으로 감사드립니다. 더불어 지은이의 부족한 원고를 매번 매끄러운 편집과 디자인으로 입혀주는 '책과 나무' 편집부에도 고마운 마음을 전합니다.

자연의 정원 익산고등학교에서 문종길.

2015년 8월

동 · 서양의 **주요 사상가 연대표**

사상가	생존 시기
소크라테스	기원전469?-399
프로타고라스	기원전485-414?
플라톤	기원전428?-348?
아리스토텔레스	기원전384-322
아우구스티누스	354-430
토마스 아퀴나스	1225?-1274
칼뱅	1509-1564
베이컨	1561-1626
홉스	1588-1679
로크	1632-1704
흄	1711-1776
벤담	1748-1832
밀	1806-1873
데카르트	1596-1650
스피노자	1632-1677
라이프니츠	1646-1716
칸트	1724-1804
헤겔	1770-1831
쇼펜하우어	1788-1860
키르케고르	1813-1855
사르트르	1905-1980
하이데거	1889-1976
듀이	1859-1925
한스 요나스	1903-1993
매킨타이어	1929-

사상가	생존 시기
노자	기원전579?-499?
장자	기원전365?-270?
공자	기원전551-479
맹자	기원전372-289
순자	기원전298?-238?
주희	1130-1200
왕수인	1472-1528
이황	1501-1570
이이	1536-1584
정제두	1649-1736
정약용	1762-1836
고타마 싯다르타	기원전563?-483?
원효	617-686
의천	1055-1101
지눌	1158-1210
최제우	1824-1864
강일순	1871-1909
박중빈	1891-1943

Chapter

01

인간은 모든 것에 대해 기준이다. 있는 것들에
대해서는 있다는 것, 있지 않은 것들에 대해서
는 있지 않다고 하는 것의 기준이다

_프로타고라스

° 인간은 모든 것에 대해 기준이다

지금 _____

자유 경제원의 '정명(正名) 종합토론회'에서 무상급식을 '세금급식'으로, 양극화를 '소득격차'로 바꿔 불러야 그 의미를 제대로 전달할 수 있다는 지적이 나왔다. 무상급식의 재원이 세금이지만 '무상'이라는 말 때문에 '공짜'라는 오해를 낳는다는 이유에서다. 양극화라는 용어도 부자와 가난한 자의 편을 갈라 사회 갈등을 조장하는 만큼 시정할 필요가 있는 것으로 지적됐다.

자유경제원장은 "우리 사회에서 나타나는 분열의 밑바탕에는 바른 용어를 쓰지 않는 데서 오는 혼란이 자리하고 있다."며 이같이 강조했다. 자유경제원은 자유민주주의와 시장경제에 대한 용어 가운데 부정적인 의미를 띠는 것이 많다고 지적했다. 대표적인 용어 오용 사례로 '양극화', '공공성', '사회적' 등 세 단어를 꼽았다. "한국의 소득격차는 세계 중간 수준이지만 양극화라는 말 때문에 한국의 빈부격차가 세계에서 가장 심각한 것처럼 인식되고 있다."며 "양극화라는 말이 부자와 가난한 사람으로 편을 가르고 갈등을 부추긴다."고 분석했다.

또 "공공성은 '공공성강화위원회', '공공성을 위한 시민 연대' 등의 방식으로 특정 이익집단이 조직을 확대하거나 정부 예산을 따내기 위해 오·남용하고 있다."고 설명했다. '기업의 사회적 책임', '사회적 시장경제' 등 경제 관련 용어에 붙는 '사회적'이라는 말은 경제활동의 책임을 개인이 아닌 정부로 돌려 정부의 시장 개입을 용인하도록 유도한다는 게 현 원장의 지적이다. 이외에도 자유 경제원은 자본주의/시장경제, 승자독식/소비자 선택, 기업의 사회적 책임/기업의 사회공헌, 재벌/대기업집단, 보수와 진보/우파와 좌파, 경제민주화/경제적 평등 추구, 평준화정책/획일화정책에 대한 용어의 정명을 주장했다.

-〈한국경제신문〉, 2015. 06. 09. -

만물의 척도로서 인간, 상대주의 진리, 주관적, 감각·경험 지각, 다양성, 다원성, 유용성

인간은 모든 것에 대해 기준이다

테아이테토스 : 앎이란 지각(감각 지각)입니다.

소크라테스 : 프로타고라스도 그렇게 말했지. "인간은 만물의 기준(척도)이다. 있는 것들에 대해서는 있다고, 있지 않은 것(아닌 것)들에 대해서는 있지 않다고(아니라고) 하는 것의 기준이다."라고.

테아이테토스 : 저도 여러 번 읽었습니다.

소크라테스 : 각각의 것들은 나에게 나타나는 그대로 나에게 있고, 그런가 하면 자네에게는 자네에게 나타나는 그대로 있다는 뜻이겠지. 나도 자네도 인간이니까.

테아이테토스 : 그럼요.

(중략)

소크라테스 : 나는 당신의 스승에 대해 놀란 점이 있지.

테오도로스 : 어떤 점에서요?

소크라테스 : 각자가 생각하는 그대로가 그것이라는 주장이 놀라웠어. 그분의 『진리』란 책이 돼지나 개코원숭이, 또는 감각 능력을 지닌 것들 중에서 괴상한 어떤 것들에 대해서는 '만물의 기준'이라고 하지 않았기 때문이지. 또 우리가 감각(감각 지각)을 통해

판단하는 것이 무엇이든지 그것이 각자에게 참이라고 한다면, 그리고 다른 사람이 남의 느낌을 더 잘 판별하는 것도 아니고, 남의 판단이 옳은지 거짓인지를 검토하는데 다른 사람이 당사자보다 더 권위가 있는 것도 아니라면, 그래서 항상 자신만이 판단할 수 있고, 자신이 내린 판단만이 모두 옳고 참이라면, 도대체 어떻게 프로타고라스가 다른 사람들의 교사로서 엄청난 보수를 받는 것이 정당하다고 할 수 있겠는가?1)

이 대화는 『테아이테토스』에서 소크라테스가 테아이테토스, 테오도로스와 나누는 대화들 중 일부 내용이다. 우리가 익히 알고 있는 것처럼 프로타고라스는 "인간은 만물의 척도"라고 선언했다. 이에 대해 논란이 되어왔던 단어는 '인간'이었는데, 구체적으로 '인간'이 어떤 특정 공동체 집단을 말하는지, 아니면 종(種)으로서 인류를 말하는지, 그것도 아니면 각각의 개인을 말하는지에 관한 것이었다. 그런데 위의 대화에서 테아이테토스가 소크라테스의 '나' 또는 '너'의 의미에 동의하고 있기 때문에 프로타고라스의 '인간'을 '개인'으로 해석하는 것은 문제가 되지 않을 것으로 보인다.

정리하면 "인간은 만물의 척도"라고 할 때, 인간이란 곧 각각의 개인을 말하는 것이다. 하지만 이렇게 해석함으로써 지식과 가치 판단에서 새로운 문제가 발생한다. 예를 들어 여름에서 가을로 넘어가는 환절기가 되어 부는 바람에 대해 한 사람은 "날씨가 추워지고 있어. 바람

---

1) 플라톤 지음, 천병희 옮김, 『고르기아스, 프로타고라스』, 서울 : 숲, 2014. 30~61쪽.

이 쌀쌀해."라고 말하고, 다른 사람은 "이제야 좀 시원함을 느낄 수 있군."이라고 했다면, 이 경우 '바람'은 '쌀쌀한' 바람인가? 아니면 '시원한' 바람인가? 즉 여름에서 가을로 넘어갈 때 부는 바람은 추운 바람인가, 시원한 바람인가?

소크라테스의 이러한 질문에 테아이테토스는 '각자에게 나타나는 대로'가 옳다고 말한다. 그런데 '각자에게 나타나는 대로'란 '개인마다 느끼는 대로(감각 지각)'와 같은 의미이기 때문에 이것은 프로타고라스와 테아이테토스가 지식(진리)에 대해 상대주의적인 관점을 지녔던 것으로 판단할 수 있다. 또한 '각자에게 나타나는 대로'란 우리들 각자가 갖고 있는 감각·경험(시각·촉각·미각·청각·후각)을 지식이 성립하는 주요 요건으로 삼고 있었음을 알 수 있다.

지식과 진리에 관한 프로타고라스의 이러한 주장에 대해 소크라테스는 풍자와 직설을 섞어 왜 같은 감각을 지닌 돼지와 개코원숭이가 언급되지 않은지에 대해 놀라워한다. 감각이 어떤 것에 대한 판단의 기준이라면, 감각 능력을 지닌 돼지나 개코원숭이도 포함되어야 한다는 풍자이다.

프로타고라스에 대한 소크라테스의 비판 강도는 더욱 높아져 마침내 프로타고라스를 직접 겨냥한다. 즉 '각자가 진리(참·거짓, 옳고 그름)에 대해 기준'이라면 자기 자신보다 더 권위 있는 사람이나 존재를 기준으로 내세우거나 인정해서는 안 되는데도 왜 프로타고라스는 다른 사람들의 '훌륭한(?)' 교사로서 보수와 명예를 받아야 하는가이다. 이를 두고 소크라테스는 "신들과 견주어도 지혜에서 모자람이 없는 존재로 등장한" 프로타고라스라고 꼬집는다.

프로타고라스의 주관적이며 상대주의적인 진리관은 소크라테스의 비판에도 불구하고 장점 또한 갖고 있다. 가장 큰 장점은 가치의 다양성과 다원성을 강조하기 때문에 단일한 가치만을 요구함으로써 초래되는 획일과 독단으로부터 벗어날 수 있게 해준다. 우리는 하나의 이념만을 허용했던 전통사회(예를 들어 성리학의 조선시대)가 당시를 살아갔던 모든 사람들에 대해 가혹한 사상의 독재를 함으로써 다양한 의견과 생각을 가로막아 사상과 사회가 한층 발전할 수 있는 길을 스스로 봉쇄했었다는 역사적 경험을 갖고 있다.

　이러한 장점에도 불구하고, 소피스트가 주장하는 진리에서의 상대주의는 주관적인 의견과 경험적 지식을 올바른 판단을 위한 기준으로 삼음으로써 최종적으로 회의주의에 맞닥뜨리게 하여 상대주의 자체를 부정하게 되는 심각한 문제 또한 안고 있다. 이처럼 상대주의는 각 개인의 관점에서 유용하거나 이익이 되는 어떤 행위도 가능하고, 그것이 옳은 것이라 주장하게 되어 '인간다운 삶', '윤리·도덕적인 삶', '사회적 존재로서 삶' 자체를 불가능하게 만드는 결과를 초래하는 문제를 안고 있다. 소크라테스가 염려했던 것도 바로 이것, 즉 인간의 정신·영혼에 돌이킬 수 없는 해악을 초래하리라는 것이었다.

　소피스트로서 프로타고라스의 주장이 이러한 한계와 약점을 지니고 있을지라도, 지식이 재산으로서 거래될 수 있는 상품이라는 생각, 그리고 하나의 보편적이고 절대적인 이념 아래에서의 삶보다는 각자의 다양한 개성과 의견이 존중되는 사회에서의 삶이 더 가치 있다는 생각은 지금 우리가 살아가고 있는 시대정신과 정확하게 일치하는 앞선 통찰력을 지니고 있다.

Chapter

02

인간은 영혼이라는 가장 소중한 것을 걸고 도박
을 해서는 안 된다. 그것은 사고팔 수 있는 생필
품이 아니기 때문이다

_소크라테스

° 우리 모두는 자신의 영혼의 수련을 통해 정신의 건강을 돌보
  아야 한다
° 가장 나쁜 악은 불의를 당하는 사람이 아니라 그것을 행하는
  사람이다
° 무지는 사람을 겁쟁이가 되게 하고, 지혜는 사람을 용기 있
  게 한다

지금

우리는 "시장의 문화, 시장의 윤리, 시장의 정서가 공동체를 무너뜨리고, 시민사회까지 잠식해가는 시대"를 살아가고 있다. ○○대학 총장을 지낸 청와대 전 교육문화수석의 비리가 계속해서 불거지고 있다. 그는 교육부에 압력을 넣어 ○○대학에 특혜를 주었고, ○○대학을 인수한 ㅁㅁ그룹은 그 대가로 그에게 여러 가지 특혜를 주었다는 내용이다. ○○대학은 ㅁㅁ그룹에게 대학의 건물 공사를 몰아주었고, 그 결과 그룹은 학교에 내야 할 기금보다 훨씬 많은 매출을 올렸지만, 대학의 부채는 10배나 증가했다. 물론, 빚은 학생들이 낸 등록금으로 갚아가고 있다. 그는 ○○대학 총장으로 있으면서 기여입학제 허용, 등록금 상한제 폐지, 대학 적립금 사용 규제철폐를 주장하기도 했다.

그의 이러한 행태를 두고 '파우스트적 거래'라고 부른다. 자신의 사적 욕망과 이익추구를 위해서 총장으로서의 의무를 저버렸고, 학자로서 최소한의 양심마저 버렸기 때문이다. 이처럼 대학의 기업화 현상을 두고 '파우스트적 거래'라고 부르는 이유는 대학이 수익창출이라는 욕망을 좇아 결국 자신의 영혼을 팔아버리는 신세로 전락하고 있기 때문이다. 기업화된 대학은 학문 공동체의 영혼을 갉아먹어 결국 숨을 멎게 한다.

-〈한겨레신문〉, 2015. 04. 05.-

주제어

영혼(혼)의 수련 또는 정신의 건강(무지의 자각), 절대적·보편적 진리(앎), 지행합일, 주지주의, 지복덕합일설, 정의(正義), 영혼(정신), 대화 또는 문답법, 수사술 비판

우리 모두는 자신의 영혼의 수련을 통해 정신의 건강을 돌보아야 한다

나(소크라테스)는 소피스트를 영혼에 영양분을 공급해주는 상품을 파는 일종의 장사꾼이나 보따리장수로 보네. 이들은 자신들이 파는 물건이 몸에 좋은지 나쁜지 알지도 못하면서 자기들이 파는 모든 것은 무엇이든지 좋다고 주장하는 사람들이지.

우리는 가장 소중한 것을 걸고 도박해서는 안 되는데, 그 이유는 영혼을 다루는 일은 생필품을 사는 것보다 훨씬 위험하기 때문이야. 먹을거리와 마실거리는 별도의 그릇에 담아 보관해두고 언제 얼마나 먹고 마실지 조언을 들어가며 결정할 수 있기 때문에 이를 다루는 일은 큰 모험이 아니야. 하지만 남들이 가르쳐주는 (지식과 관련된) 것은 별도의 그릇을 준비해 두었다가 담아올 수 없는 것이기 때문에 일단 값을 치르고 배우고 나면 자신의 영혼(혼)에 담아서 돌아와야 하기 때문에 매우 큰 모험이라 할 수 있어.[2]

---

2) 플라톤 지음, 천병희 옮김, 『고르기아스, 프로타고라스』, 서울 : 숲, 2014. 30~61쪽.

이 문장에는 소크라테스의 소피스트(프로타고라스)에 대한 인식이 잘 드러나 있다. 무엇보다 소크라테스는 소피스트를 이곳저곳을 돌아다니며 '지식이라는 물건'을 파는 일명 '지식의 보부상' 정도로 인식하고 있다. 오래전 우리의 시골 장에도 5일마다 장터를 떠돌며 약효가 검증되지 않은 가짜 약을 제조해 약을 팔던 약장수들이 있었다. 이들은 약에 대한 이해가 부족했던 시골의 순박한 사람들을 홀려 약을 판매했지만, 팔고 난 다음에는 어떤 책임 있는 행동도 하지 않았고, 다음 5일장에는 다시 나타나지 않으면 그만이었다. 물론, 그 피해는 약장수의 말만 믿고 복용한 순진한 시골 사람들의 몫이었다.

소크라테스는 소피스트를 이들 같은 떠돌이 약장수에 비유하면서 생필품을 파는 일반적인 상인보다 못한 집단으로 평가하고 있다. 왜냐하면 생필품은 나에게 영향을 미치기 전에 보관해 둘 수 있고, 먼저 이용한 사람들로부터 정보를 얻어 얼마나 먹을지, 아니면 사용하지 않고 그냥 버릴지를 결정할 수 있지만, 교육을 통해 이미 우리의 영혼으로 침투한 잘못된 지식은 우리의 삶 전체를 두고 해로운 영향을 미칠 수 있기 때문이다. 소크라테스에게 가장 가치 있는 삶이란 자신의 정신 또는 영혼을 돌봄으로써 자신의 삶 전체를 완전하게 가꾸어가야 하는 삶이지만, 소피스트의 가르침은 반대로 우리의 영혼과 앎의 상태를 더욱 주관적이고 상대주의적인 것으로 만드는 위험한 것으로 보였던 것이다.

소피스트인 프로타고라스의 주장처럼, '인간(즉 각자)이 만물의 척도'라는 주장을 다시 떠올려보자. 소크라테스는 프로타고라스의 '상대주의적 진리관'에 대해 각자가 지각(판단)한 그대로가 자기 자신에게 참이 된다면, 또한 그렇기 때문에 이와는 다른 판단이 더 뛰어나거나 타당한 기준(권위)으로 작용될 수 없게 된다면, 사람들의 주장(판단)처럼 "'프로타고라스는 지혜를 가진 훌륭한 스승'이라는 판단이 어떻게 옳은 것이라고 말할 수 있겠는가?"라고 반문한다.

가장 나쁜 악은 불의를 당하는 사람이 아니라 그것을 행하는 사람이다

소크라테스 : 만약에 자네(폴로스)가 아르켈라오스에 대해 "정의롭지(올바르지)는 않지만, 행복하다."고 생각한다면, 자네는 정의롭지(올바르지) 못한 행동을 하는 사람이더라도 행복할 수 있다고 주장하는 것인가?

폴로스 : 물론이지요. 마케도니아의 왕 아르켈라오스(어머니는 노예였지만, 왕위 계승을 위한 적자들을 죽이고 스스로 왕위에 오른 참주)는 불의를 행했지만, 권력을 갖게 되어 행복한 사람이에요. 그러니까 불의(올바르지 못함)를 행하는 것보다 불의를 당하는 것이 더 나쁜 것이지요. (왜냐하면 누구나 자발적으로 올바르게 되려고 하지는 않기 때문이지요.)

소크라테스 : 자네 말대로라면, 정의롭지 못한 행동을 했더라도 처벌(응분의 대가) 받지 않는다면 행복하다는 것이군.

폴로스 : 바로 그래요.

소크라테스 : 그렇다면, 다음 중 어떤 경우가 더 비참한가? 몸에

나쁜 것을 갖고 있는 사람인가? 영혼(정신)에 나쁜 것을 갖고 있는 사람인가? 아니면 치료를 받고 나쁜 상태에서 벗어난 사람인가? 치료를 받지 않고 나쁜 상태를 여전히 갖고 있는 사람인가?

폴로스 : 당연히 치료를 받지 않고 여전히 나쁜 상태에 있는 사람이 더욱 비참하지요.

소크라테스 : 자네는 정의(正義)가 사람들을 절제 있게 해주고, 더 올바르게 해주며, 나쁜 상태를 치료해주는 의술과 같다고 생각하는가?

폴로스 : 네, 그래요.

소크라테스 : 그렇다면, 자기 영혼 안에 나쁜 것을 갖고 있지 않는 사람이 가장 행복한(즉 정의로운) 사람이고, 그 반대는 가장 비참한 사람이겠군.

폴로스 : 물론이지요.

소크라테스 : 또 응분의 대가인 처벌이나 비난을 받고 나쁜 영혼의 상태에서 벗어난 사람은 그 다음으로 행복한 사람이고, 가장 나쁜 사람은 영혼이 나쁜 상태(즉 정의롭지 못한 상태)에서 여전히 벗어나지 못하는 사람이겠군.

폴로스 : 그런 것 같아요.

소크라테스 : 그렇다면, 아르켈라오스나 다른 참주들, 연설가들은 수사술로 가장 정의롭지 못한 방식으로 가장 정의롭지 못한 행동을 했지만 행복한 것이 아니라 가장 비참한 사람들이겠군.

폴로스 : 그런 것 같아요.

소크라테스 : 그들은 응분의 대가를 치르게 될 경우 고통스럽게

되리라는 것은 알았지만, 그보다 더욱 유익한 측면을 몰랐고, 또 건강하지 못한 영혼(정신)을 갖고 살아가는 것이 얼마나 비참한 것인지를 몰랐던 것 같네. 그래서 그들은 자기 영혼이 가장 나쁜 상태에 있으면서도 여기에서 벗어나지 않기 위해 온갖 수사술을 동원하는 것이지. 아무튼 아르켈라오스는 가장 정의롭지 못한 행동을 하고서도 응분의 대가를 치르지 않았기 때문에 행복한 것이 아니라 가장 큰 악의 상태에 있다는 것은 명확해졌네.

폴로스 : 그런 것 같아요.

우리 몸이 잘못되고 불규칙한 생활 습관 때문에 약해져 병에 걸려 있다는 말은 곧 치료를 필요로 한다는 뜻이다. 마찬가지로 우리의 영혼(정신)이 잘못 형성된 관념이나 생각으로 나쁜 상태에 놓여 있다면, 이런 상태 또한 '치료'를 필요로 하는 상황이다. 소크라테스는 소피스트인 폴로스가 잘못된 관념 때문에 잘못된 판단을 하고 있는 것이라 진단하고 있다. 왜냐하면 소크라테스에게 정의(正義)란 그 자체로 좋은 것이고 올바른 것이며, 따라서 절대적이고 보편적인 개념이자 기준이 되는 것이기 때문이다.

또 소크라테스에게 진정한 행복이란 우리의 영혼(정신)이 영혼 자신의 본성인 탁월성(덕 · 德, aretē)과 완전히 일치하는 상태이다. 따라서 정의롭지 못한 행동을 했다면 응분의 대가(비난과 처벌)를 치름으로써 영혼의 본래 상태를 회복해야 한다. 이렇게 보면, 가장 불행하고 비참한 상태는 우리의 영혼이 여전히 병든 상태 속에서 스스로 병들어 있는 것을 모르고 계속해서 불의를 저지르고 있는 상황이다. 그러므로 "정의롭지 못한 행동을 하더라도 처벌받지 않으면 행복하다.", "불의를 행하는 것이 불의를 당하는 것보다 더 낫다."는 폴로스의 주장은 소크라테스에게 지식(지혜)의 결핍 상태인 무지가 빚어낸 정신의 병든 상황으로 비쳤을 것이다. 폴로스의 이러한 생각은 당시 소피스트들의 생각을 대변하고 있는데, 그것은 '권력(힘)은 곧 정의이고 행복'이라는 믿음이기도 하다.

소크라테스는 소피스트들이 즐겨 사용했던 이러한 수사술에 대해서도 지혜를 결핍한 '대중들'을 상대로 정의로운 것과 정의롭지 못한 것에 대해 잘못된 믿음이나 지식을 갖게 하는 '설득의 기술'이라 비판했다. 그는 수사술을 그럴듯하게 맛있는 것처럼 보이도록 꾸미고 만드는 요리술에 비유하면서, 경우에 따라 '불의'를 저지르고, 목적을 위해서라면 마음먹은 것은 무엇이든 꾸며내려 하는 '아첨의 기술'이라 비판하기도 했다. 이것은 마치 폴로스가 아르켈라오스에 대해서 그는 힘을 지닌 훌륭하고 행복한 사람이라 꾸미고 미화했던 것과 같다. 정치에서의 독재자, "우리들의 일그러진 영웅들"은 소피스트에 의해 얼마든지 훌륭하고 행복한 삶의 상징으로 미화될 수 있을지 모르지만, 소크라테스는 그러한 모든 행위들은 우리 영혼의 본성에 근거할 때, 그 자체로 정의롭지 못한 것이라 생각했다. 이 점에서 그는 절대적이며 보편적 진리(개념)에 대한 확신을 갖고 있었던 사상가다.

마지막으로 소크라테스의 이러한 접근, 즉 참된 지혜와 지식에 대비되는 '무지의 상태' 또는 '지식의 결핍' 상태를 대화와 상호 문답·논박의 방식을 통해 영혼이 본래의 상태를 회복하도록 이끄는 이러한 진리 탐구 방법을 대화법 또는 문답법(반대논증·elenchus)이라 부른다.

무지는 사람을 겁쟁이가 되게 하고, 지혜는 사람을 용기 있게 한다

사람이 좋은 것과 나쁜 것 중에서 어떤 선택을 할 때 잘못된 선택을 하는 이유는 '지식이 결핍'되어 있기 때문이다. 그것은 우리가 일반적으로 말하는 상식적인 지식이 아니라 측량에 관한 산술적 지식과 기술 같은 것이다. 어떤 행동이 지식의 결핍 때문에 일어난 잘못이라면, 그것은 곧 '무지'에서 비롯된 것이다. 더 나은 것을 할 수 있는 지식을 갖고 있으면서도 현재 자기가 하고 있는 그렇지 못한 행동을 계속해서 할 사람은 없다. 그러므로 우리가 자기 자신에게 진다는 것은 다름 아닌 '무지' 때문에 그런 것이고, 자기 자신에게 이긴다는 것은 다름 아닌 '지혜' 때문이다.

겁쟁이든 용감한 사람이든 모두 서로가 두렵지 않다고 판단한 것을 향해 나아간다. 그렇다면 사람을 겁쟁이로 만드는 것은 무엇인가? 그것은 진실로 두려운 것이 무엇인지 모르는 '무지'이다. 그러므로 겁쟁이의 '비겁함'은 두려워해야 할 것과 두려워할 필요가 없는 것에 대한 무지에서 비롯된다. 두려워해야 할 것과 두려워하지 않아야 할 것을 분별할 줄 아는 '지혜'는 '무지'의 반대이다.

자신이 두려워하는 것을 향해 적극적으로 뛰어드는 행동을 하는 사람은 없다. 그럼에도 이런 행동을 하는 사람이 있다면, 그와 같은 행동은 '저돌적'이라고 부르는데, 그 이유는 앞뒤를 분별하지 못하고 마구 덤비는 행동이기 때문이다. 그렇기 때문에 우리가 말하는 겁쟁이나 용감한 사람에 대해 다시 생각해보면, 이들은 모두 각자가 두려워하는 대상이 다른 것이라 할 수 있다. 소크라테스에 의하면, 같은 상황이나 대상을 앞에 두고 어떤 사람은 두려워하고, 어떤 사람은 두려워하지 않는 근본 이유는 상황이나 대상에 대한 지식과 지혜, 무지와 '지식의 결핍' 때문이다.

체구도 작고, 가냘프지만 대담하게 행동하는 사람이 있는가 하면, 덩치도 크고 체력도 뛰어나지만 소심하게 행동하는 사람이 있다. 소크라테스는 이러한 원인이 지혜와 무지에 있다고 보았다. 그렇기 때문에 비겁한 사람이든 용감한 사람이든 자신이 두려워하는 것에 대해서는 나아가지 않지만, 비겁한 사람은 자신의 무지 때문에 용감할 수 없는 반면, 용감한 사람은 자신의 지혜 때문에 앞으로 나아가는 용감한 행동을 할 수 있는 것이다. 비겁하거나 용감한 것은 그가 갖고 있는 덩치에 있는 것이 아니라 그가 갖고 있는 지혜에 있다. 사람이 잘못하고 있다는 말은 무지에 굴복하고 있다는 뜻이고, 사람이 올바로 행동하고 있다는 말은 지혜와 일치하는 행동을 하고 있다는 뜻이다.

이렇게 볼 때 지혜 또는 지식은 사람을 자발적이도록 이끌어 올바로 행동하게 해주고, 무지 또는 지혜의 결핍은 사람을 자발적이지 못하게 (즉 비자발적으로) 이끌어 비겁하거나 잘못된 행동을 하게 만든다. 결론적으로 지식 또는 지혜는 곧 올바른 행동과 정확히 일치한다고 할 수 있는데, 이 때문에 소크라테스는 '주지주의자'이면서 '지행합일'을 주장한 인물이라고 평가받는다. 또 지혜로부터 나온 행동은 훌륭한 행동이고 칭찬받을만한 행동이기 때문에 그런 행동을 한 사람은 '덕'이 있고,

'행복'한 사람이다. 이런 점에서 소크라테스는 '지식 · 행복 · 덕'을 하나로 여겼다고 할 수 있는데, 이를 '지복덕 합일설'이라 부른다.

우리가 초등학교 때부터 들어왔던 "너 자신을 알라.", "스스로를 비판적으로 성찰하지 않는 삶은 살 가치가 없다."는 유명한 명제들에는 모두 소크라테스가 추구했던 참다운 지혜, 즉 절대적이고 보편적인 진리(지혜 · 지식)에 대한 믿음이 담겨 있다. 그리고 여기에는 소피스트처럼 세속적 이익을 좇아 제멋대로이고, 모순되며, 주관적이고 상대주의적인 진리에 대한 부정적 인식이 깊이 배어 있다. 또 인간만이 갖고 있는 훌륭한 덕, 즉 아레테(aretē)로서 정신(이성 · 영혼)을 절대적 진리라는 기준에 일치하도록 끊임없이 수련하면서, 자신의 영혼을 돌보도록 해야 한다고 강조했던 그의 삶의 모습도 발견할 수 있다.

한편, 키케로는 철학을 하늘로부터 데려와 인간이 살고 있는 도시 국가에 정착시켰고, 나아가 인간에게 삶의 방식과 올바른 행동, 그리고 선함과 선하지 않음에 대해 성찰하게 한 첫 번째 인물이 소크라테스라고 말한 바 있다. 하지만 소크라테스와 같은 시기에 활동했던 소피스트 또한 인간과 사회, 국가와 법에 대해 함께 이야기하고 논쟁했다는 점에서 이들 사이에는 중요한 공통점도 있다. 이제 우리가 검토할 인물은 또 다른 소피스트 칼리클래스이다.

Chapter

03

동물의 자연 세계처럼 정의란 강자가 약자를 지
배하고, 더 많이 갖는 것이다

_칼리클래스

" 동물의 세계는 물론, 인간의 세계에서도 정의란 강자의 지배
적 힘이다. 그러므로 더 능력 있는 자가 더 많이 갖는 것이
정의이다

지금

[사례1] "원한(怨)을 은덕(德)으로 갚으면 어떻습니까?"라는 물음에 공자는 "그렇다면 은덕은 무엇으로 갚으려 하느냐? 정의로써 원한을 갚고, 은덕으로써 은덕을 갚아야 하느니라(이직보원·以直報怨, 이덕보덕·以德報德)."고 말한다.

2015년 5월 14일 대법원은 이른바 '유서대필 사건(1991)', 즉 김기설 씨의 분신을 사주하고 유서를 대신 써주었다는 강기훈 씨에게 무죄를 선고했다. 부정부패로 위기에 몰린 노태우 정권은 위기를 돌파하기 위해 '유서대필 사건'을 조작해냈다. 정부는 이 사건을 계기로 반전의 기회를 잡았고, 사회는 급격하게 '보수 반동'으로 역류했다.

최종 판결이 내려진 다음, 국가 권력이나 사법부는 어떤 사과도 하지 않았을 뿐만 아니라 당시 수사 검사는 당당하게 "사과할 일이 아니다."라고 말했다. 2013년 국가정보원이 서울시청에 근무하고 있던 탈북 공무원 유우성 씨가 간첩활동을 했다고 주장했지만, 2015년 5월 조작한 것으로 밝혀졌다. 여전히 우리 사회와 권력은 '이덕보원'의 미덕을 강조하는 경향이 강해 '이직보원'의 당연한 가르침을 주저하고 두려워하고 있다. 이것이 우리 권력의 '정의'에 관한 수준이다.

-〈법보신문〉, 2015. 06. 08.-

[사례2] 중동 극단주의 무장조직 '이슬람국가(IS)'가 점령지인 이라크 북부 도시 모술에서 믿을 수 없을 정도로 끔찍한 문화 테러를 자행했다. IS 무장 대원들은 소중한 고고학적 유물이 전시된 모술박물관에 난입해 대형 망치

와 드릴로 수천 년 된 고대 석상과 조각들을 마구 파괴했다. 인류 공통의 문화유산이 순식간에 한 줌의 돌무더기와 가루로 사라졌다. 더욱 기가 막히는 것은 '미덕의 권장과 악덕의 예방'이라는 제목이 붙은 선전 비디오에 등장한 IS 대변인이 이번에 파괴한 유물을 "우상의 산물"이라고 주장했다는 사실이다. 문화유산 파괴보다 더 중요한 것은 인간에 대한 잔학행위다. 동성애·간음 등을 이유로 온갖 잔혹한 방법으로 공개처형을 서슴지 않고 있다. 심지어 치마가 짧다거나 옷 색깔이 화려하다는 이유로 여성에게 마구 총질을 하는 사례도 보고되고 있다. IS의 악행이 극에 달하고 있다.

-〈중앙SUNDAY〉, 2015. 03. 01.-

동물의 세계는 물론, 인간의 세계에서도 정의란 강자의 지배적 힘이다. 그러므로 더 능력 있는 자가 더 많이 갖는 것이 정의이다

내가 볼 때, 법이란 힘이 없는 사람들, 즉 대중이 자신들의 이익을 위해 만들어낸 것으로, 대중은 이 법을 기준으로 칭찬도 하고 비난하기도 한다. 그들은 힘이 있거나 더 많은 능력을 지닌 사람들을 두려워하기 때문에 이들이 더 많이 갖지 못하도록, 그리고 더 많이 가지려는 생각이 수치스럽고 정의롭지 못하며, 나아가 이런 생각 자체가 정의롭지 못한 것이라 규정해 놓는다. 내가 볼 때, 그들은 서로 같은 몫만을 가지고서도 행복해 하는데, 이것은 그들이 열등한 자들이기 때문에 그런 것 같다. 그들은 더 많이 가지려는 것을 관습적으로 수치스럽게 여기도록 만들어 놓았고, 그런 행동은 정의롭지 못한 것이라 부르고 있다. 그렇지만 더 나은 사람이 그렇지 못한 사람보다, 그리고 더 능력 있는 사람이 그렇지 못한 사람보다 더 많이 갖는 것이 정의라는 사실을 자연 자체가 분명하게 보여주고 있다. 이것은 동물의 세계는 물론, 인간 공동체들과 종족들 사이에서도 명확하게 규정되어 있는데, 그것은 곧 강자가 약자를 지배한다는 것이다. 따라서 나는 (대중들이) 제정한 법이 아니라 자연의 법에 따라야 한다고 생각한다. 언젠가 자연에 반하는 법들을 짓밟고 일어나 자신이 우리(대중)의 주인임을 드러내고, 자연의 정의가 빛을 발하는 날이 와야 한다.

자연의 본성(정의)이라는 관점에서의 옳음과 인간이 만들어낸 규범과 관습(Nomos)에서의 옳음은 다르다. 예를 들어 호랑이가 사슴을 잡아먹는 행위는 자연의 본성(정의)에서는 옳다. 하지만 이 자연의 질서와 정의를 인간의 공동체가 고안해낸 도덕·가치규범에 그대로 적용하게 된다면, 서로 다른 범주를 하나의 동일한 범주로 간주하는 '범주의 오류'를 저지르게 된다.

이런 문제는 여기서 일단 배제하기로 하자. 아무튼 인간 사회의 도덕·가치규범은 힘이 세고 능력이 있다고 해서 힘이 약하고 능력이 부족한 사람들을 힘으로 지배하고, 이들보다 더 많이 가져야 한다는 믿음에 대해 '정의'의 차원에서 그 자체를 악으로 규정하고 있다. 하지만 인간 사회가 작동하고 있는 현실 그대로의 모습을 관찰하다 보면, 자연의 정의가 인간 공동체에서도 재현되고 있는 모습을 어렵지 않게 발견할 수 있다.

앞의 소크라테스와 폴로스의 대화에서 소크라테스가 인간이 만들어낸 도덕규범과 가치를 보편적·절대적 기준으로 삼아 폴로스의 주장(정의롭지 못한 행동이지만 행복함)을 비판했다면, 폴로스는 자연에 존재하는 질서와 법칙(강자의 약자 지배)을 염두에 두고 아르켈라오스의 행동을 이해했기 때문에 나쁘지 않은 것으로 평가한 것이라 할 수 있다. 이렇게 보면 소크라테스와 폴로스 사이에는 '인간의 도덕·가치규범' 대 '자연의 정의'라는 근원적인 관점의 차이가 존재하고 있다고 볼 수 있다.

무엇보다 당시 소피스트들은 자신들의 경험과 현실 세계에 대한 관찰을 통해 자연의 정의가 인간 사회에도 그대로 적용되는 경향이 강하다는 점을 깨달았다. 이 때문에 소크라테스에게 아르켈라오스의 행위는 그 자체로서 정의롭지 못한 행위였지만, 자연의 정의에서 바라본 폴로스에게는 (노예 상태에서 벗어나고 더 큰 힘을 획득하기 위한) 행동이 '언제나' '반드시' 나쁜 것으로만 이해될 필요는 없었던 것이다.

이처럼 소피스트와 소크라테스는 인간 사회의 도덕 · 가치규범에 대해 완전히 상반되는 견해를 갖고 있었다. 소피스트인 칼리클레스 또한 강자의 약자 지배라는 자연에서의 본성을 인간 사회 규범에 적용함으로써 인간 사회의 도덕 · 법 규범의 성격을 비판한다. 즉 인간 사회에서 도덕 · 법이란 힘이 없는 대중들이 다수의 힘을 이용해 자신들의 이익을 보호하기 위해 고안해낸 장치이기 때문에 여기에는 힘 있고 능력 있는 사람들에 대한 두려움과 멸시가 담겨있다는 것이다.

이렇게 본다면, 앞의 폴로스의 주장처럼 "불의를 저지르는 것이 불의를 당하는 것보다 더욱 수치스런 행위일지 모르지만, 불의를 당해 고통을 겪는 것보다는 훨씬 더 나을 수" 있다는 주장도 가능해진다. 칼리클레스가 주장하는 것도 바로 이것이다. 그는 고르기아스와 폴로스의 '자연의 정의', 즉 '강자의 자연법'이 옳다는 믿음을 갖고 있었기 때문에 인간이 만들어낸 관습과 도덕규범은 강자들을 억압하려는 약자들에 의한 협약, 즉 자연에 반하는 인간들 사이의 계약일 뿐이라 생각했다.

따라서 자연의 정의가 인간이 따라야 할 정의의 유일한 기준이라면, 강자의 더 많은 소유와 강자의 더 많은 지배는 '자연의 권리'로서 정당화될 수 있다. 고르기아스가 "자연에 따르면, 강한 자는 약한 자들로부터 간섭받지 않고, 강한 자는 약한 자들을 통치하며 그들을 이끈다. 강한 자는 이끌고, 약한 자는 따르는 것이 자연법"이라고 했을 때, 이것은 칼리클래스의 입장과 정확히 일치하며, 소피스트들의 신념이 매우 견고한 현실주의와 경험주의에 토대를 두고 있었음을 확인할 수 있다.

칼리클래스처럼 '강자의 지배'를 정의로 이해하는 자연적 정의관을 지지하는 또 다른 인물로 트라시마코스가 있다. 그에게 "정의란 더욱 강한 자들의 이익이며, 통치자들의 이익에는 복종하고, 이들을 섬기는 자들에게는 해가 되는 것"이다. 이 때문에 힘을 이용한 강자의 정의롭지 못한 행동이 정점에 이를수록 응분의 처벌을 받을 가능성은 그만큼 줄어들고, 반대로 힘에 의한 강자의 이익은 그만큼 증가하게 된다. 이것은 '기게스의 링'에 대한 비유로도 정당화된다.

평범한 양치기였던 기게스는 우연히 '절대 반지'를 갖게 되는데, 이를 이용해 왕위를 찬탈한 다음, 죽을 때까지 응분의 처벌을 받지 않고 부와 명예를 누린다. 트라시마코스는 우리가 절대적·보편적 기준으로 삼고 있는 인간 사회의 도덕·가치규범이 그 자체로 옳기 때문에 지키는 것인지, 아니면 단지 자기에게 이익이 되리라는 기대 때문에 지키는 것인지를 묻고 있다. 그런 다음, 트라시마코스는 단지 강자가 아닌 약자인 우리들에게 이익이 될 것이란 기대 때문에 지켜야 하는 것으로 받아들이는 것뿐이라고 비판하고 있다. 즉 어느 누구도 자신에게 '기게스의 링'이 주어진다면 기게스처럼 하지 않을 사람이 없다는 것이다.

하지만 트라시마코스나 칼리클래스가 주장하는 '자연의 정의'를 받아들이더라도, 여전히 해결되지 않은 문제가 남아 있다. 그것은 그가 말하는 약육강식의 '힘'이 신체적·물리적 힘만을 말하는 것인지, 아니면 정신적·도덕적·지적인 힘까지를 포함하는지가 명확하지 않다는 점이다. 힘(권력)을 지닌 사람이 갖고 있는 욕망을 '밑이 빠진 항아리'라면, 그의 무한한 욕망을 채우기 위한 일체의 힘의 행사는 정당한 것인지에 대한 문제는 또 다른 주제이다. 칼리클레스라면 이에 대해 자연의 정의, 즉 힘이 곧 정의라는 입장에 따라 자신이 원하는 것을 할 수 있는 것은 좋은 것이기 때문에 정당하다고 주장할 것(쾌락주의적 요소)이다. 하지만 소크라테스라면 이에 대해 욕망의 절제라는 도덕적·정신적 가치를 근거로 '온전한 항아리'를 주장할 것이다. 즉 보편적 도덕·가치규범에 기초해 절제하는 삶이 절제하지 않는 삶보다 더욱 훌륭한 삶이라고 강조할 것이다.

현실 세계에는 그 자체로 완전한 것은 없고, 그
것들의 이데아(본 · 本)를 어느 정도 '닮아 있는'
것들만 있다

_플라톤

° 우리의 지성을 통해 이를 수 있는 최선의 인식을 좋음
　(Good)의 이데아(Idea)라 한다
° 지성에 의해서만 인식할 수 있는 완전한 영역과 감각 · 경험
　을 통해서만 생각할 수 있는 불완전한 영역이 있다
° 정의로운 국가란 저마다 타고난 성향에 따라 각자가 한 가지
　일에 종사하는 것이며, 또한 철인이 다스리는 국가이다

지금 _____

흔히 '인기'는 덧없는 것이라고 한다. 하지만 사람들은 여전히 '인기'에 집착한다. 정치인들이 특히 그렇다. 하지만 아리스토텔레스, 플라톤이 지적한 것처럼 대중은 수시로 합리적이지 않다. 중우(衆愚)란 자기중심적인 대중을 꼬집은 것이다. 공공(국가)의 이익보다는 자신의 이익만을 먼저 챙기고, 모든 것을 자기중심으로 생각하는 대중을 경계한 말이다. 이런 대중에 편승한 정치가 바로 '중우정치'다. 어찌 보면 포퓰리즘(대중인기영합주의)은 중우정치의 다른 표현이다.

한때 경제 규모가 세계 7위였던 아르헨티나가 현재는 나랏빚도 제대로 못 갚는 처지가 된 것도 포퓰리즘 때문이다. 지나친 복지정책으로 나라 경제의 근간이 위협받고 있기 때문이다. 일터에서 땀을 흘릴 이유가 적어지면서 노동생산성이 떨어지고, 결국은 글로벌 경쟁에서 낙오한 것이다. 그럼에도 정치인은 '세금'은 언급은 피하고, '무상'이라는 선심만 베풀려고 한다.

-〈한국경제신문〉, 2014. 11. 28. -

"균형감을 잃은 복지정책은 표만 의식한 무책임한 논의라는 비난을 받아 마땅하다. '포크배럴(pork barrel)'에 맞서 재정건전성을 복원하겠다." 2011년 9월 기획재정부 장관은 정가의 '포크배럴 정치'를 향해 직격탄을 날렸다. 무상급식, 무상보육 등 당시 정치권에 분 '복지 포퓰리즘'의 확산을 경계한 목소리였다. 정치권은 일제히 들고 일어났다. 결국 이듬해 여야 합의로 무상보육 대상이 만 5세에서 만 3, 4세로 확대됐다. 정치권의 무상복지 공세에 정부의 재정건전성 방어망이 서서히 허물어져 내린 것이다.

포크배럴은 19세기 미국 가정집에서 소금에 절인 돼지고기를 보관하던 통을 말한다. 정치인들이 정부지원금을 차지하기 위해 싸우는 양상이 마치 우리 안의 돼지들이 여물통의 먹이를 향해 다투는 모습과 비슷하다고 해서 나온 용어다. 정치인들은 사익에 따라 표가 있는 지역구 사업이 책정되게 하고, 관련 예산을 한 푼이라도 더 따내기 위해 혈안이 된다.

-〈한국경제신문〉, 2015. 06. 12.-

주제어

좋음(good)의 이데아(Idea), 영혼, 선분의 비유, '마부-말'의 비유, 영혼3분설, 정의로운
(건강한) 개인 · 국가, 철학자 왕, 4덕(지혜 · 용기 · 절제 · 정의), 동굴의 비유

우리의 지성을 통해 이를 수 있는 최선의 인식을 좋음(Good)의 이데아(Idea)라 한다

우리는 여러 가지 것들에 대해 '아름답다(~은 아름다운 것들이다.).'
또는 '좋다(~은 좋은 것들이다.).'라고 말한다. 또 이런 방식으로 '각
각의 것들은 ~이다.'라고 표현한다. 그런가 하면 아름다운 것 '그
자체', 좋은 것 '그 자체'라고 말하기도 한다. 우리는 많은 것들에
대해 이렇게 말하면서, 각각의 것들에는 어떤 하나의 이데아(Idea)
가 있다고 전제하고, 그 이데아에 근거하여 각각의 것들이 실재하
는 것('~이 있다.')이라고 말한다. 그런데 이 경우, 앞의 것들에 대해
서는 '눈에 보이기는' 하지만, 지성(Nous)에 의해서 알게 되는(인식되
는) 것은 아니라고 말하는 반면, 이데아는 지성에 의해서 알게 되는
것이기는 하지만 눈에 보이는 것(즉, 감각)은 아니라고 한다. (중략)
그러므로 인식되는 것들에 대해 진리를 제공하고, 인식하는 자에게
힘을 주는 것은 '좋음(선, Good)의 이데아'라고 할 수 있다. 3)

---

3) 플라톤 지음, 박종현 역주, 『국가 · 정체』, 서울 : 서광사, 2005. 433~438쪽.

윤리와 사상 | 더 나은 삶을 위한 성찰의 힘 **인문학**

미의 여신 아프로디테와 못생긴 절름발이인 대장장이 신 헤파이토스 사이에서 인간이 태어났다면, 인간의 모습은 아름다움 그 자체도 아니면서 또한 못생김 그 자체도 아닌 중간적 존재 정도의 모습이 아닐까? 아무튼 만약에 인간이 중간적 존재라면, 인간이 더 나은 모습을 향해 나아가려 한다는 생각은 자연스러워 보인다. 이런 이유 때문인지는 몰라도, 더 낫고, 더 훌륭한 것에 대한 이상은 모든 위대한 사상가들의 머릿속에서 언제나 중심자리를 차지하고 있었다. 소크라테스가 '영혼의 보살핌'을 우리에게 삶의 모든 순간에 걸쳐 가장 중요한 과제로 받아들여야 한다고 했을 때에도 여기에는 우리의 영혼을 더 완전하고 훌륭한 지식과 지혜의 모습으로 이끌어가야 한다는 메시지가 담겨 있었다.

이러한 소크라테스의 생각을 가장 잘 대변해주는 플라톤은 완전함에 대한 이상을 더욱 정교한 논리와 개념을 끌어들여 설명하기에 이르는데, 그것이 위에 인용한 '그 자체', '좋음의 이데아'이다. 플라톤은 어떤 사물이 우리의 눈(감각기관)에 보이는 것에 대해 '~이 있다.', '~이다.'라고 말한다. 하지만 밤이나 어두운 곳에 그것이 있다면, 우리 눈은 그것을 보지 못하게 된다. 따라서 우리 눈이 그 사물을 보기 위해서는, 또한 그 사물이 우리 눈에 보이기 위해서는 그것을 볼 수 있도록 해주는 제3의 존재가 있어야 한다. 플라톤은 그것을 태양(빛)이라고 말한다.

그런데 제3의 존재인 태양은 스스로 존재하는 것이지 어떤 것에 의해 만들어진 것이 아니다. 또 태양 자신은 스스로 존재하면서 현상 세계의 사물들이 어떤 것이 되도록 비춰줌으로써 존재의 근거가 되어준다.

이에 근거해 우리의 눈은 보이는 어떤 사물을 가리켜 '그것은 소나무이다.', '저기 대나무가 있다.'라고 말하는 것이다. 이처럼 우리는 눈(감각기관)을 통해 사물을 보고, 태양에 의해 사물들은 우리에게 보이게 된다. 하지만 그렇더라도 '소나무'와 '대나무'가 정확히 '태양'과 일치할 수는 없다. 왜냐하면 단지 태양에 의해 드러난 정도에 따라서 우리가 사물들을 바라보는 것이기 때문이다.

플라톤은 '태양(빛)'에 의해 사물이 밝게 드러나는 것처럼, '이데아(Idea)'에 의해 사물이 밝게 드러난다고 비유해 말한다. 또 태양과 마찬가지로 이데아는 "인식되는 사물들에 대해 진리의 기준이 되고, 인식하는 우리들에게는 힘을 주기 때문에, 이를 가리켜 '좋음의 이데아'"라고 부른다. 하지만 이데아는 우리의 눈과 같은 감각기관으로 볼 수 있는 것이 아니다. 그것은 우리의 지성에 진리와 인식의 근거(원인)가 되어주는 것이며, 또한 그렇기 때문에 오직 지성에 의해 '인식되는 존재'이다.

따라서 이데아는 우리의 눈이나 감각기관을 완전히 넘어서 존재한다고 말할 수 있다. 이데아는 '감각'이 아니라 우리의 '지성'을 통해 인식되는 것이기 때문에 더욱 훌륭한 것이고, 어떤 무엇에 대한 '그 자체'인 것이다. 간단히 말해, 이데아는 '실재'하는 '관념'이다. 그리고 우리는 이 이데아를 기준으로 우리 눈에 보이는 사물과 우리의 생각을 판단한다. 따라서 우리의 생각이나 삶, 제도나 규범, 어떤 특정한 사물이 얼마나 옳은지(진리)는 그것들이 '좋음의 이데아'를 얼마나 닮아있는지(또는 이데아에 얼마나 참여하고 있는지)에 따라 결정된다. 플라톤의 이런 생각이 옳다면, 우리가 현실 세계에서 경험하고 있는 국가 · 사회 ·

규범·현상·사물들은 모두 그 자체 완전한 것은 없고, 단지 그것들의 이데아(원형, 본, 이념)를 어느 정도 '닮아 있다(모방하고 있다.).'고 말하는 것이 옳은 표현이다.

  예를 들어 가을 길목에 아름답게 피어나는 여러 종류의 코스모스를 보면서 '저것은 코스모스이다.'라고 했을 때, 이는 우리의 감각(눈)이 경험을 통해 그렇게 받아들였다는 뜻이며, 또한 그 꽃이 다른 꽃이 아니라 '코스모스'일 수 있는 이유도 그 꽃이 코스모스의 이데아, 꽃의 '좋음의 이데아'에 참여하고 있기(또는 닮아 있기) 때문이라 말할 수 있다는 것이다. 즉 관념으로서 '코스모스 그 자체'에 대해 실물로서 코스모스가 그만큼 참여하고(닮아) 있다는 뜻이다.

  물론, 화가가 코스모스 그림을 그린 다음 '이것은 코스모스이다.'라고 말한다면, 그림 속 코스모스는 실물보다 한 단계 낮은 수준으로 '코스모스의 이데아'에 참여하고 있는 것이라 말할 수 있다. 생각이 이렇게 자리를 잡게 되면, 우리가 경험하고 있는 현실의 모든 것들은 '그 자체'가 아니라 모두 '그 자체인 이데아'를 닮아 있는 것이고, 우리는 이 닮아 있는 것들을 마치 '그 자체인 것'인 양 믿고 살아가고 있는 것이라 할 수 있다. 플라톤의 이런 생각과 주장이 조금 낯설 수 있을지 모르지만, 달리 생각해보면 우리에게 익숙한 주장이기도 하다. 예를 들어 우리가 어떤 작품에 대해 "와, 저것은 예술 그 자체야!"라고 말했다면, 이미 우리는 플라톤과 같은 맥락의 생각을 갖고 있는 것이다. 단지, 차이가 있다면, 플라톤의 지적처럼 '그 자체'는 현실 속에서는 존재하지 않는 개념이라는 점이다.

지성에 의해서만 인식할 수 있는 완전한 영역과 감각 · 경험을 통해서만 생각할 수 있는 불완전한 영역이 있다

지성에 의해 알 수 있는 영역과 가시적인 영역이 있다. 이 두 영역(세계)은 눈에 보이는 영역과 지성에 의해 알려지는 영역을 말하는데, 이를 선분으로 생각해보자. 보이는 영역에서는 상대적인 명확성과 불명확성 때문에 또 하나의 경계가 만들어져 그림자(영상 · 映像, 모사 · 模寫) 부분이 생긴다. 그림자들은 물 위에 비친 모습 또는 매끄러운 표면에 비친 모습이다. 다른 한 부분은 이 그림자들이 닮아 보이는 것, 즉 우리 주변의 동물과 식물, 인공적인 사물들이 존재한다. 그리고 이제 지성에 의해서 알 수 있는 영역, 즉 더 이상 설명이 필요 없는 것들, 예를 들어 수학 · 기하학 · 수 · 도형처럼 '추론적 사고'에 해당하는 부분이 있다. (마지막으로) 오직 지성에 의해서만 알 수 있는 부분, 즉 '이성(logos) 자체'에 의해서 파악되며, '모든 것의 근원(원리)'이 되는 부분이 있다. 이것은 어떤 감각적인 것도 전혀 사용하지 않으며, 오직 형상 그 자체만을 이용해 형상 속으로 들어가는 단계이다. 4)

플라톤은 이데아에 대한 인식의 단계와 지식의 수준을 이처럼 '선분의 비유'를 통해 설명하는데, 그 내용은 아래의 표처럼 정리해볼 수 있다.

---

4) 위의 책, 439~445쪽.

[선분의 비유 : 인식의 수준과 단계]

지성에 의해 알 수 있는 영역 (가지적 영역)	이데아(Idea, 형상)	지성에 의한 인식(앎)	지성에 의한 앎
	수학, 기하학, 도형	추론적 사고	
감각 기관에 의해 볼 수 있는 것들 (가시적인 영역)	현상 세계의 사물들 (동식물, 인공물)	믿음, 확신	의견 또는 억측
	그림자(영상, 모사)	상상, 짐작	

　'그림자—실물(동·식물·인공물)—수학—이데아'의 수준은 모두 진리에 참여하는 정도에 따라 위계적 서열 구조로 배열되기 때문에 이데아로부터 가장 멀리 떨어진 그림자는 가장 낮은 수준의 인식을 표현한다. 플라톤의 이와 같은 지식(앎)의 수준에 기초해 소피스트를 이해한다면, 그들은 감각적이고 경험적이며, 주관적이고 상대주의적인 진리관을 갖고 있었기 때문에 가시적인 영역의 지식수준에 머문다고 판단할 수 있겠다. 이데아와 현상계라는 플라톤의 이원적 세계관에 기초한 인식론 체계는 '동굴의 비유'를 통해서도 잘 알려져 있다. 동굴의 갇힌 죄수에게는 동굴의 그림자 세계가 인식과 판단의 기준이 되지만, 동굴 밖의 자유인에게는 태양이 진리와 참된 것의 근원이 된다.

　한편, 플라톤이 '지성(영혼, 정신)' 대 '감각', 그리고 '이데아'의 영역 대 '현상'의 영역이라는 이분법적 인식틀을 갖고 있었다는 점은 매우 중요하다. 소크라테스의 사상을 가장 충실하게 이어받은 플라톤이기 때문에 그는 이데아에 대한 인식에 대해 가장 높은 가치를 부여했으며, 또한 이것은 소수의 사람들에게나 가능한 것이라 주장한다. 플라톤은 이것을 '마부-말'의 비유로써 제시하는데, 이것은 그의 인간 이해는 물론, 사회 · 정치사상과도 긴밀한 관계를 형성하고 있다.

플라톤은 흑마와 백마가 끄는 마차 위에서 마부가 두 마리의 말을 채찍질하는 상황을 제시한다. 여기서 마부는 이성(지혜), 백마는 기개(용기), 그리고 흑마는 욕구(절제)를 상징한다. 우리는 이것이 이성(지혜)을 지닌 인간에 의한 백마(기개)와 흑마(욕구)의 통제라는 점을 어렵지 않게 추측할 수 있다.

플라톤은 지혜 · 용기 · 절제를 사람에 비유해 설명하기도 하는데, 이것은 그가 영혼을 세 가지 형태로 나눈('영혼3분설') 것과도 같은 구조를 취하고 있다. 그에 따르면, 사람의 머리 부분은 이성, 목 아래 가슴 부분은 기개, 그리고 그 아래 배 부분에는 욕구의 영혼에 대응한다. 이들 각각의 영혼은 저마다 각 부분의 고유한 탁월성을 발휘함으로써 자신의 영혼을 가장 완벽하게 실현해야 한다. 그렇게 함으로써 이성은 지혜를, 기개는 용기를, 그리고 욕망은 절제의 덕을 발휘할 수 있다. 아테네인들에게 가장 '건강한' 시민이란 바로 지혜 · 용기 · 절제의 덕을 조화롭게 갖춘 사람이며, 플라톤은 이런 사람을 '정의'로운 인간이라 불렀다.

플라톤이 이처럼 강조했던 지혜 · 용기 · 절제의 덕목은 당시 아테네 시민이 가장 중요하게 여겼던 덕이기도 한다. 따라서 한 개인에게 정의로운 덕은 자연스럽게 한 국가 공동체인 폴리스에 대해서도 그대로 적용되며, 여기에는 플라톤의 기본 입장인 이데아 개념이 결합한다.

다시 말해 가장 이상적인 국가란 가장 정의로운 국가이고, 가장 정의로운 국가란 지혜 · 용기 · 절제의 덕이 사회 전체 속에서 조화롭게 작동하는 상태를 말한다.

정의로운 국가란 저마다 타고난 성향에 따라 각자가 한 가지 일에 종사하는 것이며, 또한 철인이 다스리는 국가이다

국가를 수립할 때 우리가 특히 관심을 두어야 할 부분은 어느 한 집단만을 행복하게 하려는 것이 아니라는 것이다. 그것은 시민 전체가 최대한 행복해지도록 하는 것이다. 왜냐하면 그런 나라에서는 정의(올바름)가 가장 잘 발견되고, 그렇지 못한 나라에서는 불의가 나타나기 때문이다. (중략) 저마다 타고난 성향에 따라 한 가지 일(기능)에 각각의 개인이 배치되어야 하는 이유는 각자가 한 가지 일에 종사함으로써 각자가 여럿이 아닌 한 사람으로 되도록 하고, 또한 이렇게 해서 나라 전체가 자연적으로 여럿이 아닌 '하나의 나라'가 되도록 해야 하기 때문이다. (중략) 이런 나라가 올바로 수립되기만 한다면, 이것은 완벽하게 훌륭한 나라이며, 또 이런 나라는 지혜롭고, 용기 있으며, 절제 있고, 또한 올바를(정의로울) 것이라는 점은 매우 확실하다. 5)

---

5) 위의 책, 258~310쪽.

'건강한 개인', '정의로운 인간'의 개념을 '건강한 국가', '정의로운 국가'로 이해했던 플라톤이기 때문에 국가 또한 지혜·용기·절제의 덕이 각각의 구성원들에게 실현되기를 바랐다. 그래서 각각의 구성원들은 자신이 태어날 때부터 갖고 태어나는 '각자의 성향'에 따라 나라 안에서 적절한 한 가지 일만을 떠맡아야 되며, 무엇보다 각자의 성향이 아닌 일을 배정받아서는 안 된다고 보았다. 왜냐하면 각자는 저마다 타고난 성향과 적성에 맞는 일이 있고, 따라서 각자는 자신의 일에 일생 동안 충실하게 종사함으로써 더욱 훌륭하게 잘해낼 수 있다고 보았기 때문이다.

또 그에게 정의로운 나라란 어떤 하나의 계층이나 소수의 사람들만을 위한 나라가 아니다. 각자의 성향에 따라 세워진 나라이기 때문에 국가와 정치의 목적은 시민 전체의 행복에 있다. 나라의 '수호자들'이라고 해서 특별한 대우를 받아야 하는 것은 더욱 아니다. 왜냐하면 '올바른 나라'란 '세 개의 계층'이 '자신의 일을 해낼' 때 비로소 '올바로' 설 수 있기 때문이다. 플라톤은 통치자 계층의 사람들에 대해서는 사적으로 한 명의 여인과 동거하지 못하도록 하고, 아이들도 공유하게 하는 것은 물론, 군인들처럼 함께 공동 식당을 갖고, 사적인 소유를 하지 못하게 함으로써 권력이 사적인 이익에 봉사하는 도구로 타락하지 않도록 '법제화'돼야 한다고 강조한다.

플라톤에 의하면, 수호자, 즉 통치자들은 "자신의 영혼(혼) 안에 신들이 준 신성한 금은을 항상 가지고 있기 때문에 세상 사람들이 갖고 있는 금은을 전혀 필요로 하지 않으며, 또한 신에게서 받은 소유물을 사멸하는 인간의 소유물과 섞음으로써 스스로 더럽히는 경건하지 못한

짓"6)을 해서는 안 된다.

> 그들(통치자)은 첫째, 아주 필요한 경우가 아니라면, 어떤 사유 재
> 산도 가져서는 안 되며, 둘째 아무나 함부로 마음대로 출입할 수
> 없는 곳간이나 집을 가져서도 안 된다. 그리고 생활필수품은 절제
> 할 줄 알고, (중략) 수호에 대한 보수로서 일정하게 정하여 받되,
> 연간 필요량을 넘치지도 부족하지도 않게 정하여 받아야 한다. 이
> 들은 군인들처럼 공동 식사를 하고, 공동생활을 해야 한다. 7)

플라톤은 정의로운 국가를 만드는 데 세 개의 계층을 염두에 두고 있
었다. 그리고 각 계층에 대해 통치자 계급에게 지혜의 덕이 필요한 것
처럼, 나머지 두 계층에 대해서도 용기와 절제의 덕이 필요하다고 주
장한다. 뿐만 아니라 이 덕목들이 조화를 이룰 때 비로소 '정의'로운 인
간이 되듯이 국가 또한 '정의'로운 국가, 즉 네 개의 덕(4덕, 지혜·용
기·절제·정의)이 완성되는 국가가 올바른 국가라고 주장한다.

올바른 국가란 각자의 성향에 따라 국가의 구성원들을 통치·군인·
생산 활동 계층으로 나눈 다음, 여기에 각각의 계층들에게 적절한 덕
목들이 배열(지혜·용기·절제)되고, 이들이 서로 충돌 없이 조화를 이룰
때 실현된다. 즉 각각의 영혼을 가진 각각의 계층들이 자신들의 고유
한 성향으로서 덕을 잘 발휘하여 전체적으로 조화를 이루게 될 때 '건

---

6) 위의 책, 252쪽.
7) 위의 책, 252쪽: 이 외에도 아내와 자녀 공유, 혼인과 출산에 대해서는 334, 338,
342쪽 참조.

강한' 국가, 즉 '올바른(정의로운)' 국가가 실현된다. 정의(로운 국가)란 "각자가 자기 나라와 관련된 일들 중에서 자기의 성향이 천성으로 가장 적합한 그런 한 가지에만 종사"[8]하는 것이다.

> 정의(올바름)란 외적인 자기 일들을 수행하는 것과 관련된 것이 아
> 니라 내적인 자기 일들을 수행하는 것, 즉 참된 자신의 일들을 수
> 행하는 것들과 관련된다. 이것은 자기 안에 있는 것이 남의 일들
> 을 하는 일이 없도록 하고, 영혼(이성, 기개, 욕망의 혼)의 각 부분
> 이 서로 다른 영혼들을 참견하는 일이 없도록 하는 것이다. 참된
> 의미에서 자신의 영혼을 잘 조절하고, 스스로 자신을 지배 및 통
> 솔하고 자기 자신과도 화목함으로써 세 가지 영혼들이 조금도 틀
> 림이 없는 음계의 세 음정처럼, 다시 말해 최고음, 중간음, 최저
> 음이 전체적으로 조화를 이루는 것이다. (중략) 이와 반대로 '올바
> 르지 못함(부정의)'이란 이 영혼들 간에 일어나는 일종의 내분, 참
> 견, 간섭이며, 모반이다. 즉 자신이 지배하기에는 적합하지 않
> 고, 오히려 성향에 있어 자신이 지배받고 복종해야 어울리는 혼
> (영혼)이 지배하려고 하는 것이기 때문에 모반이다. (중략) '훌륭함
> (aret)'이란 일종의 영혼의 건강함이요, 아름다움이며, 좋은 상태
> 인 반면, '나쁨(kakia)'란 일종의 영혼의 질병이요, 추함이며, 허
> 약함이다.[9]

---

8) 위의 책, 285쪽.

9) 위의 책, 308~311쪽.

한편, 절제의 덕은 자신의 지위와 서로 다른 각각의 지위를 정확히 파악하고, 자신의 지위에 맞는 역할을 수행하기 위해 모든 계층에게 필요한 공통의 덕목이었다. 예를 들어 생산 활동 계층의 사람들은 물질적 욕구에 대한 통치 계층의 지성적 제한을 받아들여야 한다. 또 보조 계층(군인)은 자신의 임무에 대한 통치 계층의 요구를 받아들여야 하며, 통치 계층 또한 국가의 경영이 자신들의 임무임을 정확히 깨닫고 있어야 한다.

뿐만 아니라 통치 계층은 '국가 전체의 선', 즉 국가 경영과 관련된 일에 종사해야 하기 때문에 국가에 관한 가장 높은 수준의 지혜를 요구받는데, 플라톤은 이러한 일에 가장 적절한 사람들이 '지혜를 사랑하는 자', 즉 철학자라고 생각했다. 철학자에 의한 통치(즉 철인통치)라는 플라톤의 신념은 "철학자들이 나라를 다스리지 않거나 최고의 권력자들이 철학을 하지 않는 한, '나쁜 것(악과 불행)들의 끝'을 기대할 수 없다."는 주장에서 구체적으로 드러난다. 따라서 철학자들에 의해 다스려지는 국가만이 건강하고 성장할 수 있고, 마침내 '햇빛'을 볼 수 있다는 것이 플라톤의 확고한 입장이었다.

> 철학자들이 나라를 다스리거나, 아니면 현재의 왕 또는 최고 권력자가 '진실로 그리고 충분히 철학을 하게(지혜를 사랑하게)' 됨으로써, 마침내 정치권력과 철학이 하나가 될 때 '나쁜 것들의 끝'을 볼수 있다. 그렇게 되기 전에 그 정치체제(국가)가 햇빛을 보게 될 일은 결코 없다. 10)

---

10) 위의 책, 365, 422, 425쪽.

플라톤은 '정의(올바름)'를 한 개인에서 '국가(폴리스)' 전체로 확장해 이해했기 때문에 그에게 '국가'는 '큰 개인'과 같은 의미였다. 또 정의로운 개인에게서 각각의 덕들이 조화를 이루는 것처럼 철학자가 지배하는 정의로운 국가에서는 '최고음 · 중간음 · 최저음'이 각각의 음정에 따라 전체적인 조화를 이루듯이 각각의 계층들 또한 저마다의 역할에만 충실함으로써 조화를 이룰 수 있다는 것이 그의 정치 철학이었다.

Chapter

05

행복은 우리 삶의 궁극적이고, 자족적인 어떤
것이며, 모든 행동의 목적이다

_아리스토텔레스

" 행복은 인간 정신의 유덕한 활동이며, 온전한 덕(德)과 생애
  전체를 통해서 비로소 성취되는 것이므로 그 자체로서 절대
  적인 가치를 지닌다
" 한 사람의 성품은 습관의 결과이지 타고나는 것이 아니다
" 모름지기 사람은 중간적인 올바른 이치를 선택해야 한다
" 가장 좋은 정치 형태는 군주제이고, 최악의 정치 형태는 참
  주제이다

지금

　35세 선수 3명, 전년성적 역순드래프트제라는 협회의 운영 원칙, 객관적 전력 평가 4위. 하지만 2010 정규 리그 종합 1위. 삼성화재 신치용 감독은 승리의 비결이 팀워크를 중시하는 팀 문화라고 강조한다. "기본을 지키고 겸손해야 한다. 가장 중요한 것은 상호존중이다. 사람이 기본이다." 신 감독은 "나를 따르라"는 선봉의 리더십으로 두 번의 실패를 경험하고 생각을 바꿔 "선수들이 먼저 전략을 짜고, 그것을 바탕으로 세부 전략을 세운다"고 한다. 선수들 스스로 제안하고 답을 내기 때문에 책임감도 그만큼 더 강해지는 장점이 있단다. 그의 말처럼 "리더가 반드시 앞에 있어야 하는 것은 아니다." "프로는 (젊은) 나이로 하는 것이 아니다. 오히려 나이가 많은 만큼 노련하고 책임감도 있다. 우리 팀 베스트 선수들은 나이가 많고 자녀도 두 명씩 있다." "못하고 나쁜 것만 고치려면 끝이 없다. 부족한 것은 서로 보완하면 된다. 서로에 대한 신뢰가 바탕이 되면 팀은 강해진다." "물론, 팀 기여도가 떨어지고, 기량이 떨어지면 나가야 한다." "어떻게 하면 잘 될지 누구나 잘 안다. 하지만 실천이 어렵다. 실천을 하도록 돕는 것이 감독이다. 또 경기를 잘하려면 훈련을 잘 해야 한다. 훈련을 잘 하려면 생활을 잘 해야 한다. 생활을 잘 하려면 생각이 좋아야 한다. 그래서 결국 사람을 존중하는 것이 중요하다. 나는 선수들에게 늘 말한다. '나는 너희들에게 배구를 가르치는 것이 아니다. 좋은 습관을 가르치는 것이다.'" "욕을 하는 선수는 팀에서 내보낸다. 서로 존중하고 책임 있는 선수가 좋은 선수이기 때문이다." "공과 사도 엄격하게 구분한다. 우리 집에 선수를 데려오지 않는다. 코트에서 얘기하고 사무실에서 하면 된다. 그래야 팀이 편하고 파벌도 없어진다. 옳고 그름을 정확히 알아야 한다." "승리했을 때만 나무란다. 상대팀에게서 배워야 하기 때문이다. 졌을 때는 '수고했다. 안 될 때도 있다'는 정도로 그친다. 하지만 이것은 선수들이 훈련과 생활을 잘 지켰을 때를 전제로 그렇다는 것이다. 기본을 지키지 않을 때는 타협이 없다." "오래 할수록 경험에서 나오는 내공이 있다. 전승불복(戰勝不復, 전쟁에서 승리는 반복되지 않는다)을 늘 새기고 있다."

-〈내일신문〉, 2010.06.14.-

주제어

목적(telos), 행복=최고선, 지적인(지성의) 덕, 철학적 지혜, 실천적 지혜, 도덕적인(성품의) 덕, 중용의 덕, 주의주의, 군주제 대 참주제

행복은 인간 정신의 유덕한 활동이며, 온전한 덕(德)과 생애 전체를 통해서 비로소 성취되는 것이므로 그 자체로서 절대적인 가치를 지닌다

모든 기술과 탐구, 그리고 모든 행위와 결정은 어떤 선(善)을 목적(telos)으로 하고 있는 것으로 보인다. 그러므로 선이란 모든 것이 추구하는 목적이라는 주장은 옳다고 하겠다. (중략) 예를 들어 의술의 목적은 건강이고, 조선의 목적은 배이며, 병법의 목적은 승리이고, 경제의 목적은 부이다. (중략) 따라서 우리가 하는 모든 일의 목적으로서 그것 자체 때문에 우리가 원하는 것이 있다면, 즉 어떤 일을 선택하든 이것 이외에 다른 어떤 것 때문에 선택하는 것이 아니라면, 분명히 이것은 선(善)이고, 최고선이다. (중략) 그 자체로서 바라고 다른 어떤 것 때문에 바라는 일이 절대 없는 것이 있다면, 그것은 무조건적으로 궁극적인 것이라 할 수 있다. 그것은 다름 아닌 행복이다. 왜냐하면 우리는 행복을 그 자체 때문에 선택하는 것이지 결코 다른 어떤 것 때문에 선택하지는 않기 때문이다. 명예나 쾌락은 행복하게 되리라는 기대 때문에 선택하는 경

우가 많다. (중략) 행복은 궁극적이고, 자족적인 어떤 것이며, 모든 행동의 목적이다. (중략) 행복은 어떤 종류의 정신의 유덕한 활동이며, (중략) 온전한 덕(德)과 생애 전체를 통해서 비로소 성취되는 것이다. 11)

아리스토텔레스는 존재하는 모든 것들, 즉 생명이 있는 것이든 생명이 없는 것이든 자연의 모든 것들을 이와 같이 '목적론적' 관점에서 이해했고, 그 목적이 실현되는 것을 달리 '선의 실현'이라 불렀다. 또 이러한 목적은 더 작은 목적에서부터 더 큰 목적에 이르기까지 다양한데, 아리스토텔레스는 더 작은 목적은 더 큰 목적을 위한 수단이 되며, 더 큰 목적은 이보다 더 큰 목적을 위한 수단이 된다고 보았다. 따라서 의술의 목적이 건강이고, 경제의 목적이 부라고 하더라도, 이것 자체가 목적이 될 수는 없으며 이 모든 행위와 활동들의 궁극적인 목적은 다름 아닌 행복이라는 것이 그의 생각이다. 즉 행복은 다른 어떤 것의 수단이 되지 않고, 오직 그 자체로서 존재하는 궁극적인 목적이라는 뜻이다. 행복은 인간에게 최고선이다.

아리스토텔레스가 행복을 '어떤 종류의 유덕한 활동'이라 했을 때, 이것은 무엇을 의미하는가? 그에게 선(좋음)이란 "덕에 일치하는 정신의 활동"이며, 또한 "생애 전체를 통한 것"이라는 뜻이다. 따라서 그는 한 마리의 제비가 날아왔다고 해서 봄이 온 것은 아니며, 하루 동안 햇볕이 보였다고 해서 여름이 온 것도 아닌 것처럼, 우리에게 행복이란 결

---

11)   아리스토텔레스 지음, 최명관 옮김, 『니코마코스윤리학』, 서울 : 을유문화사, 2001, 205~217쪽.

코 하루 또는 짧은 기간에 성취될 수 없는 것임을 명확히 하고 있다.

행복이 "완전한 덕을 따르는 정신의 활동"이란 말을 이해하기 위해서는 먼저 그의 덕(德) 개념을 알아야 한다. 우리가 말하는 행복이란 '인간적인 행복'이기 때문에 우리가 말하는 '덕' 또한 인간적인 덕이어야 한다. 따라서 그것은 신체의 덕이 아니라 정신의 활동과 관련된 덕이다. 왜냐하면 생명이란 식물에게도 있는 공통된 기능이고, 감각지각이란 개나 소처럼 동물에게 공통된 기능인 반면, 정신(영혼, Psyche)만은 이성적인 부분의 능동적인 생명 활동(Active Live)이기 때문이다.

그런데 이 정신(영혼)은 이성적인 부분과 비이성적인 부분으로 나뉜다. 비이성적인 부분에는 우선, 식물적인 부분이 있는데 이것은 영양의 섭취나 생장 같은 생물학적 기본 기능과 관련된다. 또 다른 비이성적인 부분은 이성적인 원리를 어느 정도 갖고 있는 것으로 여겨지는데, 그 이유는 반대되는 경우도 있지만, 절제를 잘하는 사람처럼 이성의 원리에 따라 최선의 목적으로 나아갈 수 있게 순응하기 때문이다. 이렇게 볼 때, 비이성적인 부분에는 식물적인 요소와 욕망·욕구적 요소가 있으며, 욕망적 요소는 이성의 원리에 귀 기울이고 순종함으로써 이성의 원리를 나누어 가지고 있는 것으로 볼 수 있다.

아리스토텔레스에 따르면, 덕 또한 영혼(정신)을 구분했던 것처럼 몇 가지로 나눌 수 있는데, 하나는 지적인(지성의) 덕이고, 다른 하나는 도덕적(성품의) 덕이다. 지적인 덕이란 철학적 지혜나 이해력, 실천적 지혜를 의미하고, 도덕적 덕이란 절제나 너그럽고 후덕함(관후·마음이 너그럽고 후함) 같은 덕이다. 예를 들어 우리가 어떤 사람에 대해 "그는 절제심이 있고 너그러우면서 후덕하다."고 했다면, 이는 그의 도덕적인 덕을 칭찬하고 있는 것이다. 결론적으로 아리스토텔레스가 말하는 "완전한 덕을 따르는 정신의 활동"이란 인간만의 고유하고 탁월한 특성인 정신(이성)의 활동이 지적·도덕적 차원에서 가장 잘 활동하는 상태를 말하며, 그는 이것을 그 자체 목적이자 최고선인 행복이라고 주장한 것이다.

한편, 아리스토텔레스는 "덕을 따르는 (정신·영혼의) 활동들 중에서 철학적 지혜의 활동이 가장 순수하고, 가장 즐거운 것"이라고 주장한다. 즉 "이성의 활동은 관조적인 것이며, 그 자체 외에는 다른 어떤 목적도 갖고 있지 않고, 그 자체에서 고유한 쾌락과 자족성을 지니기 때문에 가장 궁극적인 행복"이라는 것이다.

한 사람의 성품은 습관의 결과이지 타고나는 것이 아니다

덕에는 두 종류의 덕, 지적인(지성의) 덕과 도덕적(성품의) 덕이 있다. 지적인 덕은 교육에 의해서 자라기 때문에 경험과 시간을 필요로 하며, 도덕적인 덕은 습관의 결과로 생기기 때문에 본성적으로 우리에게 생기는 것이 아님은 분명하다.12)
도덕적인 덕은 선택에 관련된 성품의 상태이고, 선택이란 심사숙고한 욕구이므로, 좋은 선택을 하려면 이치도 올바르고, 욕구도 올바르지 않으면 안 된다. 따라서 이성적 사유와 도덕적인 성품

---

12) 위의 책, 234~235쪽.

없이는 좋은 선택은 있을 수 없다. (중략) 좋은 행위란 사유와 행위가 결합되지 않으면 불가능하다. (중략) 실천적 지혜를 지닌 사람은 '자기에게 유익하고 좋은 것에 관해 잘 살필 수 있는 사람'이고, 전체적으로 좋은 생활에 유익한 것이 무엇인지에 대해 훌륭하게 살피고 생각할 수 있는 사람이다. 13)

우리가 어떤 사람을 평가할 때, "그는 인품이 훌륭하다."고 했다면, 이것은 그의 '도덕적인 덕', 즉 성품(품성)의 덕을 기준으로 말한 것이다. 그런데 한 사람의 성품이란 아리스토텔레스의 말처럼, 습관의 결과로서 형성되는 것이기 때문에 지속적인 실천 과정을 요구한다. '도덕적인 덕'이란 말에서 '도덕'이란 곧 '에토스(ethos)'를 말하는데, 이것은 습관·관습·관례의 의미를 지닌다. 따라서 우리의 출생과 함께 본래부터 주어진 것이 아니라 후천적인 노력과 습관의 결과로서 형성되며, 더욱 완전하게 되는 것이다. 이렇게 볼 때, 먼저 배워서 알게 되는 기술처럼, (도덕적인) 덕은 또한 먼저 실천하고, 그 다음 비로소 얻게 되는 것이다.

예를 들어 악기를 연주해봄으로써 음악가가 되는 것처럼, 올바른 행위를 함으로써 옳게 되고, 절제 있는 행위를 함으로써 절제 있게 되며, 용감한 행위를 해봄으로써 용기 있게 되는 것이다. 행동이 성품을 결정하기 때문이다. 그러므로 "세 살 버릇 여든 간다."는 속담처럼 아주 어렸을 때부터 좋은 습관을 길러주면, 이러한 작은 차이가 마침내 매

---

13)　위의 책, 345~352쪽.

우 큰 차이를 가져오게 된다.

아리스토텔레스에 의하면, 훌륭한 덕을 형성하기 위해서는 우리의 욕망·욕구의 부분이 이성의 인도에 순응하는 지속적인 과정이 반드시 필요하다. 하지만 욕망의 부분은 이성적인 요소를 결핍하고 있기 때문에 마비된 손발처럼 이성의 지도에 언제나 순응하는 것은 아니다. 이 때문에 욕망·욕구가 이성과 올바로 결합해 이성의 올바른 방향을 잘 따르도록 도움을 주는 덕이 필요하다. 아리스토텔레스는 이러한 역할을 해주는 덕을 지적인 덕들 중의 하나인 실천적 지혜라고 불렀다.

실천적 지혜는 자신에게 유익하고 좋은 것이 무엇인지를 심사숙고할 수 있는 지혜이기 때문에 좋은 행위(즉, 중용)를 선택하는데 중요한 도움을 주는 지혜이다. 따라서 도덕적인 덕을 형성하기 위해서는 지적인 덕인 실천적 지혜가 필요하다. 왜냐하면 실천적 지혜가 없다면 자신에게 좋은 것과 나쁜 것이 무엇인지에 대해서 이성적인 심사숙고가 불가능해져, 올바른 선택에 의한 행동이 어렵게 되기 때문이다. 아리스토텔레스의 주장처럼, 우리의 모든 행동의 궁극적인 목적이 '좋은 행동 그 자체'로서 행복이라면, 그 좋은 행동인 중용을 위해서 실천적 지혜는 그만큼 중요하다고 할 수 있다.

모름지기 사람은 중간적인 올바른 이치를 선택해야 한다

그러고 보니 태도에는 세 종류가 있다. 두 종류는 악덕으로서 각
각 과잉과 결핍이고, 다른 하나는 덕(德)인데, 이것이 중용(中庸)이

다. 양 극단은 모두 중간적인 것에 대립하는 것이면서 동시에 서로 대립하는 것이며, 중간적인 것은 두 극단에 대립하고 있다. 더 자세히 말하면, 중간적인 것은 더 작은 것보다는 크고, 큰 것보다는 더 작은 것처럼, 정념에 있어서나 행위에 있어서나 부족한 것에 비해서는 지나치고, 지나친 것에 비해서는 부족하다. 그렇기 때문에 용감한 사람은 비겁한 사람에 비하면 무모해 보이고, 무모한 사람에 비하면 비겁한 것처럼 보인다. (중략) 도덕적인 덕은 하나의 중용이며, (중략) 원의 중심을 찾아내는 일처럼 누구나 할 수 있는 일은 아니며, 단지 그것을 (제대로) 아는 사람만이 할 수 있는 일이다. 화를 내거나 돈을 쓰는 일도 누구나 (제대로) 할 수 있는 것이 아니다.14)

    아리스토텔레스가 도덕적인 덕(성품의 덕)에 대해 말할 때, 이것은 우리의 마음가짐(우리가 감정에 잘 대처하거나 잘못 대처하게 해주는 심적 상태)에서 나오는 행동과 관련된 중용의 덕을 의미한다. 따라서 이것은 우리 마음이 어떤 상황에서 어떤 태도(자세)를 보이느냐와 관련되며, 우리는 이에 따라 칭찬을 받기도 하지만 비난을 받기도 한다. 예를 들어 우리의 마음가짐에서 나오는 행동이 지나치거나(과잉) 결핍되어(부족함) 무모함/비겁함, 방탕함/무감각함, 낭비/인색함, 허영심/비굴함, 조급함/무기력함처럼 서로에 대해 극단적인 반대의 방식으로 표현될 수 있는데, 이러한 모든 행동들은 공통적으로 비난의 원인이 되는 것이다. 반면, 어

---

14)   위의 책, 240~253쪽.

떤 마음가짐에서 나오는 행동들은 우리를 훌륭한(또는 고귀한) 사람으로 만들어주는데, 이것을 '중용의 덕'이라고 한다. 예를 들어 위의 양쪽 극단에 대해 용기, 절제, 절약, 긍지, 온화함 등이 여기에 속한다.

한편, 중용이 '지나침과 모자람의 중간 상태'인 것은 맞지만, 그렇다고 모든 마음가짐과 행동의 어떤 상태가 곧 중용과 관련되는 것은 아니다. 예를 들어 악의, 질투, 절도, 살인 행위는 이미 그 자체로서 악한 행위이다. 왜냐하면 이런 행위들은 그 자체로 지나치게 넘침과 부족함을 말할 수 없는, 즉 사악함을 이미 그 본성 속에 포함하고 있기 때문이다. 중용이란 두 악덕, 즉 '지나침의 악덕'과 '부족함의 악덕'의 중간이기 때문에 그 자체가 악(惡)인 악의적 살인 같은 행위에는 적용되지 않는다.

우리의 마음가짐에서 나오는 행동과 긴밀하게 관계하는 중용의 덕은 "마땅한 때에, 마땅한 일에 대해서, 마땅한 사람들에 대해, 마땅한 동기를 가지고, 마땅한 태도를 느끼는 중간적인 것으로, 이것은 최선의 일이다." 따라서 중용은 "이성의 원리에 의해, 실천적 지혜를 지닌 사람이" 자신의 마음가짐에 따라 행동을 결정할 때 '기준'으로 삼는 것이다. 그렇기 때문에 중용이란 이성을 지닌 인간이 자신의 마음가짐에 따라 행위를 이성의 덕(탁월성)에 따라 가장 잘 발휘하는 상황과 관련된다.

그렇다고 중용의 덕이 산술적 균형이나 비례관계를 추구하지는 않는다. 왜냐하면 중용의 덕이란 '중용'의 의미에서 이미 밝힌 것처럼, 마땅한 때에, 마땅한 사람에게, 마땅한 정도의 마음가짐을 가지고 행동을 표현하는 문제와 관련되기 때문이다. 따라서 한 쪽 극단이 10이고 다른 한 쪽 극단이 −10이라고 할 때, 정확히 그 중간으로서 0을 추구하고 유지하는 것이 아리스토텔레스가 말하는 중용일 수는 없다. 또한 중용의 이러한 성질 때문에 아리스토텔레스는 중용을 대상과 상황에 따른 '상대적 중간 지점'이라고 강조한다.

그러므로 우리의 마음가짐에 따른 행동이 상황이나 대상에 대해 상대적 중간 지점으로서 적절함을 찾고, 이를 표현하는 문제는 앞에서 말한 것처럼 한 번의 결정이나 몇 번의 실천으로 이를 수는 없고, 이러한 과정이 자신의 성격(성품)을 형성해나가는 과정으로서 습관이 될 때 비로소 성취 될 수 있는 것이다. 따라서 '원의 중심'을 찾는 일처럼 그만큼 지속적인 노력과 실천이 필요한 과정이다.

우리는 중용에 관한 유명한 사례를 『논어』에서 발견할 수 있다. 공자는 지나친 것이나 부족한 것이나 마찬가지로 바람직하지 않다고 말한다. 공자는 "배우면 바로 실천할까요?"라고 묻는 제자 자로의 물음에 "어찌 들은 대로 바로 실천해야 하겠느냐?"며 달랜다. 하지만 이번에는 제자 염유가 "배우면 바로 실천해야 할까요?"라고 같은 질문을 하자, 공자는 "들으면 바로 실천해야지!"하고 격려한다. 이에 듣고 있던 다른 제자가 "같은 질문에 왜 다르게 답을 하는지요?"라고 묻자, 공자는 "염유는 소극적이어서 북돋워 주려고 그런 것이고, 자로는 씩씩함이 넘쳐 눌러주려고 그런 것이다."라고 말한다.

이처럼 중용이란 서로 다른 상황은 물론, 같은 상황에서도 상대에 따라 다르지만 마음가짐을 적절하게 드러내는 행동의 표현과 관련된다. 아리스토텔레스가 중용에 대해 "사람은 모름지기 중간적인 것을 선택해야 하며, 과잉이나 결핍을 선택해서는 안 된다. 그리고 중간적인 것은 올바른 이치가 이르는 대로"라고 했던 것도 미덕이 마음가짐의 문제임을 지적하고 있는 것이다.

가장 좋은 정치 형태는 군주제이고, 최악의 정치 형태는 참주제이다

> 국가 체제에는 세 가지 종류가 있고, 또 이들 세 가지 형태의 타락한 형태가 있다. 군주제, 귀족제, 유산자제(有産者制, 재산 능력에 기초한 것)이다. 가장 좋은 것은 군주제이고, 가장 나쁜 것은 유산자제이다. 군주제의 타락한 형태는 참주제이고, 귀족제의 타락한 형태는 과두제이며, 유산자제의 타락한 형태는 민주제이다.

아리스토텔레스의 "인간은 사회 · 정치적 동물"이라는 주장으로부터 그가 사회 · 국가를 인간의 자연적 본성으로 생각하고 있었음을 알 수 있다. 즉 그는 "사회 안에서 살 수 없는 자 또는 스스로 자족적이기 때문에 그럴 필요가 없는 자, 이런 자들은 확실히 짐승이거나 신"이라고 주장한다. 또한 그는 사회 · 국가를 자신의 목적론적 관점에 기초해 이해했는데, 그에게 국가란 구성원들 전체의 '좋은 삶(행복)'을 목적으로 한다. 따라서 그의 목적론적 관점에 기초할 때, "개인에게 최선인 것은 국가에게도 최선인 것이다."

위에서 보는 것처럼, 플라톤이 철인 통치를 이상적인 정치의 모델로 제시했다면, 아리스토텔레스는 군주제를 가장 좋은 정치 체제로 생각한다. 또 플라톤이 철인 통치 계급에 대해 자신의 이익이 아니라 공동체 모두의 이익을 강조한 것처럼, 아리스토텔레스는 군주제 아래에서 군주는 신민의 이익을 돌보는 존재라고 주장한다. 그에게 "정치학의 목적은 시민이 어떤 일정한 성격을 지닌 인간이 되도록, 즉 선한 인간,

그리고 고귀한(훌륭한) 행위를 할 수 있는 인간이 되도록 모든 노력을 기울이는 것", 즉 행복에 있었다. 하지만 플라톤이 수호자 계급에 대해 공유제를 이야기하는 반면, 아리스토텔레스는 재산은 균등하게 하기보다는 과도한 탐욕을 부리지 않도록 시민을 교육하는 것이 더 중요하다고 주장한다.

군주제가 타락하게 되면 참주제가 되는데, 이 둘은 모두 일인 통치라는 점에서는 같으나 참주는 오직 자신만의 선과 이익을 도모한다는 점에서 근본적으로 다르다. 그는 군주제가 최선의 형태이기는 하지만, 현실적으로 탁월한 군주를 기대하기는 어렵기 때문에 귀족 정치, 즉 다수의 선한 사람들에 의한 통치가 한 사람의 군주보다 더 낫다고 생각했다. 아무튼 군주제가 타락하면 참주제가 등장하는데, 그에 의하면 이는 최악의 정치 형태라 할 수 있다. 한편, 귀족제는 통치자들의 타락과 함께 과두제로 변질되는데, 과두제에서 통치자들은 관직과 재화 또는 국가에 속하는 모든 것들을 자신들의 것으로 만들려고 한다.

마지막으로 유산자에 의한 통치가 타락하여 등장하는 민주제에서는 마치 주인이 없는 가정에서 나타나는 현상이 일어나는데, 그것은 누구나 균등하기 때문에 그런 것이다. 이러한 민주제는 지배자의 힘이 약해 누구나 제멋대로 행동할 수 있는 곳에서 나타난다. 그렇더라도 민주제는 참주제, 과두제처럼 나쁜 정치 체제들 중에서는 상대적으로 덜 나쁜 정치 체제이다. 왜냐하면 민주제에서는 모두가 평등하기 때문에 참주제나 과두제에서보다 공동의 것이 더 많고, 그런 만큼 '친애(philos, 우정 · 우애로 번역하기도 함)'가 더 많이 존재할 수 있기 때문이다.

반면, 최악의 정치 체제인 참주제에서는 친애를 거의 기대할 수 없다. 왜냐하면 지배자와 피지배자들 사이에 '공동의 것'이 없어 '정의' 또한 기대할 수 없기 때문이다. 참주제 아래에서는 마치 주인과 노예의 관계처럼, 둘 사이에 아무런 공동의 것이 없다. 노예는 단지 생명이 없는 존재로서 '삶을 위한 (죽은) 도구'에 지나지 않는다.

정치에 관한 그의 설명에서 흥미로운 점은 이처럼 정치 체제를 '친애'의 개념을 기초로 설명한다는 점이다. 아리스토텔레스에게 '친애'란 "우리가 삶을 살아가는 데 가장 중요한 덕"으로 동물에게도 있지만, 특히 인간에게 두드러진 것이며, "나라를 통합하는" 근원적인 힘이 되는 것이다. "친애를 함께 하는 사람끼리는 '정의'가 굳이 필요하지 않지만, 옳은 사람들 간에도 정의 외에 친애는 반드시 필요하다." 따라서 친애는 정의의 가장 참된 모습이며, 고귀한(훌륭한) 것이다. 그렇기 때문에 친애는 상대가 '유용하기 때문에' 또는 '서로의 쾌락을 목적으로' 해서는 오래 지속되기 어렵다.

왜냐하면 이러한 친애는 상대가 더 이상 유용하지 않게 될 때, 그리고 서로의 쾌락이 끝날 때 함께 소멸하기 때문이다. 그러므로 진정한 친애는 서로에 대해 선의를 품고, 서로가 서로의 선을 위해서 헌신할 때 이루어진다. "완전한 친애는 서로가 '선한 사람들'이라는 점을 전제로 서로에게 좋은 것을 바라는 사람들 사이에서 가능하며, 이런 의미에서 친애는 참된 의미의 친구를 의미한다."15)

"둘이서 함께 가면"이란 말처럼 친애는 자신과 함께 하는 사람들의 집단(예를 들어 전우, 학우, 동료), 즉 공동체에서 자연스럽게 발견되며,

---

15) 위의 책, 405~406쪽.

그렇기 때문에 공동생활의 정도(한계)는 곧 친애의 정도(한계)를 규정한다고 할 수 있다. 나아가 모든 공동체가 국가 공동체의 일부라는 점을 고려하면, 올바른 국가 공동체는 친애를 가장 잘 드러낼 수 있는 모습을 갖추어야 한다는 것은 자연적인 결론이다. 이 지점에서 친애와 국가 공동체가 서로 결합하게 되는데, 아리스토텔레스는 이에 기초해 위에서 살폈던 국가 공동체의 체제를 구분했던 것이다.

Chapter

06

너의 능력을 넘어서는 역할을 바라지 말고, 자
연에 따르는 삶을 살라

_에픽테토스

° '행복한 삶'이란 '풍족하게 흐르는 강물과 같은 삶이다'
° 서로 다른 것들로부터 가장 아름다운 조화가 이루어진다
° 보편적 자연과 그것의 로고스에 맞지 않는다면, 아무리 사
  소한 것일지라도 생겨날 수 없다
° '이성에 따르는 삶'은 곧 올바르게 '자연에 따르는 삶'이다
° 사람을 심란하게 만드는 것은 그 일들 자체가 아니라 그 일
  들에 대한 우리의 믿음이다

지금

2015년 2월. 경기도 화성시에서 형과 불화를 겪던 70대 남성이 사냥용 엽총으로 형과 형수, 신고를 받고 출동한 경찰까지 쏴 숨지게 한 뒤 스스로 목숨을 끊었다. 사건 이틀 전에도 세종시에서 50대 남성이 금전·치정 문제로 갈등을 빚던 전 동거녀의 가족에게 엽총을 쏴 세 명이 숨지는 비극이 있었다.

최근 충동조절장애를 앓는 환자가 늘어나면서 이러한 분노 범죄도 늘고 있다. 문제가 해결되지 않거나 자기 마음에 들지 않는 일이 생기면 '홧김에' 순간적으로 욱하는 분노를 참지 못하고 상대를 때리거나 불을 지르는 식으로 화를 푸는 것이다. 지난해 인격 및 행동 장애로 진료 받은 사람 1만 3,000명 가운데 남성이 8,935명, 여성은 4,093명이었다. 연령별로는 20대, 30대, 10대 순이었다.

인격장애는 사회생활에 문제가 생길만한 인격상의 이상이 지속되는 성격 이상 증세로 의심이 지나치거나 냉담함, 공격성을 보이고, 습관·충동 장애는 이성적으로 이해할 수 없는 반복적인 행동을 보이는 것이 특징이다.

-〈중앙일보〉, 2015. 03. 02. -

근육통성 뇌척수염을 앓고 있는 키스 세던 박사는 류머티즘 관절염을 앓고 있는 아내를 간호하면서 궁핍하지만 행복한 생활을 한다. 얼핏 보기에 두 사람은 불행해 보이지만, 아내는 자신이 남편에게 의지하고 있는 것이 일종의 축복임을 깨달았다고 말한다. 이성적인 사고와 판단을 원칙으로 삼는 스토아적 삶은 '나쁜' 상황이 발생했을 때, '왜, 하필 나에게!'라는 불평이나 분노보다는 상황의 진실을 직시하고 자신이 할 수 있는 방안을 찾도록 이끈다. 두 부부는 "우리에게 스토아 철학이 없었다면, 이런 생활을 어떻게 극복할 수 있었겠어요?"라고 말한다.

키스의 처방은 단순하다. 늦게 도착해 길게 늘어선 줄을 보면서 '이렇게 길다니?' 하고 짜증내거나, 이미 떠나버린 지하철을 보면서 '10초만 빨리 왔더라도!' 하고 후회할 필요가 없다는 것이다. 왜냐하면 자신이 통제할 수 없는 상황에 분노하는 것은 비이성적이고 비논리적이기 때문이다. 그렇기 때문에 화를 낸다면, 그 실질적인 피해자 또한 자신일 뿐이라는 것이다.

―〈헤럴드 경제〉, 2013. 03. 14. ―

주제어

로고스, 신, 제우스, 불, 자연, 이성, 오이케이오시스, 덕, 아파테이아, 정념(파토스)로부
터 자유, 제논, 결정론, 운명애, 에픽테토스, 마르쿠스 아우렐리우스, 자연법, 의무, 금욕
주의

행복한 삶이란 '풍족하게 흐르는 강물과 같은 삶이다.'

모든 것은 로고스에 맞게 생겨난다. 내가 각 사물을 그 사물의 본
성에 따라 구분할 때조차도, 또 사람들이 각 사물이 왜 그러한지
를 지적하면서 이런저런 말과 행동, 경험을 제시하고 있는 순간조
차도, 그들은 자신이 전혀 알지 못하고 있는 사람을 닮고 있다(헤
라클레이토스). 16)

스토아학파라는 명칭은 아테네 시장 한 쪽에서 자살로 삶을 마감한
제논(기원전 333?~기원전 262?)에 기원을 두고 있다. 그는 '다채로운 원
기둥'을 배경으로 제자들 앞에서 강의를 하고 함께 공부했다. 따라서
스토아학파란 '원기둥을 배경으로 둘러 앉아 있는 사람(들)' 정도로 이
해할 수 있다. 그곳에서 그가 강조했던 가르침은 "현실적으로 성취할
수 없는 것들은 무가치하다.", "사람은 '한결같은 삶'을 살아야만 한
다."는 것이다. 그는 이러한 삶을 살게 되면 누구나 내적인 평화로움에

---

16) 앤소니 A. 롱 지음, 이경직 옮김, 『헬레니즘 철학』, 서울 : 서광사, 2000. 266쪽.

이르게 되어 행복할 수 있다고 보았다. 그가 행복에 대해 "풍족하게 흐르는 강물과 같은 삶"이라고 했을 때, 이것은 곧 깊은 강물이 간직하고 있는 고요함과 평온함이 한결같은 삶을 통해 이르게 되는 내면의 평화로움, 마음의 평정(평안하고 고요함)에 비유될 수 있다는 의미로 해석할 수 있다. 또 행복한 사람의 삶이란 막힘없이 고요하게 흘러가는 강물과 같은 삶인데, 그 이유는 행복한 삶이란 '전체를 통치하는 자의 의지와 조화로운 일치를 이루는 삶'이기 때문이라는 뜻이기도 하다.

우리가 제논, 그리고 스토아학파가 지녔던 이러한 생각에 내재하고 있는 근본 원리, 즉 출발점이 되는 철학적 기초를 이해한다면, 그들의 생각을 더욱 명확하고 포괄적으로 이해하는 데 유익한 도움을 받을 수 있다. 이제 그들의 생각을 지배하고 있었던 근본 원리에 대해 검토해 보자.

서로 다른 것들로부터 가장 아름다운 조화가 이루어진다

스토아주의자들은 소크라테스 이전에 활동했던 헤라클레이토스(기원전 540~기원전 480)가 강조했던 '로고스'와 '불'의 개념으로부터 중요한 영향을 받았다. 그는 우리에게 "같은 강물에 발을 두 번 담글 수는 없다."는 명제로 더 잘 알려진 인물이다. 우리가 같은 강물에 두 번 발을 담글 수 없는 이유는 처음 발을 담글 때의 나와 그 다음 발을 담을 때의 나는 이미 동일한 내가 아니기 때문이고, 처음 발을 담글 때의 물과 두 번째 발을 담글 때의 물이 이미 같은 물이 아니기 때문이다. 즉 흐르는 강물처럼 존재하는 모든 것들은 끊임없는(영원한) 변화의 과정에 있다는 뜻이다. 그렇지만 발을 담그는 '나'와 흐르는 물은 여전히 '나'이고 물이라는 점에서 '동일성'을 유지하고 있다는 점도 사실이다. 마치 유치원 시절의 '나'와 그것을 회상하고 있는 지금 여기의 내가 동일성을 유지하고 있는 것과 같다.

헤라클레이토스는 자신의 이러한 관점을 세계의 모든 존재들로 확장하여 이해한다. 즉 세상의 모든 존재하는 것들은 영원한 변화의 과정에 있다는 것이다(만물유전설). 그런데 이러한 다양한 변화에도 불구하고, 세계는 어떻게 조화롭고 질서 있는 모습을 간직하고 있을까? 이에 대해 헤라클레이토스는 모든 것들이 변화하고 있는 가운데에서도 변하지 않는 오직 하나가 있는데, 그것을 로고스(logos)라 부른다. 왜냐하면 로고스란 존재하는 모든 것들 속에 내재하면서 질서와 지식, 그리고 변화를 지배하고 있는 힘이자 원리이기 때문이다.

한편, 헤라클레이토스는 이와 같은 로고스에 대한 상징적 은유로 '불'을 제시하는데, 그에게 불은 끊임없는 변화 속에 내재하는 힘이며, 변화를 일으키는 원리 자체를 상징한다. 그러므로 변화하고 있는 모든 것들은 불의 객관화라고 할 수 있으며, 이 점에서 불은 유일자(the one), 즉 신이라고 할 수 있다. 만물이 신의 일부라면, 인간 또한 신의 일부이다. 또 인간의 고유한 속성이 이성이기 때문에 이성은 또한 신의 가장 중요한 속성이 되어야 한다. 더욱이 신이 변화의 과정 속에서도 통일성(동일성)을 유지하고 질서와 법칙을 만들어내는 근원적인 존재라면, 신은 더욱 이성적이어야 한다.

아무튼 신은 이성적이며, 모든 것에 예외 없이 내재하는 보편적 질서와 법칙을 부여하는 존재이다. 이처럼 신은 모든 것을 움직이고 변하게 하는 운동의 근본 원인이며, '보편 이성'이다. 그리고 인간 또한 신의 속성을 자신의 본질 속에 갖고 있으므로, 우리가 "잠에서 깨어난 사람으로 있는 한, 우리는 하나의 질서 있는 세계(logos)를 발견할 수 있다."

또 헤라클레이토스는 변화와 운동을 통해 이루어지는 조화와 질서를 설명하기 위해 대립과 갈등, 모순의 개념을 도입한다. 예를 들어 활의 가장 훌륭한 조화란 활과 활줄 사이의 가장 팽팽한 긴장(대립, 갈등, 모순) 관계이며, 이것이 곧 가장 훌륭한 활과 화살의 통일성이다. 이 점에서 조화란 대립과 모순의 결과라 할 수 있다. 서로 대립하는 힘들 사이의 조화가 세계의 통일성인 것이다. 이것은 남과 여, 낮과 밤, 겨울과 여름, 삶과 죽음, 전쟁과 평화의 관계와 같다. "서로 다른 것들로부터 가장 아름다운 조화가 이루어진다." "신에게 모든 것은 공평하고 정의롭지만, 인간은 어떤 것에 대해서는 옳다 또는 그르다고 말한다." 하지만 로고스와 보편 이성의 관점에서 볼 때, "만물은 하나"이며, 따라서 "지혜로운 삶이란 이러한 사실에 동의하는 삶이다."

보편적 자연과 그것의 로고스에 맞지 않는다면, 아무리 사소한 것일지라도 생겨날 수 없다

헤라클레이토스의 로고스와 불 개념은 스토아주의자의 세계관을 이루는 주요 원리가 된다. 예를 들어 스토아주의의 "자연은 창조하는(또는 만들어내는) 솜씨 좋은 불"이라는 생각이나, "보편적 자연과 그것의 로고스(합리성)에 맞지 않는다면, 아무리 사소한 것일지라도 생겨날 수 없다."는 주장은 그들을 헤라클레이토스와의 관계 속에서 이해할 때 더욱 명확하게 드러난다. 특히 로마의 황제 마르쿠스 아우렐리우스의 다음 주장은 스토아주의의 우주관을 매우 명쾌하게 보여준다. "항상 이 우주를 하나의 살아 있는 유기체(생명체)로, 하나의 유일한 실체로, 그리고 하나의 유일한 영혼으로 생각하라. 이 유일한 실체, 그리고 이 유일한 영혼은 신이라고 불리며, 이 신은 곧 자연이다. 따라서 신은 이 세계와 분리될 수 없다."17)

아리스토텔레스의 연구자인 아프로디시아의 알렉산드로스(동명이인이기 때문에 구분 짓기 위해 사용하며, 2세기경 활동한 인물로 알려져 있다.) 또한 스토아주의자들의 우주론에 대해 다음과 같이 설명한다. "스토아주의자들에게 이 세계는 하나이고, 그것은 자연적으로 살아 있고, 이성적이며, 지성적으로 조직되어 있다. 그리고 먼저 생겨난 것들은 그 다음에 오는 것들의 원인이다. 따라서 원인 없이는 어떤 것도 이 세계에 있거나 생겨날 수 없다. 왜냐하면 앞서 존재하는 모든 것과 서로 분리되거나 연결되지 않은 사물이란 아무 것도 없기 때문이다(결정론). (중략) 스토아주의자들에게 자연, 이성, 신은 같은 의미이다."18)

스토아주의자들은 로고스와 신을 이야기하면서 항상 이성과 자연을

---

17) 마르쿠스 아우렐리우스 지음, 강분석 옮김, 『마음의 철학』, 서울 : 사람과 책, 2001. 82~83쪽.
18) 에픽테토스 지음, 김재홍 옮김. 『왕보다 더 자유로운 삶』, 서울 : 서광사, 2104. 202쪽.

동등한 개념으로 함께 제시한다. 따라서 이 두 개념에 대한 그들의 입장을 밝히는 일 또한 그들의 세계관을 이해하는 데 중요하다. 이에 대해 우리는 스토아주의의 가장 뛰어난 인물로 알려진 크리시포스의 신(神)에 관한 논증에 대해 묘사하고 있는 키케로(탁월한 인품과 도덕성을 지닌 로마 시대의 웅변가)의 주장에서 중요한 단서를 발견할 수 있다.

> 인간의 이성과 정신, 힘과 능력을 통해 만들어낼 수 없는 것이 이 세계에 존재한다면, 그것을 만들어내는 자는 확실히 인간보다 능력이 우월한 자임이 분명하다. 끝이 없는 규칙성을 보여주는 하늘과 다른 모든 것들은 인간이 만들어낼 수 없는 것이다. 그러므로 이런 것들을 만들어내는 자는 인간보다 우월하다. 이런 존재에게 신 이외에 다른 이름을 어떻게 붙일 수 있다는 말인가? 오직 신만이 가장 탁월한 이성(ratio, 비율, 규칙, 균형, 조리)을 소유하고 있다. 만약에 인간들 중 누군가가 자신보다 우월한 존재는 이 세계에 없다고 말한다면, 그것은 미친 오만의 극치일 것이다. 인간보다 우월한 어떤 것이 있으며, 그것은 신이며, 따라서 신은 존재한다. 19)

우리는 이성 개념을 중심으로 스토아주의의 신에 관한 위의 주장을 다음과 같이 재구성해 볼 수 있다.

---

19) 위의 책, 206쪽.

[논증1]

인간의 이성 능력을 통해 할 수 없는 것을 할 수 있는 자는 인간보다 우월한 존재이다.

만물과 천체의 움직임·규칙성은 인간의 능력으로는 절대 할 수 없는 것이다.

그러므로 인간의 이성 능력보다 우월한 존재는 반드시 있다.

이성을 지닌 가장 우월한 존재는 신이다.

그러므로 신은 존재이다.

[논증2]

인간에게 이성 능력을 부여한 자는 인간보다 우월한 존재여야 한다.

신은 이성을 지닌 것들 중에서 가장 탁월한 존재이다.

그러므로 신은 존재한다.

이로써 스토아주의에서 말하는 신이 이성(Ratio)을 지닌 존재라는 점은 명확해졌다. 이제 그들이 강조하는 자연 개념이 규명되어야 할 차례이다. 왜냐하면 스토아주의자들은 항상 신을 말하면서 자연, 즉 피시스(Physis)를 같은 의미로 제시하기 때문이다. 이것은 로고스, 신, 이성, 그리고 자연 개념이 그들에게 가장 중요한 근본 개념이라는 뜻이기도 하다.

스토아주의에서 발견되는 자연 개념은 다음과 같이 요약할 수 있다. 즉 (1) 모든 사물을 형성하고 만드는 힘이나 원리, (2) 세계를 하나로 묶고 그러한 세계에 정합성을 부여하고 통일성을 주는 힘이나 원리, (3) 스스로 움직이고 생성력을 지닌 호흡(프네우마, 또는 '솜씨 좋은 불'), (4) 필연과 운명, (5) 신, 섭리, 장인, 올바른 이성이다.[20] 자연의 이 모든 속성을 종합할 때, 자연이란 스스로의 로고스(이성, 비율, 규칙, 원리)에 따라 모든 것들 산출하고 보존하며, 움직이고 통치하는 근원·조건이 되는 것이다(자연법). 또한 자연은 모든 것에 변화를 일으키는 물리적 힘이면서, 동시에 뛰어난 합리성을 지닌 이성적 존재인 신으로서 '솜씨 좋은 불'이기도 하다. 따라서 세계의 모든 것들 속에는 신적인 목적과 섭리가 내재하고 있다(범신론). 결론적으로 스토아주의자들에게 세계, 영혼, 자연, 신, 이성 개념은 모두 동일한 의미를 지닌 하나이다.

'이성에 따르는 삶'은 곧 올바르게 '자연에 따르는 삶'이다

이제 스토아주의의 이와 같은 세계관이 인간의 삶에 어떤 가르침으로 구체화되는지를 살펴보자. 이것은 곧 스토아주의 윤리와 관련된 주제이다. 이와 관련해 3세기경에 활동했던 것으로 알려진 그리스 전기작가인 디오게네스 라에르티오스의 스토아주의의 윤리에 대한 묘사는 매우 중요한 의미를 지닌다.

> 동물은 자신을 보존(보호)하기 위한 원초적 충동을 가지고 있다.
> 이것은 크리시포스가 자연은 처음부터 모든 동물로 하여금 (동물)

---

20) 앤소니 A. 롱, 위의 책, 270쪽.

자신과 '친화적'이도록 했기 때문이라고 말했던 것과 같다. 즉 "모든 동물에게 가장 오이케이오시스(oikeiosis, 친밀함, 친화, 익숙하게 함, 방향, 지향, 성향, 알맞게 적응시키기)한 것이란 자신의 본성에 가장 알맞은 것을 이루는 것이며, 이러한 것을 깨닫는 것이다."(중략) 이것은 자신에게 해를 가하는 것을 밀어내고, 알맞은(또는 친화적인) 것을 향해 나아가는 것이다. (중략) (따라서 스토아주의자들에게) 동물의 원초적 충동은 쾌락이 아니라 동물이 자신에게 친화적이고 적절한 것을 이루는 방식을 발견했을 때 일어나는 것이다. 예를 들어 동물이 잘 자라고 활기찬 모습을 보이고, 식물이 꽃을 피우는 것은 자신에게 적절한(또는 친화적인) 방식에 맞게 그러한 것이다. 자연은 동물과 식물에 대해 어떤 차이를 만든 것이 아니라 자신의 방식에 친밀하고 적절하게(오이케이오시스) 일어나도록 했다. 그러나 동물에게는 충동이 더해졌고, 이 때문에 동물이 '자연에 따라 산다는 것'은 곧 충동(affection, 애정, 감정)에 따라 이끌려지는 것이다. 그러나 한층 더 완전한 이성적인 것들에 대해서는 '이성에 따르는 삶'이 올바르게 '자연에 따르는 삶'이 되는 것이다. 21)

식물 · 동물 · 인간, 어떤 것이든 상관없이 모든 존재하는 것들은 자연의 원리(로고스)에 따라 자신들에게 적절한 방식으로 향하고 움직이도록 되어 있기 때문에 그 섭리(운명, 질서)에 알맞게 반응을 보이는 것

---

21) 에픽테토스 지음, 위의 책, 214~215쪽. 『엥케이리디온』에 나오는 이 인용문을 포함해 아래에 인용된 글들은 모두 그의 『대화록』에도 수록되어 있다. : 아리아노스 엮음, 강분석 옮김, 『에픽테토스와의 대화』, 서울 : 사람과 책, 2001.

이 가장 자연에 따르는 적절한 방식이다. 따라서 이성을 지닌 인간이 자연에 따른다는 것은 전체를 통치하는 로고스의 의지와 조화를 이루고, 그것과 일치하는 삶, 또는 그것에 일치하는 반응과 태도로 살아간다는 뜻이다. 그것은 인간이 자신의 본성인 이성에 따라 살아간다는 뜻이며, 그렇기 때문에 이러한 삶은 가장 행복한 삶이며, 동시에 덕(德) 있는 삶이라는 뜻이다. 왜냐하면 자신을 '자연과 일치하도록 하는 삶'이야말로 가장 오이케이오시스와 일치하는 삶이며, 또한 그렇기 때문에 우리의 자연적 본성이 전체 우주의 올바른 로고스(이성, 자연)와 하나가 되는 삶이 된다. 결론적으로 "전체(우주)를 통치하는 자의 의지와 조화로운 일치"를 이루는 삶이야말로 인간에게 가장 덕 있는 삶이다. 스토아주의의 이러한 주장은 다음과 같은 형식으로 구조화해 볼 수 있다.

자연은 모든 것들에 대해 섭리(로고스)에 따라 오이케이오시스를 부여했다.

만약에 어떤 존재가 오이케이오시스에 따라 행동한다면, 그 행동은 옳다.

식물 · 동물 · 어린아이가 충동(affection)에 따라 행동하는 것은 자신을 보존(보호)하려는 오이케이오시스를 따르는 충실한 행동이다.

그러므로 이들의 행동은 (자연과의 조화로운 일치를 이루는 것이므로) 옳다.

또 자연은 인간이 7~14세에 이르면서부터 올바른 이성에 따라 살아가도록 이끌어준다.

그러므로 인간이 올바른 이성에 따라 살아가는 삶은 올바른 덕 있

는 삶이며, 또한 그것은 자연의 (의지에) 따르는(복종하는) 삶이다.

　스토아주의가 인간에 대해 이와 같은 윤리적 지침, 즉 자연법을 윤리적 삶의 기준으로 제시하고 있다는 점으로부터 우리는 스토아주의에 내재하고 있는 '운명애'적인 요소와 '비결과주의'적 요소를 발견할 수 있다. 달리 말해, 자연의 섭리, 로고스에 따르는 삶이 올바른 삶이고 덕 있는 삶이라는 주장 속에는 우리가 반드시 따라야 할 삶의 기준이 있다는 뜻인데, 그것은 다름 아닌 자연과 일치하는 이성, 그리고 그 이성을 충실히 따르는 삶이다.

　그런데 이러한 삶은 우리가 판단의 주체가 됨으로써 자신의 자율적 의지와 판단에 따라 독립적으로 결정하는 삶이 아니라 '신의 섭리'라는 로고스에 의해 규정되어 있다는 사실이 중요하다. 이렇게 되면 우리에게 덕이 있는 훌륭한 삶이란 이러한 섭리를 방해하는 것들을 제거하고, 오직 이성과 자연에 일치하는 (자연법적인) 삶만을 남겨놓게 된다. 즉 결과와는 상관없이 오직 따라야 할(또는 해야 할) 것을 의무로서 받아들이고 행동하는 것이다. 그러므로 우리가 '자연적으로 이끌리는' 행동을 해야 한다는 말은 이성적 존재인 우리가 '이성과 일치하는 삶'을 살아가야 한다는 의미를 내포하고 있다.

　따라서 이를 부정하거나 이것과 대립되는 파토스(Pathos), 즉 비이성적이고 들끓는 충동, 또는 억누르기 어려운 지나친 감정(격정)은 우리의 이성이 자연과 일치하는 행동을 하지 못하도록 방해하기 때문에 우리가 반드시 벗어나야 할 상황이다. 그리고 이러한 파토스로부터 벗어

난 자유로운 상태를 스토아주의자들은 아파테이아(Apatheia)라고 부른다. 이것은 우리의 정신이 외적인 자극에 의해 일어나는 격정으로부터 흔들리거나 방해받지 않는 상태이기 때문에 정신의 평온함 또는 의연함(초연함) 정도로 이해할 수 있다.

에픽테토스는 이와 관련해, "어린 노예가 올리브유를 엎질렀을 때, 또는 우리가 포도주를 도둑맞았을 때, 우리는 이 모든 것들이 정념으로부터 벗어날 수 있기(Apatheia) 위해 치러야 할 대가이고, 또 마음의 평정(Ataraxia)을 위해 치러야 할 대가"라는 것을 마음에 새겨두어야 한다고 가르친다.

사람을 심란하게 만드는 것은 그 일들 자체가 아니라 그 일들에 대한 우리의 믿음이다

스토아주의자들이 추구했던 이와 같은 이상적인 삶의 모습은 에픽테토스의 소책자 『엥케이리디온』, 『대화』, 그리고 세네카, 키케로와 함께 마르쿠스 아우렐리우스의 『명상록』들에서 구체적으로 표현되고 있다. 여기서는 에픽테토스와 아우렐리우스의 스토아주의가 제시하는 윤리적 삶의 기준에 대해 음미하도록 하자. 우리는 이제 인용되는 글들을 통해 스토아주의의 신(로고스, 자연, 이성)과 의무, 금욕, 아파테이아에 대한 지혜의 가르침을 발견할 수 있다.

사람을 심란(마음이 불안하고 산란함)하게 만드는 것은 그 일(Pragma)

들 자체가 아니라 그 일들에 대한 우리의 믿음(Dogma, 신념) 때문이다. 죽음이 두려운 것이었다면, 소크라테스 또한 그랬을 것이다. 죽음에 관한 믿음, 즉 두렵다는 것, 바로 이것 때문에 두려운 것이다. 따라서 마음이 심란할 때, 다른 사람을 탓하지 말고, 우리 자신의 믿음을 탓해야 한다(『엥케이리디온』, 제5장).

에픽테토스는 언제나 자신의 삶을 검토하고, 자신의 영혼을 돌보라고 가르쳤던 소크라테스의 삶을 가장 이상적인 삶의 모범으로 삼았다. 그래서 그는 "우리가 아직은 소크라테스가 아닐지라도, 마치 소크라테스가 되고자 하는 바람"으로 삶을 살아야 한다고 가르쳤다. 위의 가르침 또한 죽음 앞에서 두려움이나 파토스에 의해 흔들리지 않고, 오히려 의연하고 평온했던(아파테이아) 소크라테스의 정신을 삶의 원칙으로 삼을 것을 제시하고 있다. "두려움과 슬픔과 고통 속에서 사는 사람은 누구도 자유롭지 않은 사람이다."22)

세상에서 일어나는 일들에 대해 네 자신이 바라는 대로 일어나기를 바라지 말고, 일어나는 일들이 실제로 일어나는 대로 일어나기를 바라라. 그러면 행복해질 수 있을 것이다(제8장). 어떤 것에 대해서도 결코 '그것을 잃어버렸어!'라고 말하지 말고, '그것을 되돌려 주었어!'라고 말하라. 마치 나그네가 여관에 머물고, 다음 손님을 위해 비워주는 것처럼(제11장). 너는 극작가의 의도에 따라 결정

---

22) 위의 책, 309쪽.

된 배우임을 기억하라. 그의 의도에 따라 짧을 수도, 길 수도 있고, 절름발이거나 공직자이거나 평범한 사람일 수도 있다. (너의 배역을 결정하는 것은) 다른 이에게 속하는 일이다(제17장).

위의 글에는 스토아주의의 신, 자연, 오이케이오시스, 로고스(섭리, 규칙, 운명)에 기초한 삶의 실천적 지침이 잘 묘사되어 있다. 자기 앞에 일어나는 일들이 자신의 욕망(또는 정념)의 바람처럼 '자신이 바라는 대로' 일어나기를 바라는 삶은 자연의 섭리에 반하는 삶이다. 또 이것은 파토스에 지배받고 있는 삶이기 때문에 인간의 이성적인 본성인 오이케이오시스(자기 보존과 자기 지향)와도 대립하는 것이다. 이 때문에 에픽테토스는 우리에게 '다른 이' 또는 '극작가', 즉 신·자연의 뜻에 따라 자신을 마치 잠시 여관에 머문 '나그네'처럼 행동할 것을 가르친다.

외적으로 화려하게 드러나는 사치스런 것들과 단절하라. (중략) 성적 활동과 관련해 결혼 전에는 깨끗해야 한다. 성적 활동은 적법한 것일 때에만 올바른 것이다. 그렇더라도 성적 활동에 빠진 사람에 대해 허물을 잡는 식으로 행동해서는 안 된다. 또 자신은 성적 활동에 빠지지 않았노라고 내세워서도 안 된다(제33장).
다음 진술은 타당하지 않다. '나는 너보다 더 부자이기 때문에 너보다 더 낫다.' '나는 너보다 말을 더 잘하기 때문에 너보다 더 낫다.' 왜냐하면 '나'는 재산도 웅변도 아니기 때문이다(제44장).

스토아주의의 이와 같은 가르침은 우리의 삶을 자연의 질서와 법칙

(자연법)에 따르도록 이끈다. 이것은 또한 자연의 것이 아닌 것들과의 거리두기와 단절을 요구하는 것이기도 한데, 이것은 스토아주의의 금욕주의적 삶의 모습으로 연결된다. 즉 겉으로 드러나는 화려하고 사치스런 것들 때문에 우리의 정신과 이성이 평정심을 잃어서는 안 된다는 것이다. 이러한 것들에는 육체적·성적 활동, 권력, 명예, 재산, 화려한 집, 건강, 가난, 질병 등이 있다. 성적 활동과 관련해 스토아주의자들은 '적법한 것', 즉 이성과 자연법에 일치하는 성적 활동, 다시 말해 쾌락주의적 성이 아니라 결혼 후 '종족 보존의 수단으로서 성'을 강조하는 금욕주의적 성을 지지했다. 즉 "만약에 우리가 더 발전하기를 원한다면, 우리는 스스로 외적인 것에 대해 무감각해야 한다."[23)는 것이다.

스토아주의가 추구했던 정념의 지배로부터 '자유롭고 행복한', 그리고 '덕 있는 삶'에 대한 이상은 마르쿠스 아우렐리우스의 『명상록』 전반에 걸쳐 매우 정교하게 잘 묘사되어 있다. 그 또한 다른 스토아 사상가들처럼, 우주를 "하나의 실체와 하나의 영혼을 지닌 살아있는 하나의 유기체"로 생각했기 때문에 "일어나는 모든 일은 정당한 이유를 갖고 일어난다."[24)고 확신하는 삶을 살았다. 따라서 그에 의하면, 우리(즉 우주의 모든 것들)에게 가장 이상적인 삶이란 우리의 통치자이고, 안내자이고 지휘자인 자연의 이성적 구조와 질서에 참여하고, 이것과 일치하는 삶을 사는 것이다. 그리고 그런 삶은 외부의 조건이나 환경에 영

---

23) 위의 책, 43쪽.
24) 마르쿠스 아우렐리우스 지음, 함희준, 옮김, 『명상록』, 서울 : 예림출판, 2008. 72, 84쪽.

향을 받지 않는 삶이고, 오직 자기의 본성과 세계의 본성에 순응함으로써 영혼의 평정을 위해 사는 삶이며, 그의 동료들과 함께 자신의 영혼을 사회 공동체 안에서 실현하고자 노력하는 그런 삶이다.

> 나의 영혼이 나를 괴롭히는 경우는 다음과 같은 때이다. 첫째, 내 영혼이 우주에 생긴 악성 종양과 같이 되는 경우로, 이것은 나에게 닥친 일로 내가 괴로워함으로써 자연의 섭리와 어긋나는 행동을 할 때이다. 둘째, 악의적인 의도를 갖고 다른 사람을 외면하거나 화를 낼 때이다. 셋째, 쾌락이나 고통에 굴복할 때이다. 넷째, 말이나 행동이 진지하지 못하고 남을 속일 때이다. 다섯째, 목적 없는 무분별한 행동을 할 때이다. 인간의 목적은 우주의 이성과 로고스(법칙)를 따르는 것이다. 25)
> 신들과 더불어 산다는 것. 신과 함께 산다는 것은 언제나 운명에 만족하고, 자연이 주신 몫을 행하며 신이 이끄는 대로 살고 있음을 항상 보여주는 것이다. 이 신의 섭리가 각자의 보호자이니, 그것은 바로 영혼과 이성이다. 26)

스토아 사상가들의 이러한 생각은 죽음이라는 사건에 대한 인식에도 그대로 반영되었다. 이 때문에 그들에게 죽음이란 고통스러움이나 두려움, 절망적이거나 회피해야 할 것이 전혀 아니었다. 오히려 초연함을 가지고 고통이나 쾌락, 명예나 불명예를 바라보지 못하는 것이 자

---

25) 마르쿠스 아우렐리우스, 앞의 책, 44~45쪽.
26) 위의 책, 106쪽.

연에 대해 죄를 짓는 것인 것처럼, 삶과 죽음에 대해서 그렇게 바라보지 못하는 것이 자연에 대해 죄를 짓는 것이다. 왜냐하면 자연은 그 모든 것들을 공정하게 다스리고 안내하기 때문이다.

> 죽음을 경멸하지 마라. 오히려 죽음이 오는 것을 보고 미소를 지어라. 죽음은 자연이 의도하고 계획한 일들 중의 하나이다. 청춘이나 노년처럼, 성장이나 성숙처럼, 치아나 수염, 흰 머리털처럼, 그리고 임신과 탄생처럼, 인생의 각각의 시기들이 우리에게 있었던 것처럼, 우리의 죽음은 모든 다른 자연의 과정들 중의 하나이다. 그러므로 죽음에 대해 경솔하고, 초조하고, 경멸적인 태도로 바라볼 필요가 없다. 자연의 한 과정으로 기다리며 맞이하면 되는 것이다. 27)

이러한 스토아주의의 정신은 이후 서양 정신사에 매우 중요한 영향을 미쳤다. 예를 들어 행위의 동기와 의무를 강조했던 근대 칸트의 의무론, 정념과 잘못된 태도로부터의 해방을 추구했던 근대 합리론자인 스피노자에게 영향을 주었고, 자연법에 기초한 스토아의 세계(시민)주의는 로마·중세·근대의 자연법 사상가들에게 중요한 사상적 자양분을 제공했다.

---

27) 함희준 지음, 위의 책, 201~202쪽.

Chapter

07

일생 동안의 축복을 위해 가장 위대한 것은 우정
을 소유하는 것이다

_에피쿠로스

° 마음의 동요와 몸의 고통이 끝나지 않은 삶은 진정으로 행복
   한 삶이 아니다
° 죽음이 우리에게 아무 것도 아니라는 믿음에 익숙해져야 한다
° 가장 적은 것을 필요로 하는 사람이 가장 사치스런 큰 기쁨
   (행복)을 느낀다
° 일생 동안의 축복을 위해 가장 위대한 것은 우정을 소유하는
   것이다

지금

'나는 소비한다. 그러므로 나는 존재한다.' 현대인을 소비하는 인간, 즉 '호모 컨슈머리쿠스'라 부른다. 아침부터 저녁까지 현대인은 끊임없이 뭔가를 소비한다. 그 사이 소비는 숨을 쉬고 밥을 먹는 것만큼 현대인에게 중요한 행위가 됐다. 하지만 사람의 필요와 욕구를 충족시키려는 것이 소비지만, 그렇다고 꼭 필요해서 소비하는 것도 아니다. 자주 습관(중독)이나 경쟁심으로 구입하는 경우도 많다. "아무나 샤넬을 가질 수 있다면 샤넬을 사지 않을 것"이라는 소비자들의 심리는 현대인들의 소비성향을 잘 보여준다. 이 때문에 소비를 해도 현대인들의 행복감은 늘지 않으며, 오히려 여전히 외롭고 허전하며 불안하고 불행하다.

어쩌면 "현대를 살아가는 우리가 소비하고 있는 재화들(정보 · 쾌락 · 편리라는 이름의 상품을 포함한) 가운데 대부분은 실제 인간의 행복을 위해 꼭 필요한 게 아니라 단순히 중독처럼 사용하는 것들에 불과하지 않을까? (중략) 물질이 주는 안락이나 쾌락에 빠져 중독 증상을 일으키고 있는 것뿐이라면 약물중독자가 불행한 것처럼 행복감을 얻을 수 없음은 당연한 결과다. 물론, 인간이 행복해지기 위해 진짜 필요한 문명의 열매도 있다(『즐거운 불편』)." 유럽과 인도, 중국처럼 오래된 문명에서 상업이란 정치와 명상 아래에 있는 것이 마땅한 것이었고, 동시에 그것이 다른 활동을 종속시키는 것을 꾸준히 경계하고 우려했다.

하나의 예로 티베트는 우리에게 삶의 지혜를 제공한다. 그곳의 사람들은 분명히 우리가 사는 물질문명의 세상보다 덜 갖고 있지만, 덜 불행한 삶을 살고 있다. 왜냐하면 그들에게는 행복을 쟁취하려고 굳이 애쓰지 않는 공동체 문화가 있으며, 직선이 아닌 곡선의 삶을 추구하며, 더 빨리 · 더 높이 · 더 멀리와 같은 상대적 '비교'가 없기 때문이다. 또 그들에게는 자연과 인간의 공생의 문화가 있고, 슬로우 라이프를 즐기며, 절제하고 화를 내지 않도록 해주는 경건한 종교가 있기 때문이다. 이것이 티베트의 사람들이 우리보다 덜 불행하고, 우리와는 다른 삶을 살면서도 진정으로 잘 살 수 있는 이유이다.

-〈헬스경향〉, 2013. 06. 17; 〈법보신문〉, 2012. 04. 12. -

주제어

아타락시아(평정심), 정적(고요함)의 쾌락, 원자론, 감각과 경험, 죽음, 내세부정, 잘못된 믿음, 자연적이며 필수적인 욕구, 헛되고 잘못된 욕망, 마음의 동요와 불안, 분별력과 건전한 정신(사려 깊음), 정의와 상호 이익, 쾌락, 우정, 작은 정원 공동체, 소극적·개인적 쾌락(행복)

마음의 동요와 몸의 고통이 끝나지 않은 삶은 진정으로 행복한 삶이 아니다

아무리 많은 부를 갖더라도, 아무리 많은 사람들로부터 명예와 존경을 얻더라도, 마음의 동요가 끝나지 않는다면, 진정한 기쁨이란 없다. 마음에 동요가 없고(Ataraxia), 몸에 고통이 없는 것(Aponia)이 (고요함과 평온함으로서) 정적 쾌락이다. 28)

마케도니아의 왕 알렉산드로스(기원전 356~기원전 338)의 통치와 함께 자유롭고 독립적이었던 그리스 도시 국가들의 아름다운 시절은 사실상 끝났다. 도시 국가들은 거대한 제국의 일부로 합병되었고, 하나의 변방에 불과하게 되었다. 플라톤과 아리스토텔레스처럼 자신의 삶을 도시 국가와 분리해서 생각해본 적이 없었던 시민들은 전체로서 제국 안에서 홀로 표류하게 되었다.

---

28) 에픽테토스 지음, 오유석 옮김, 『쾌락』, 서울 : 문학과 지성사, 2005. 36쪽.

이렇게 볼 때, "철학의 의미는 삶에서 오는 불안정의 원인을 줄여주는 데에 있다(크세노크라테스)."는 이 말은 헬레니즘 시기를 살았던 사람들에게 매우 적절한 표현이다. 왜냐하면 자신의 정신적 거처가 되어주었던 도시 국가의 소멸을 보면서 정신적 방황을 해야 했던 헬레니즘 시기의 사람들에게 필요했던 것은 새로운 세계를 향한 역동적인 변화 의지나 자신감이 아니라 오히려 저마다의 고유한 방식으로 세계를 바라보고, 그 안에서 자신의 삶에 대해 스스로 만족하고 행복하게 살아갈 수 있는 힘을 주는 지침이 필요했기 때문이다.

적절한 비유일지 모르지만, 쇠사슬에 묶인 노예에게 행복한 삶이란 사슬을 풀어주어 자유롭게 해주는 것도 하나의 방법이지만, 반대로 쇠사슬을 그대로 놓은 채 노예 자신이 쇠사슬에 순응하는 내면적인 태도, 즉 노예가 쇠사슬에 잘 적응하고 반응하도록 도와주는 것도 한 가지 방법이다. 그런데 헬레니즘 시기의 사람들은 자신의 구원을 위해 할 수 있는 것이 매우 적은 것밖에 없다거나, 나아가 행복을 위해 적극적으로 시도하면 할수록 행복으로부터 더욱 멀어지고 만다는 생각에 익숙해져 있었던 것 같다.

스토아 사상이 로고스와 자연의 법칙에 따르는 삶을 곧 이성과 일치하는 삶이라고 강조했던 것이 그렇고, 이제 검토할 에피쿠로스의 사상이 작은 공동체에서 자신의 동료들과 깊은 우정을 나누면서 자연적이며 필수적인 욕구의 충족만을 강조했던 삶이 그렇다. 한 시대의 정신적 상황이 그 시대의 역사적 상황을 매우 정확하게 반영하고 있다는 점을 우리는 헬레니즘 시기의 철학에서 발견할 수 있다. 이것은 특히, 국가나 사회 공동체의 안녕이나 발전이 아니라 개인의 행복을 무엇보다 중요하게 인식했던 당시의 지배적인 사고 경향에서 잘 드러난다. 왜냐하면 국가는 개인이 없이는 존재할 수 없지만, 개인이나 사람들은 국가가 없더라도 존재할 수 있기 때문이다. 이러한 분위기 속에서 개인의 행복 또한 공적이거나 외적인 생활을 통해서가 아니라 개인적이고 내면적인 마음가짐을 통해서 더욱 쉽게 실현 가능하리라는 생각이 자리 잡게 된다.

한편, 오늘날도 그렇지만, 어떤 분야에 영향력이 크다는 것은 다른 사람들의 시기와 질투를 한 몸에 받는 원인을 제공하기도 하는데, 이것은 이제 검토할 에피쿠로스의 경우에도 적용된다. 에피쿠로스의 영향력이 얼마나 컸는지는 그에 대한 의도적인 곡해와 비난에서 잘 드러난다. 로마시대의 에피쿠로스 연구자인 디오게네스 라에르티오스의 기록을 통해 당시에 있었던 에피쿠로스에 대한 비난을 보기로 하자. "에피쿠로스와 적대적이었던 스토아학파의 디오티모스는 50편의 음란한 편지들을 조작해 그것이 에피쿠로스의 것이라고 근거 없는 말로 헐뜯고 비난했다", "에피쿠로스의 형제들 중 한 명은 매춘을 했고, 다른 한 명은 창녀와 사귀었다.", "에피쿠로스는 더러운 수다쟁이"이고, "에피쿠로스는 사치스런 생활 때문에 하루에 두 번씩 토했다." 또 "여러 창녀들이 에피쿠로스와 함께 살았으며", "그는 더러운 수다쟁이다(에픽테토스)." 하지만 에피쿠로스가 창녀이든 여성이든 신분에 관계없이 자신들만의 정원 공동체에서 함께 철학을 할 수 있도록 허용했다는 사실 외에는 어떤 것도 사실이 아니다.

헬레니즘 시대를 반영하듯이 에피쿠로스의 사상 또한 스토아 사상처럼, "현실적으로 성취할 수 없는 모든 행위는 가치를 지니지 않는다."

는 생각을 갖고 있었다. 여기에는 내세와 신에 관한 문제도 포함되었다. 따라서 내세와 신이 현세에서 직접 느끼고 경험할 수 없는 것이라면, 그리고 성취할 수 없는 것이라면, 그것은 무가치한 것이 된다. 또 무가치한 것이 우리의 삶에 영향을 미친다는 말은 우리가 거짓된 것, 헛된 것에 영향을 받는다는 뜻이 된다. 그럼에도 이와 같은 헛된 것들이 우리의 현실적 삶에 영향을 미치고 있는 것 또한 현실이다. 이 때문에 에피쿠로스는 현실 속에서 우리가 성취하고 경험할 수 있는 것, 그리고 이를 통해 유한한 삶을 즐겁고 행복하게 살 수 있는 방법을 제시해주려고 노력했다.

에피쿠로스의 이러한 노력에 데모크리토스의 원자론은 유익한 단서를 제공했다. 그의 영향을 받아 에피쿠로스는 "원자는 무게에 따라 공간을 통해 끊임없이 평행선을 그으며 떨어진다. 우연히 몇몇 원자가 방향을 바꾸어 다른 원자들과 부딪치고, 서로 뒤얽히며 물체를 만들어낸다."[29]고 주장한다. 에피쿠로스의 이러한 주장을 따르게 되면, 이 세상에 존재하는 모든 것들의 근본 원인은 신이 아니라 원자이며, 이 원자들의 운동과 그것의 결합 결과가 인간을 비롯한 모든 사물이라는 뜻이 된다.

에피쿠로스는 이것을 인간의 감각과 지식의 문제로 확장해 이해하는데, 이에 따르면 물체(사물)란 물질인 원자들의 운동에 따른 결합이며, 우리 인간은 이 원자들의 운동(활동)을 통해 느끼고 감각하며 판단하게된다는 것이다. 그의 표현처럼 "당신이 감각에 대항해 싸운다면, 당신

---

29) 페터 쿤츠만 외 지음, 홍기수 외 옮김, 『그림으로 읽는 철학사』, 서울 : 예경, 2000. 59쪽.

은 감각이 틀렸다고 말할 어떤 기준도 갖지 못하게 될 것이다."30) 즉 감각은 모든 지식과 판단의 기초이며 기준이기 때문이다. 따라서 우리는 느낌과 감각에 관심을 가져야 하며, 그렇게 함으로써 우리들 마음에 근심과 걱정, 두려움과 불안이 생기는 원인을 올바로 찾아내고 해결할 수 있는 방안을 마련할 수 있다.

> 모든 존재하는 것들의 본질은 물질(원자)이며, (중략) (이것은) 더 이상 분해될 수 없는 것이다. 이 원자는 무한한 허공을 떠돌며 운동을 한다. 어떤 것들은 서로 튕기면서 충돌하는 운동을 하며, 어떤 것들은 주위 원자들에 갇혀 한 곳에 정지해서 운동을 한다. (중략) 영혼은 미세한 입자들로 이루어진 물체이며, 몸 전체에 고루 퍼져 있고, 열기와 결합되어 있는 바람과 비슷하다. (중략) 우리의 몸은 감각 능력을 지닌 적이 없는데, 몸과 함께 태어난 이 영혼이 우리 몸에 감각 능력을 주었다. 따라서 영혼이 몸을 떠나면 몸은 더 이상 감각 능력을 갖지 못하게 된다. 또 영혼은 스스로의 운동을 통해 자신을 현실화하기 때문에 스스로 감각 능력을 지니며, 이를 몸에게도 전해준다. 그러므로 몸의 일부가 손실되더라도 감각 능력을 유지할 수 있게 된다. 하지만 영혼의 본성인 감각 능력을 만들어내는 원자들이 모두 소멸한다면, 몸이 남아 있더라도 감각할 수 없게 된다. 또 몸 전체가 분해된다면, 영혼 또한 흩어지기 때문에 어 이상 감각 능력을 갖지 못하게 된다. 즉 운동 능력을 잃게 된다.31)

---

30) 에픽테토스, 위의 책, 18쪽.

31) 위의 책, 40, 54, 56, 72~73, 74~75쪽 참조.

에피쿠로스의 이와 같은 생각에는 우리 인간의 삶과 윤리적 관점에 대한 매우 중요한 단서와 원리들이 담겨 있다. 즉 모든 것의 근원으로서 원자, 그리고 모든 감각 · 지식 · 진리 · 판단의 근거로서 원자의 운동(활동), 영혼 또한 가장 미세한 원자라는 입장, 생명이란 원자의 활동 상태이고 죽음이란 그 반대라는 사고이다. 특히 에피쿠로스는 영혼이 원자가 아니라 '비물질적인 것이라고 주장하는 것은 헛소리'이며, 만약에 영혼이 비물질적인 것이라면, 그것은 "어떤 것에 대해 아무런 영향을 줄 수 없고, 받을 수도 없다."고 주장한다.

에피쿠로스의 이러한 생각은 헬레니즘이라는 시대적 분위기, 즉 스스로 자족하는 삶과 내적인 평정심(근심이나 걱정거리가 없는 고요한 마음의 상태)의 성취라는 분위기와 매우 잘 맞아 떨어진다. 좀 더 정확히 표현하면, 에피쿠로스는 헬레니즘이라는 시대적 상황에 맞닥뜨린 사람들의 요구에 가장 잘 부합할 수 있는 삶의 지침을 제공해주기 위해 이와 같은 철학적 논거를 도입했다고 할 수 있다.

왜냐하면 오늘날도 그렇지만, 당시 사람들의 소망이나 근심 걱정 또한 "더 많은 것을 갖고 더 부유하고 풍족하게 살 수는 없을까?", "살아 있는 동안 행복할 수는 없을까?", "근심 걱정 없는 삶을 살 수는 없을까?", "우리가 죽은 다음 정말로 내세 또는 신은 존재하는 것일까?"였다. 특히 자신들을 결속시켜주었을 뿐만 아니라 정신적으로 구심점이 되었던 도시국가의 소멸은 이런 주제들을 더욱 예민하게 받아들이게 했을 것이다.

이러한 분위기 속에서 에피쿠로스는 살아 있는 동안 우리 인간을 고통과 불안 속으로 몰아넣고, 근심 걱정으로부터 벗어나지 못하게 함으로써 우리의 삶이 행복(즐거움, 쾌락)하지 못하게 하는 것이 두 가지 있다고 보았다. 하나는 죽음 또는 신과 관련된 잘못된 생각이고, 다른 하나는 자연적인 것을 버리고 헛되고 거짓된 것을 추구하는 잘못된 욕망이다.

> 우리 마음속에서 가장 큰 괴로움이 일어나는 이유는 첫째, 천체(또는 우리의 행성)는 축복받고 불멸하는 존재, 즉 신이며, 따라서 자신의 의지와 행위, 동기를 갖는다고 믿기 때문이며, 둘째 (전설에 묘사되는 것처럼) 사람들이 마치 자기에게 일어날 것처럼 어떤 영원한 비극을 항상 생각하고 그려본다거나 죽을 때 감각이 사라질지도 모른다고 두려워하기 때문이고, 셋째 사람들이 분명한 개념에 의해서가 아니라 막연한 마음 상태에 따라 그러한 두려움을 갖기 때문이다. 32)

따라서 만약에 죽음과 내세, 그리고 신이 우리의 삶에 아무런 영향을 미치지 않는다는 점이 증명된다면, 우리는 그만큼 유한한 삶을 얼마든지 즐겁고 행복하게 보낼 수 있게 된다.

죽음이 우리에게 아무 것도 아니라는 믿음에 익숙해져야 한다

우리는 이미 위에서 에피쿠로스가 원자론에 기초해 감각과 지식, 그

---

32) 위의 책, 86쪽.

리고 죽음을 설명하고 있음을 확인했다. 그 내용들을 논증 형식으로
정리하면 다음과 같다.

[전제1] 모든 것의 근원은 물질, 즉 원자이며, 생명 활동은 곧 원
자들의 활동을 의미한다.

[전제2] 인간의 정신(영혼) 또한 원자이며, 그것은 가장 미세한 물
질이다.

[결론1] 그러므로 인간이 무엇을 안다(앎)거나 느낀다(감각)면, 그
것은 원자의 활동(운동) 때문이다.

[결론2] (결론1에 따라) 감각은 지식의 시작이며, 진리의 기준이다.

[결론3] (전제1과 2에 따라) 원자들의 활동(운동)이 정지한다는 것은
영혼과 신체의 활동이 멈춘다는 것을 의미(즉 죽음)한다.

[전제3] 느낄 수 없고, 알 수 없는 것에 대해 미리 걱정하는 것은
어리석은 짓이다.

[전제4] 죽음이란 원자 운동의 정지 상태이므로 느낄 수 없고 알
수 없다(감각과 지각의 대상이 아니다).

[결론4] 그러므로 미리 죽음을 두려워하는 것은 어리석은 짓이다.

에피쿠로스는 이것으로 죽음이 우리에게 아무 것도 아니고, 죽음이
우리에게 아무런 영향을 미칠 수 없기 때문에 죽음은 또한 전혀 두려

워할 필요가 없다는 사실이 증명되었다고 생각했다. 즉 우리를 불안과 근심 걱정에서 벗어나지 못하게 했던 죽음이 사실은 분명하고 뚜렷한 근거에서 나온 것이 아니라 막연하고 잘못된 믿음과 판단에서 비롯되고 있음을 밝혔다고 생각했다. 에피쿠로스의 주장대로 우리에게 죽음이 아무 것도 아니고, 죽음 때문에 우리가 두려워하거나 불안해할 필요가 없다면, 우리의 마음은 그에 비례해 죽음이 주는 고통으로부터 벗어나 평정심(ataraxia, 감정적·정신적 동요와 혼란이 없는 상태)을 유지할 수 있게 된다. 에피쿠로스는 이것으로 행복한 삶에 방해가 된다고 믿었던 죽음과 내세의 문제가 해결되었다고 생각했다.

> "죽음이 우리에게 아무것도 아니다."라는 믿음에 익숙해져야 한다. 왜냐하면 모든 좋고 나쁨은 감각에 있는데, 죽으면 감각을 잃게 되기 때문이다. 이렇게 되면 죽을 수 있다는 사실도 즐겁게 된다. 이것은 그러한 앎이 우리에게 무한한 시간의 삶을 주기 때문이 아니라 불멸에 대한 갈망을 제거시켜주기 때문이다. 또 죽음이 두려운 이유는 죽을 때 고통스럽기 때문이 아니고, "죽게 된다는 예상이 고통스럽기 때문이다."라고 말하는 사람도 헛소리를 하는 것이다. 왜냐하면 죽음이 왔을 때 고통스럽지 않은데도 죽을 것을 미리 예상해서 고통스러워하는 것은 헛된 것이기 때문이다. 그러므로 가장 두려운 악인 죽음은 우리에게 아무 것도 아니다. 왜냐하면 우리가 존재하는 한 죽음은 우리와 함께 있지 않으며, 죽음이 오면 이미 우리는 존재하지 않기 때문이다. 산 사람에게는 죽음이 아직 오지 않았고, 죽은 사람은 이미 존재하지 않는다. (중략)

(그렇기 때문에) 지혜로운 사람(현자)은 단순히 긴 삶이 아니라 즐거운 삶을 바란다.33)

우리가 죽음 자체를 감각할 수 없다면, "죽을지도 모른다는 생각이 우리를 고통스럽게 만든다."는 바보 같은 생각도 가질 필요가 없다. 단지 우리는 살아 있는 동안의 삶을 한층 유쾌하고 즐겁게 보내면 되는 것이다. 왜냐하면 건전한 정신(즉 분별력 있고 사려 깊음)에서 나오는 삶의 기준에 따라 살아가는 사람이야말로 가장 행복한 삶을 사는 사람이기 때문이다. "사려 깊고, 아름답고, 정직하게 살기 위한 기준을 갖지 않은 사람이 삶을 즐겁게 살 수는 없으며, 반대로 즐겁게 살지 않는 사람이 삶을 사려 깊고, 아름답고, 정직하게 살 수도 없는 것이다."34)

가장 적은 것을 필요로 하는 사람이 가장 사치스런 큰 기쁨(행복)을 느낀다

이제 인간의 행복한 삶을 방해하는 두 번째 주제, 즉 사람들의 몸을 고통스럽게 하고 마음속에 근심과 두려움을 일으키는 두 번째 요소인 욕망의 문제를 살펴볼 차례다. 인간에게 욕구(무엇을 얻거나 무슨 일을 하고자 바라는 일) 또는 욕망(부족을 느껴 무엇을 가지거나 누리고자 마음)이란 어떤 행동을 하게 하는 동기(힘)이다. 하지만 쇼펜하우어의 지적처럼,

---

33) 위의 책. 43~44쪽.
34) 위의 책. 14쪽.

욕망은 충족과 함께 새로운 욕망을 향하기 때문에 욕망의 완전한 충족이란 사실상 불가능하며, 이 때문에 우리는 불안해하고, 더욱 조급해진다. 특히 그 욕망의 충족이 감각적이고 향락적이며, 소비지향적인 것을 겨냥하고 있다면, 그것의 지속적인 충족이란 영원히 불가능하다는 점에서 오히려 고통의 원인이 될 뿐이다(쾌락의 역설).

그런데 에피쿠로스에게 고통의 원인이 되는 것은 곧 즐거운 삶 또는 행복을 방해하는 것이기 때문에 바람직하지 못한 것이다. 즉 지속적이고 안정적으로 충족될 수 없는 욕구나 욕망은 그 자체로서 우리 삶에 고통을 일으키는 원인일 뿐이기 때문에 옳지 못한 것이다. 이 때문에 에피쿠로스는 가장 자연적이면서 동시에 가장 필수적인 욕구(또는 욕망)에 익숙해져야 한다고 가르친다. 왜냐하면 "충분한 것을 적다고 느끼는 사람에게는 어떤 것도 충분하지 않기"[35] 때문이다.

> 가장 적은 것을 필요로 하는 사람이 가장 사치스런 큰 기쁨(행복)을 느낀다. 모든 자연적인 것은 얻기 쉽지만, 모든 공허한 것은 얻기 어렵다. 결핍에 따른 고통이 제거된다면, 물과 빵처럼 단순한 음식도 우리에게 사치스런 음식처럼 쾌락을 준다.[36]
> 자연적이기는 하지만, 그것이 충족되지 않을지라도 고통을 가져오지 않는 욕망을 충족하기 위해 애쓰는 경우를 생각해보라. 이런 쾌락은 헛된 생각으로부터 나오기 때문에 그런 것이다. 따라

---

35) 위의 책, 35쪽.
36) 위의 책, 47쪽.

서 그런 것은 쾌락의 본성이 아니며, 사람들의 헛된 생각 때문일 뿐이다. 37)

이것은 에피쿠로스에 대해 꾸며낸 거짓 이야기, 즉 그는 "사치스런 생활로 하루에 두 번씩 토했으며", "여러 창녀들과 함께 살았다."는 주장과 정면으로 부딪친다. 오히려 에피쿠로스는 '자연적인' 단순한 욕구를 추구하라고 가르쳤을 뿐만 아니라 '헛된 생각'에서 나오는 거짓된 욕구로부터 벗어나라고 가르쳤다. 진정한 쾌락(행복), 즉 쾌락의 본성은 사치스럽고 소비지향적인 것에 있는 것이 아니라 단순하고 소박한 욕구를 따르고 절제하는 자연적인 삶에 있다는 것이다. 자연적인 욕구를 따르는 삶은 곧 "자연의 목적에 따라 (자신의 삶을) 평가하는" 삶이며, 그렇기 때문에 "가난은 가장 큰 부인 반면, 무제한적인 부는 오히려 가장 큰 가난"이 된다. 따라서 욕구를 절제함으로써 이르게 되는 마음의 평정으로서 아타락시아를 경험하기 위해서 우리는 자연을 거부해서는 안 되며, 오히려 자연적인 것에 복종해야 한다. 38)

> 우리가 "쾌락이 (삶의) 목적이다."라고 할 때, 이 말은 우리를 잘 모르는 사람들의 생각처럼 방탕한 자들의 쾌락이나 육체적 쾌락을 말하는 것이 아니라, 몸의 고통이나 마음의 혼란으로부터 자유롭다는 것이다. 왜냐하면 삶을 즐겁게 만드는 것은 계속 술을 마시고 흥청거리는 일도 아니고, 그러한 욕구를 만족시키는 일도 아

---

37) 위의 책, 21쪽.
38) 위의 책, 26~27쪽.

니며, 풍성한 식탁을 가지는 것도 아니다. 오히려 모든 선택과 기피의 동기를 발견하고 공허한 추측들을 몰아내는 건전한 정신으로 계산하는 것이다. 이 모든 것의 시작이자 가장 큰 선은 사려 깊음(신중함, 분별력, phronesis)이다. 모든 탁월함(덕)은 사려 깊음에서 생겨나며, 사려 깊음은 우리에게 "신중하고(분별력 있고), 아름답고(고상하고) 정의롭게 살지 않으면 즐겁게(행복하게) 사는 것은 불가능하다."고 가르친다. 다시 말해 덕(탁월함)이란 즐거운 삶과 관련되며, 죽음을 두려워하지 않고, 자연의 목적(즉, 쾌락)을 잘 계산할 줄 아는 사람(즉, 현자)의 삶이다. 39)

　이로써 에피쿠로스가 우리에게(당시 사람들에게) "자연적이면서 필수적인" 욕구를 가르쳤던 목적이 무엇이며, 죽음 이외에 우리의 삶을 불안하고 고통스럽게 하는 원인 중 한 가지가 무엇인지, 나아가 어떤 삶이 진정으로 행복한 삶인지가 명확해졌다. 그가 "쾌락이 목적"이라고 했을 때, 이것은 우리의 삶이 무엇을 지향해야 하는지를 가리키고 있다. 그것은 우리 삶의 목적이 쾌락이라는 뜻이다. 또한 그에게 쾌락이란 행복과 같은 의미이며, 행복이란 이미 죽음과 관련해 언급했듯이 우리가 고통과 불안의 원인으로부터 벗어나 있다는 뜻이다.
　그러므로 만약에 우리가 죽음과 내세, 신에 의한 불안으로부터 자유롭게 되었다면, 이것이 곧 행복이다. 또 우리가 건전한 정신인 사려 깊음을 통해 헛되고 잘못된 판단과 욕망, 사치로부터 벗어나 자연적이고

---

39)　위의 책, 47~48쪽.

소박한 욕구로 만족한다면, 이것이 또한 행복이다. 그의 행복, 즉 쾌락을 이렇게 정의할 수 있다면, 그것은 우리의 욕망을 적극적으로 표현하고 충족하는 데에서 오는 즐거움이 아니라, 반대로 가능한 한 욕망을 줄이고 자연적인 것에 충실함으로써 육체적 수고로움에서 벗어나고, 마음(정신)이 불안과 근심 걱정에서 벗어나 있는 상태에서 완전하게 성취된다.

정리하면, 에피쿠로스에게 삶의 목표란 행복, 즉 쾌락이며, 여기서 쾌락이란 욕망의 적극적인 충족을 의미하는 것이 아니라 자연적이며 소박한 욕구의 충족이라는 소극적이며 개인적인 의미이다. 그리고 그것은 죽음이나 미신처럼 잘못된 욕망과 판단이 초래하는 고통과 불안을 제거함으로써 이르게 되는 마음의 상태, 즉 평정심(아타락시아)이다.

> 쾌락은 행복한 삶의 시작이자 끝이다. 왜냐하면 모든 선택과 기피의 기준이 여기에 있기 때문이다. (중략) 욕망들 중에서 어떤 것은 자연적이면서 동시에 필수적이고, 어떤 것은 자연적이기는 하지만 필수적인 것은 아니며, 또 다른 욕망은 자연적이지도 않고 필수적이지도 않아 단지 헛된(잘못된) 생각에서 비롯된다. 40) (중략) 마음의 평정은 우리가 모든 고통으로부터 해방되었음을 의미하며, 이것은 우리가 가장 중요한 원리들을 계속 간직하고 있을 때 가능하다. 41)

---

40) 위의 책, 20, 45쪽.
41) 위의 책, 86쪽.

일생 동안의 축복을 위해 가장 위대한 것은 우정을 소유하는 것이다

그렇다면, 우리는 이와 같은 감정적 · 정신적으로 혼란을 겪지 않는 평정심을 어떻게 지속적으로 유지하면서 삶을 살아갈 수 있을까? 에피쿠로스는 이에 대한 구체적인 실천 방안으로 공적인 삶과 거리를 두는 삶, 즉 '정원'이라는 소규모의 공동체적 삶 속에서 동료들과 지속적인 '우정' 관계를 유지하는 삶을 제시한다. 요컨대 플라톤에게 '국가'는 '큰 개인'이며, '저마다 타고난 성향에 따라' 각 계층이 조화를 이루는 정치 공동체였다. 그리고 아리스토텔레스에게 국가란 인간의 자연적 본성인 사회 · 정치적 본성을 반영하는 것으로 개인의 행복(자아실현)은 국가 공동체와 분리될 수 없는 관계였다. 하지만 헬레니즘 시기의 에피쿠로스에게는 인간의 자연적 성향에 국가 공동체적 삶이란 존재하지 않는 것이었다. 왜냐하면 개인 없는 국가는 불가능하지만, 국가 없이도 개인은 얼마든지 존재할 수 있고, 또 행복해야 하기 때문이다.

> 자연적 정의(正義)란 그 자체로 존재하는 것이 아니라, 언제 어디서든 사람들 사이의 상호관계에서 서로를 해치지 않고, 서로 해를 입어서도 안 된다는 일종의 상호 계약이다. (중략) 즉 정의란 서로에 대한 일종의 상호 이익이다. 반면, 부정의란 그 자체로서 나쁘기보다는 두려움과 의구심 때문에 나쁜 것이다. 42)

---

42) 위의 책, 21~22쪽.

에피쿠로스에게 정의란 사람들 사이의 상호 이익을 위한 일종의 계약이기 때문에 서로에 대해 해가 되어서는 안 된다는 약속이다. 이 약속이 잘 지켜지는 정의의 상태에서 개인들은 자신의 신체가 해를 입을지도 모른다는 생각을 하지 않는다. 즉 근심 걱정으로부터 자유롭고 행복하지만, 그 반대인 부정의한 상황이 되면 두려움과 의심 때문에 감정적·정신적 동요를 겪게 된다(즉 고통을 겪게 된다.). 따라서 지혜로운 사람(현자)은 자신의 평정심을 유지하기 위해 정의롭게 행동하며, 또 자신과 같은 동료들을 필요로 한다. 그런데 이러한 삶은 경쟁이 지배하는 현실적인 정치 공동체적인 공간에서는 실현할 수 없다. 왜냐하면 부와 명예, 권력과 권위를 좇는 공적인 정치·사회 공동체에서 자연적 정의에 따라 행동하기란 불가능하기 때문이다. 이 때문에 지혜로운 사람은 '감옥 같은 무의미한 경쟁'이 지배하는 정치적 삶에서 물러나 조용한 정원 공동체에서 고요하면서도 지속적인 우정의 삶을 실천한다.

> 일생 동안의 축복을 만들기 위해서는 지혜(sophia)가 필요하며, 그
> 중에서도 가장 위대한 것은 우정을 소유하는 것이다. (중략) 모든
> 우정은 그 자체로 바람직하며, (중략) 고결한 사람은 무엇보다 지
> 혜로움(분별력, 사려 깊음)과 우정에 신경 쓴다. 지혜로움이 소멸하
> 는 선(善)이라면, 우정은 불멸하는 선이다. 43)

개인적인 쾌락을 우선시하는 에피쿠로스의 윤리 사상에서 '우정'의

---

43) 위의 책, 20, 27, 35쪽.

가치를 강조하는 것이 낯설게 보일 수도 있다. 하지만 그에게 우정은 외적인 안정성을 확보해줌으로써 내면적인 평온함을 유지하는 데 기여하기 때문에 가치를 지니는 것이다. 또 이런 삶이기를 원한다면, 그의 주장처럼 사회·정치적이고 공적인 삶에서 벗어나 적은 물과 빵으로 만족하는 '에피쿠로스의 정원 공동체(The Garden)'에서 생활하는 것이 최선의 삶이다. 왜냐하면 이것이 서로에게 해를 입히거나 해를 당하지 않으면서 지속적인 우정 관계를 유지하는 가장 현명한 방법이기 때문이다.

오늘날의 관점에서 볼 때, 물질적이고 세속적인 지위와 부를 벗어나 정원 공동체에서 지혜로운 사람끼리 우정을 함께 나누는 조용한 삶이라는 이상은 실현 불가능해보일 수도 있다. 특히 인간의 본질을 '호모 렐리기오수스(Homo Religiosus, 종교적 인간)', '호모 이코노미쿠스(Homo Economicus, 경제적 인간)', '호모 폴리티쿠스(Homo Politicus, 정치적 인간)'로 규정하는 것에 익숙한 우리에게 그의 가르침이 지속적인 실천 가능한 지침으로 받아들여지기는 더욱 어렵다고 주장할 수도 있을 것이다. 하지만 참된 행복이 질병에 걸리지 않은 건강한 몸, 그리고 거래나 복잡한 인간관계에서 오는 근심과 걱정을 할 필요가 없는 소박한 삶에 있다는 그의 가르침은 세속화된 종교가 우리 삶에 위안을 주는 일에 실패하고, 정치가 우리에게 염증과 혐오, 걱정의 대상밖에 안 되는 현실에서, 그리고 물질적으로 걱정이 없는 삶보다는 현재와 노후에 대해 지속적인 궁핍을 염려하지 않으면 안 되는 현실을 직시할 때 진정으로 행복한 삶이란 무엇인지에 대해 다시 한 번 돌아보게 한다. 행복에 이르는 길이 욕망의 파이를 키우기보다는 오히려 가능한 한 줄이는 데 있다는 그의 지혜의 가르침은 더 많이 갖고, 더 높이 오르고, 더 멀리에 이르며, 나아가 가진 것을 영원히 누리고자 하는 인간 욕망의 덧없음이 더 큰 고통과 불안, 허무와 불행의 근본 원인임을 일깨우면서 '어떤 삶이 행복한 삶인가?'에 대해 다시 묻는다.

통치자가 살인과 전쟁 참여를 명령했을지라도,
그것이 국가를 지켜낼 수 있는 유일하고 긴급한
상황이 아니라면, 거부해도 된다

_홉스

° 모든 유기체는 자신의 생명 활동을 보존하려고 하며, 그렇기
  때문에 죽음을 회피하려고 노력한다

° 자연 상태에서 인간의 삶은 언제 죽을지 모른다는 폭력에 대
  한 끊임없는 공포와 위험 때문에 고독하고 잔인하며 짧다

° 평화와 자기 보존을 위해 각자는 각자에 대해 자신의 자연권
  을 똑같이 포기할 것을, 그리고 각자는 각자에 대해 서로가
  허용하기로 한 만큼의 자유에 만족해야 할 것을 요구한다

° 통치자가 살인과 전쟁 참여를 명령했을지라도, 그것이 국가
  를 지켜낼 수 있는 유일하고 긴급한 상황이 아니라면, 거부
  해도 된다. 우리는 언제나 자신의 이익을 극대화할 수 있는
  행위를 해야 한다

지금 _____

[사례1] 얼마 전 아는 엄마로부터 충격적인 이야기를 들었다. 한 어린이집 원장으로부터 돌이 막 지난 그녀의 아이를 어린이집에 허위 등록하게 해 주면 한 달에 6만 원을 주겠다는 제의를 받았다고 했다. 만 1세 영아의 경우 국가로부터 34만 7,000원이 지원되니 6만 원을 제하고도 어린이집은 28만 7,000원을 남기게 되는 셈이다. 닭 한 마리로 90여 명을 먹였다는 한 어린이집의 이야기는 어린이집의 전설이 되어 있다. 『어린이집이 엄마들에게 알려주고 싶지 않은 50가지 진실』은 아이 수대로 권리금을 받고 매매되는 어린이집, 원장의 뒷주머니로 들어가는 특별 활동비 등 어린이집의 각종 비리를 적나라하게 고발하고 있다.

-〈동양일보〉, 2015. 02. 04.-

[사례2] 천문학적 정부 예산은 전부 어디로 : 현재 우리나라 인구 중 0~5세 어린이는 총 120여만 명이다. 이들 어린이의 보육은 국가 재원으로 이뤄지고 있으며, 정부는 매년 10조 원이 넘는 보육 예산을 투자하고 있다. 현재 정부는 국민의 세금으로 매달 만 0세는 39만 4,000원, 만 1세는 34만 7,000원, 만 2세는 28만 6,000원을 지원하고 있다. 여기에 만 3~5세의 어린이를 대상으로 '누리과정'이라는 보육 지원 프로그램을 실시, 나이 구분 없이 한 달에 22만 원씩을 지원한다. 보육 정책에 투입되는 정부 예산의 규모만 보면 OECD 국가들에 뒤처지지 않는다. 정부가 투자하는 보육예산을 사용하는 민간 어린이집 운영자는 원장 및 보육교사의 인건비만 가져가야 하지만, 민간 어린이집 운영자들은 보육 어린이와 교사 수를 실제보다 부풀

려 보육비와 임금을 부당하게 타내는 등 편법과 불법을 저지르고 있다. 아이들은 많이 받고, 교사는 최대한 적게 채용해 최대한 적은 월급을 지급하는 것이다.

-〈매일일보〉, 2015. 05. 10.-

주제어

경험론, 유물론, 자발적 운동, 윤리적 자연주의, 자연 상태, 공동의 권력, 계약, 자연권, 자연법, 심리적 이기주의, 리바이어던, 절대적 권위, 불복종의 자유, 윤리적 이기주의

모든 유기체는 자신의 생명 활동을 보존하려고 하며, 그렇기 때문에 죽음을 회피하려고 노력한다

홉스(Thomas Hobbes, 1588~1679)는 영국의 함대가 스페인의 무적함대를 격파한 1588년에 태어났으며, 청교도 혁명이 일어나기 전(1640년) 신변에 위협을 느끼고 프랑스로 피신해 11년을 보낸다. 프랑스에서는 데카르트의 『성찰』을 읽고 평가해 달라는 요청을 받았지만, 그가 이 책을 정확하게 이해하고 있었는지에 대해서는 회의적이라는 평가가 지배적이다. 두 사상가는 서로 완전히 상반되는 관점에서 철학을 했지만, 공통적으로 수학에 대한 관심은 높았다. 홉스는 프랑스에서 우리에게 유명한 『리바이어던』을 집필했고, 1561년 런던에서 출간했다.

경험론자인 홉스에게 "철학의 목적 또는 범위는 이전에 얻은 결과물들을 유익하게 활용하는 것이다. (중략) 지식의 목적은 힘이다. (중략) 그리고 사색하는 이유는 행해져야 할 일이나 행동을 수행하기 위해서이다."44) 이처럼 학문의 실천적 목적을 강조했던 그는 갈릴레이(물리적 자연세계를 물체의 운동 개념으로 규명함)와 하비(혈액의 순환을 처음으로

---

44)　F. 코플스톤 지음, 이재영 옮김, 『영국 경험론』, 서울 : 서광사, 1991. 17쪽.

밝힘)를 높이 평가했으며, 무엇보다 근대의 가장 전형적인 유물론자라고 불린다. 그 이유는 그가 모든 실재(reality)를 단지 물질과 그 물질의 운동으로서만 파악했기 때문이다. 따라서 우리의 생각(사고)이나 감정 또는 의지적 활동은 모두 물리적인(물질적인) 육체의 운동일 뿐이며, 또한 그렇기 때문에 우리가 '비물질적 실체', '정신'이라고 말하는 것들은 하나의 실재로 존재할 수 없는 무의미한 개념이 된다.

> 누군가가 나에게 둥근 사각형, (중략) 비물질적 실체, 또는 자유로운 주체를 말한다면, 나는 그가 잘못했다고 말하지 않고, 그가 사용하는 낱말들이 의미 없다, 즉 터무니없다고 말할 것이다. (중략) 왜냐하면 우리가 상상하는 것은 무엇이든지 유한한 것이기 때문에 우리가 무한하다고 말하는 그러한 관념이나 개념이란 없기 때문이다.45)

그러므로 철학(학문)의 주제는 "합성과 분해가 가능한 모든 물체"이며, 여기에 해당되지 않은 "신학(신에 관한 교리) 또한 배제된다."46) 그에게 중요한 것은 물체와 물체의 운동뿐이었다. 이 때문에 그는 아리스토텔레스의 목적론적 형이상학이나 데카르트의 실체이원론, 그리고 학문에서의 연역적 접근을 거부했다.

그는 물체의 운동을 두 가지 형태, 즉 생명 운동과 자발적 운동으로 나누어 설명한다. 예를 들어 피의 순환이나 호흡·소화처럼 의식적인

---

45) 위의 책, 21쪽.
46) 위의 책, 20쪽.

노력 없이 생명 활동을 위해 자연적으로 발생하는 유기체의 운동은 생명 운동(기계적 운동)이고, 우리 마음이 먼저 떠올리게 되면 이에 따라 하는 운동(예를 들어 말을 하거나 손발을 움직이는 것)은 자발적 운동(의지적 운동)이다. 홉스는 이 자발적인 운동이 일어나는 원인을 욕구와 욕망, 혐오라고 주장하면서 어떤 것을 향하는 것은 욕구·욕망이고, 어떤 것을 회피하려는 것은 혐오라고 말한다. 이 욕구와 혐오가 모든 자발적 운동의 바탕에 있다는 뜻이다.

그런데 만약에 경험적으로 관찰 가능한 욕구와 혐오가 추구해야 할 것과 회피해야 할 것의 기준이 된다고 한다면, 이것은 개인마다 같은 대상에 대해서도 서로 다른 욕구와 혐오의 경향성을 지닐 수 있기 때문에 도덕·윤리적 판단에서 상대주의적 견해를 지지하게 된다. 인간 행동의 자연적 사실로서 경향성에 기초해 윤리적 판단을 주장하는 이러한 입장을 '윤리적 자연주의(ethical naturalism)'라고 부른다. 홉스는 자기 보존 욕구라는 자연적 경향성에 기초해 윤리적 판단의 기초를 마련한다. 이것은 심리적 이기주의란 용어로 설명할 수 있는데, 심리적 이기주의란 우리는 언제나 자기에게 최선의 이익이 되리라고 생각하는 행동을 한다는 입장이다.[47]

> 모든 유기체는 자신의 생명 활동을 보존하려고 하며, 그렇기 때문에 죽음을 회피하려고 노력한다. 각자는 자신에게 좋은 것이 무엇인지를 스스로 결정한다. (중략) 그가 욕구하는 것은 선이고, 혐오

---

[47] 루이스 포이만 지음, 박찬구 외 옮김, 『윤리학』, 서울 : 울력, 2010. 164쪽.

하는 것은 악이다. 48)

선과 악이란 우리의 욕구와 혐오를 나타내는 명칭이므로 서로 다른 성향과 습관, 주장을 가지고 있는 사람들에 있어 그들의 선과 악은 서로 다르다. (중략) 개인의 욕구가 선과 악의 척도가 되는 한 우리는 단순히 자연 상태에 있게 되는 것이다. 49)

자연 상태에서 인간의 삶은 언제 죽을지 모른다는 폭력에 대한 끊임없는 공포와 위험 때문에 고독하고 잔인하며 짧다

홉스에 의하면, "자연은 각 개인을 다른 사람들과 정신적·신체적 능력에서 평등하게 만들었다."50) 이 말은 각자가 똑같은 능력을 지녔다는 뜻이 아니라, 예를 들어 신체적 힘은 약하지만 이를 극복할 수 있는 다른 능력을 갖고 있는 사람이 있는가 하면, 어떤 사람은 육체적으로는 건강하지만 다른 부분의 능력을 결핍하고 있는 점을 고려할 때 그렇다는 것이다. 이처럼 본래 '육체적·정신적 능력에서 평등한' 인간은 이런 능력을 통해 자신을 보존하려는 욕구를 끊임없이 드러낸다. 이 때문에 각자(인간)는 자신이 욕구하거나 욕망하는 것은 그것이 무엇이든지 그것을 '좋은 것(善)'으로 간주하고, 그가 혐오하고 증오하는 것

48) F. 코플스톤 지음, 위의 책, 49쪽.

49) 로버트 L. 애링턴 지음, 김성호 옮김, 『서양 윤리학사』, 서울 : 서광사, 2003, 275쪽 재인용.

50) T. Hobbes, Leviathan, Cambridge University Press, 1992, 86쪽.

은 그것이 무엇이든지 그것을 '나쁜 것(惡)'으로 간주하는 경향이 있다. 홉스는 인간은 오직 '자기 보존'에 이익이 되는 것에만 관심을 갖는다는 인간관을 갖고 있었기 때문에 선악에 대해서도 상대주의적 입장을 보여주었다.

그런데 홉스의 생각처럼, 인간이 자기 보존을 목표로 자기 욕망의 충족이라는 쾌락을 추구하고 고통을 회피하려는 존재라면, 각자는 각자에 대해 서로 경쟁할 수밖에 없는 상황으로 나가게 된다. 그리고 각자가 욕구하거나 회피하고자 하는 그 대상이 유한하고 같을 경우, 이와 같은 경쟁은 더욱 극렬해질 수밖에 없고, 서로 경쟁하는 상대를 불신하고 두려워하게 되어 자신이 먼저 공격하는 것이 최선인 상황으로 내몰리게 된다. 이처럼 모두가 평등한 능력을 지닌 (자연) 상태에서 만약에 '공동의 권력(힘)'이 없다면, 각자는 각자에 대한 경쟁(Competition)·자신 없음(자기 확신의 결핍·불신, Diffidence)·공명심(명예, Glory)51) 때문에 갈등과 분란을 피할 수 없게 된다. 즉 이 세 가지가 갈등을 일으키는 중요한 원인이다.

> 그런 상황(자연 상태)에서는 어떤 성과도 기대하기 어렵기 때문에 열심히 일할 필요가 없다. 결과적으로 토지의 경작은 물론, 항해를 통해 수입될 수 있는 일용품도 사용할 수 없고, 편리한 물건이나 노동력을 절약할 수 있는 도구도 이용할 수 없다. 이 세계(지구)에 대한 지식도 없고, 시간을 측정할 수도 없으며, 예술이나 학문

---

51) 위의 책, 88쪽.

은 물론, 사회도 존재할 수 없다. 무엇보다 가장 나쁜 것은 언제 죽을지 모른다는 폭력에 대한 끊임없는 공포와 위험 때문에 인간의 삶은 고독하고 잔인하며 짧다는 점이다. 52)

이처럼 공동의 권력이 없는 (자연) 상태에서 인간은 자기 보존(생존)과 안전을 위해 오직 자신만의 힘과 지혜에만 의존해야 하며, 다른 사람을 향해 기꺼이 전쟁을 할 준비가 되어 있을 뿐만 아니라 심지어 먼저 전쟁을 시작한다. 하지만 자기 보존(생존)과 욕구의 충족은 단지 자신이 그것을 지킬 수 있는 한계 내에서만 유효할 뿐이다. 이 때문에 사회 조직이 있기 이전인 '자연 상태'에서 인간의 삶과 생존이란 끊임없는 공포와 위험의 연속이며, 고독하고 잔인하고 짧을 수밖에 없다.

하지만 어느 누구도 이러한 상황을 초래한 인간의 본성에 대해서 비난할 수는 없다. 인간의 본래적 욕망과 정념(감정)이 그 자체로서 나쁘거나 죄는 아니기 때문이다. 또 그로부터 일어나는 행동들도 그것을 규제하고 금지할 법규범이 확립되기 전까지는 죄라고 할 수 없다. 자연 상태에서 각자는 각자에 대해서 평등하기 때문이다. 즉 법규범이 제정되기 전까지는 자신의 행위를 규제하거나 판단할 객관적 기준은 존재하지 않는다. 물론, 각자가 공동으로 동의하지 않는 법은 제정될 수도 없다. 한마디로 도덕적으로 무정부 상태인 자연 상태에서는 어떤 객관적인 도덕이나 법규범, 즉 정의(正義)는 존재하지 않는다.

이러한 최악의 상황에서 각자는 각자에게 평등한 자연 상태에서의

---

52) F. 코플스톤 지음, 56쪽.

평등한 권리, 즉 자연권이 완전히 보장되는 상태가 사실은 자기에게 어떤 결과를 가져올 것인지를 가장 고통스럽게 경험했다. 각자는 전쟁과 잔혹이라는 자연 상태에서 벗어나 자신의 생존(생명과 신체)을 보장받고 욕구를 안정적으로 표현할 수 있는 상태가 '자기 보존 욕구'를 실현할 수 있는 가장 바람직한 상태라는 것을 알게 되었다. 이에 따라 각자는 자연 상태에서 이성이 자신에게 내리는 올바른 명령, 즉 자신의 생명과 신체의 보존이라는 자기 이익을 충족할 수 있는 가장 현명한 방법이 '자신의 권리를 기꺼이 포기'하고, '평화를 추구하는 것'이라고 제안한다.

평화와 자기 보존을 위해 각자는 각자에 대해 자신의 자연권을 똑같이 포기할 것을, 그리고 각자는 각자에 대해 서로가 허용하기로 한 만큼의 자유에 만족해야 할 것을 요구한다

 이것이 홉스가 말하는 '자연법', 즉 자기 이익(생존과 자기 보존)을 위해 올바른 이성이 내리는 명령(일반적인 규칙)이다. 자연법이란 이성에 의해 발견되는 교훈 또는 일반적인 규칙이며, 인간은 이를 통해 자신의 삶에 해로운 것 또는 자신의 삶을 유지하기 위해 동원되었던 수단들을 제거·금지할 것을 요구한다.[53] 즉 자연법이란 각자의 생명을 파괴하는 행위, 생명 보존을 위해 필요한 것들을 무시하거나 박탈하는

---

53) 위의 책, 59쪽.

행위들을 더 이상 하지 않아야 한다고 우리의 이성이 발견한 일반적인 규칙이다. 또한 이것은 결론적으로 자기 이익을 추구하기 위해서 지켜야 할 규칙들이다.

> 모든 사람이 평화를 추구하라는 희망을 갖는 한, 그것을 얻고자
> 노력해야 하며, 그것을 획득할 수 없는 경우 자기 이익을 위해 싸
> 움(전쟁)에 도움이 되는 것은 무엇이든지 사용해도 좋다.54)

홉스에 의하면, 이것은 이성이 발견한 규칙으로서 제1자연법, 즉 '평화를 추구하고 따르라.'이다. 홉스는 제1자연법에 기초해 제2자연법으로 이행하는데, 그것은 '권리의 상호 양도'이다. 하지만 이미 자연 상태에서 보았듯이 서로에 대한 불신과 경쟁은 각자의 권리(자연권)에 대한 포기를 주저하게 만든다. 이 때문에 서로의 약속이 아무런 내용이 없는 헛수고에 그치지 않도록 하기 위해서는 각자의 권리를 양도받을 '공동의 권력' 형성에 동의하고, 이렇게 해서 만들어진 공동의 권력인 '인공적 인격체'에 대해 강제력을 인정하지 않으면 안 된다.

> 각자는 자신의 평화와 자기 방어를 위해 필요하다고 생각하는 한,
> 모든 것들에 대한 권리를 기꺼이 내려놓아야 하며, 그리고 다른
> 사람들이 자신에 대해 허용하는 만큼의 자유를 자신 또한 다른 사
> 람들에게 허용하는 것으로 만족해야 한다.55) (중략) 든 계약은 권

---

54) T. Hobbes, 위의 책, 92쪽.
55) F. 코플스톤 지음, 위의 책, 60~61쪽.

리의 상호 양도이기 때문에 (중략) 실행을 강요할 충분한 권리와 힘을 가진 공동의 힘(common power)이 세워진다면, 그 신약(covenant)은 공허하지 않게 된다. 56)

제2자연법은 평화와 자기 보존을 위해 각자는 각자에 대해 자신의 자연권을 똑같이 포기(양도)할 것을, 그리고 각자는 각자에 대해 서로가 허용하기로 한 만큼의 자유에 만족해야 할 것을 요구한다. 왜냐하면 자신의 자연권에 대한 양도 또는 포기는 오직 자신의 생존과 자기 이익이라는 자기 보호에 있기 때문이다. 그리고 제3자연법은 각자가 맺은 '계약(신약)은 반드시 이행해야 한다.'는 것을 요구한다. 만약에 이것이 지켜지지 않는다면, 각자는 여전히 자연 상태의 전쟁 상황에 있는 것과 같다. 따라서 맺은 계약은 반드시 지켜야 하는데, 이것이 정의(正義)이다. 마찬가지로 계약의 불이행은 곧 불의(不義)이다. 이렇게 보면 공동의 권력인 국가의 강제력이 없는 곳에 정의란 없으며, 소유권도 성립할 수 없다. 국가의 강제력, 즉 공동의 권력이 없는 곳에서 법은 성립할 수 없으며, 그러한 법이 없는 곳에서는 불의도 성립할 수 없다. 또한 이 점에서 자연법은 정의와 불의의 개념이 성립하는 기초가 된다.

홉스는 자기 생존과 보존을 위한 '이성의 규칙'으로서 자연법을 모두 19가지로 제시하고 있는데, 몇 가지를 더 살펴보면 다음과 같다.

---

56) 김용환 지음, 『리바이어던』, 서울 : 살림, 2004. 216쪽.

제4자연법 : 다른 사람으로부터 은혜를 입은 사람은 그것을 베푼 사람이 자신의 선의를 후회하지 않도록 노력해야 한다.

제9자연법 : 각자는 다른 사람들 또한 본성적으로 동등하다는 것을 인정해야 한다.

제10자연법 : 평화 상태로 들어설 때 누구도 다른 사람이 승인할 수 없는 그런 권리를 요구해서는 안 된다.

제16자연법 : 분쟁 중에 있는 당사자들은 중재자의 판결에 자신들의 권리를 복종시켜야 한다.

제17자연법 : 각자는 자신의 문제에 대해 재판관이 될 수 없다.

홉스에게 공동의 권력이란 각자가 각자의 권리 또는 힘(권력)을 한 사람 또는 하나의 협의체에 양도한 결과이며, 이것은 전체를 대표하는 하나의 새로운 인격, 즉 자연적 인격에 대비되는 인공적 인격이다. 자연적 인격이란 말과 행동이 자신의 것으로 인정되는 경우를 말하며, 인공적 인격이란 말과 행동이 다른 사람의 말과 행동을 대표할 때는 가리키는 용어이다. [57] 따라서 공동의 권력으로서 인공적 · 가상적 인격이란 다수의 사람이 한 사람 또는 하나의 인격에 의해 대표되는 상황을 의미한다. 홉스는 이 인공적 인격을 '리바이어던', '지상의 신', '하나의 합의체', '유한한 신', '필멸의 신(神)'이라고 부른다. 그리고 이 인격체를 이끄는 존재가 통치자이며, 통치자는 통치권을 갖는다.

---

57) 위의 책, 220쪽.

각자의 상호 계약에 의해, 각자(만인)가 각자(만인)에 대해 각자가 갖고 있는 자신의 지배권을 한 사람 또는 하나의 집단에 넘겨주고, 그의 행동을 승인한다는 조건에서 나도 마찬가지로 승인하고 내 자신의 지배권을 넘겨주는 방식으로 (권리의 양도는) 일어난다. 이것이 이루어지면 하나의 (인공적) 인격 안에 결합된 다수는 국가(civitas, 정치적 결합체)라고 불린다. 이것이 거대한 리바이어던, 필멸의 유한한 신이다. 58)

그런데 흥미로운 사실은 홉스가 의도적으로 '각자는 자신의 모든 권력과 힘을 한 개인 또는 하나의 의사로 환원시킬 수 있는 하나의 협의체(집단)에게 양도한다.'59)고 주장하면서 통치권이 절대적이어야 한다고 주장하고 있다는 점이다. 확실한 것은 군주정이든, 귀족정이든, 민주정이든 상관없이 '통치권'은 절대적이어야 한다는 주장이다. 그렇더라도 홉스는 군주정을 명확하게 염두에 두고 있었던 것 같다. 왜냐하면 권력이란 완전하며 나눠가질 수 있는 것이 되어서는 안 된다는 것이 그의 입장이고, 이에 따라 사익과 공익이 군주정에서 일치한다고 주장하기 때문이다. 하지만 귀족정이나 민주정에 대해서는 파당으로 나뉘어 자신들의 이해관계에 몰두할 위험이 높다고 진단한다.

아무튼 지금까지의 내용을 종합하면, 그에게 '국가란 상호 계약에 의한 하나의 인격'이며, 주권자(통치자)라고 불린다. 그리고 계약은 국가와 각자 개인 간의 계약이 아니기 때문에 통치자는 계약의 당사자는 아

---

58) F. 코플스톤 지음, 위의 책, 64쪽.
59) 같은 쪽.

니지만 그 권위는 절대적이다. 그러므로 그의 권위는 양도될 수 없는 것이다. 즉 통치자는 계약의 당사자는 아니면서도 그 권력(힘)의 정당성은 계약으로부터 나오는 구조이다. 홉스는 이를 통해 자신이 두려웠던 가장 나쁜(악) 상황인 내란을 피할 수 있게 했고, 원자적 개인이 조직된 사회로 이행할 수 있는 길을 열어주었다. 그리하여 자연 상태에서는 각자가 선악의 심판자였지만, 사회·국가 상태에서는 시민법이 곧 공적인 양심이며 선악의 기준이 된다.60)

> 통치권을 소유한 사람(인격)은 결코 국민에 의해 처형되거나 다른 어떤 방식으로도 처벌받지 않는다. 통치자의 행위는 곧 모든 국민이 행한 것이므로 국민이 통치자를 처벌하는 것은 자신의 행위에 대한 책임을 물어 다른 사람을 처벌하는 것이 된다.61)

홉스의 이러한 논리를 따를 경우, 우리는 모든 법률과 재산권, 소송에서의 심판자, 공직자의 임명 및 상벌권, 교회에 대한 지배권(교황의 지위는 멸망한 로마 제국의 유령에 지나지 않는다.), 그리고 대외적인 전쟁 선포권이 모두 국가·통치자에게 있음을 어렵지 않게 추론할 수 있다.

---

60)   위의 책, 69쪽.
61)   앤서니 케니 지음, 김성호 옮김, 『근대 철학』, 서울 : 서광사, 2014. 430쪽.

통치자가 살인과 전쟁 참여를 명령했을지라도, 그것이 국가를 지켜낼 수 있는 유일하고 긴급한 상황이 아니라면, 거부해도 된다. 우리는 언제나 자신의 이익을 극대화할 수 있는 행위를 해야 한다

그렇더라도 각 개인(국민)은 법이 규제하지 않는 것들에 대해서 무엇이든 할 수 있는 자유를 누린다는 점도 놓쳐서는 안 된다. 즉 "법이 없는 곳에 죄도 없다."62)는 것이 홉스의 생각이며, 따라서 국민은 통치자에게 여전히 불복종할 자유63)도 있는 것이다. 예를 들어 통치자가 자신의 신체를 훼손하거나 자살을 하라고 명령하는 경우, 자기에게 폭력을 행사하는 사람에게 저항하지 말 것을 명령하는 경우, 생명을 보존하는 데 필수적인 음식·약품·공기를 사용하지 말라고 명령하는 경우, 국민은 '이런 명령을 따르지(복종하지) 않을 자유를 지닌다.'64) 또 통치자가 사람을 죽이라고 하거나 전쟁 참여를 명령했을지라도, 그것이 국가를 지켜낼 수 있는 유일하고 긴급한 상황이 아니라면, 전쟁에 참가하기를 거부할 수도 있으며, 자신의 죄를 고백하도록 강요당해서도 안 된다.

비록 법이 어떤 개인의 변덕과 폭력으로부터 자신을 보호하기 위한 수단이고, 그리고 법으로부터 자신만이 면제되기를 바라는 것은 곧 자연 상태로 돌아가기를 바라는 것과 같은 의미라고 하더라도, 홉스는 이처럼 통치자에게 불복종할 자유도 인정하고 있었다. 그 이유는 홉스

---

62) 김용환 지음, 위의 책, 245쪽.
63) 위의 책, 431쪽.
64) F. 코플스톤 지음, 위의 책, 72쪽.

에게 계약이란 오직 평화와 안전, 생명과 신체의 보호를 목적으로 성립하기 때문이다. 이것은 홉스 이론의 출발점, 즉 '자연적 자유'란 욕망과 성향들이 외적 장애를 받지 않고 운동할 수 있는 상태라는 주장과 일치한다.

홉스가 통치자의 절대적 권위를 주장하고 있다는 사실은 명확하지만, 그렇다고 그의 통치권을 '왕권신수론'과 동일하다고 보아서는 결코 안 된다. 홉스가 말하는 통치자의 절대적 권위(절대군주론)는 왕권은 신이 내린 것이기 때문에 신성하고 절대적이라는 왕권신수론과는 근본적으로 다른 개념이다.[65] 뿐만 아니라 그가 주장하는 절대적 권위는 20세기의 전체주의 이데올로기와도 전혀 다른 개념이다. 왜냐하면 전체주의는 개인의 자유와 활동을 오직 전체(민족·국가)의 이익을 위해 종속시켜 희생을 정당화하기 때문이다.

무엇보다 홉스에게 통치자의 절대적 권위는 계약의 산물(결과)로서 대리자(actor)의 행위라는 점이다. 다음으로 통치자는 모든 권리를 위임받은 것은 아니기 때문에 위에서 살폈던 것처럼 어떤 권리에 대해서는 절대권을 행사할 수 없다. 생명과 자기 보호를 목적으로 자신이 갖고 있는 대부분의 권리를 양도하기는 했지만, 자신의 생명을 위협하는 것에 대해서까지 양도한 것은 아니기 때문에 이런 경우에 대해서는 통치자에게 저항할 권리가 있는 것이다. 즉 생명과 자기 보존은 양도의 대상이 되지 않는다. 통치권자의 힘은 안전과 평화의 추구, 자기 보존이라는 목적을 실현하기 위한 최선의 전략적 장치인 셈이다.

---

65) 김용환 지음. 위의 책, 106~107쪽.

홉스가 통치 권력에 대해 적극적인 저항권을 인정하지 않는 점은 그의 사상이 지닌 한계로 인식되는 경향이 있지만, 이는 한 사상가의 사상이 시대적 상황이 낳은 결과물이라는 점을 고려하면 충분히 이해가 된다. 즉 홉스는 청교도 혁명기 보수적인 왕당파에 속해 있으면서도 역사가 어떻게 전개되리는 것을 예측하고 있었던 것으로 보인다. 이런 통찰력 덕분에 통치 권력의 정당성을 신이 아니라 계약으로부터 이끌어낼 수 있었고, 자연권과 자연법에 기초해 인간을 이해할 수 있었던 것으로 보인다.

한편, 홉스는 앞에서 국가·통치자를 '유한한 신', '필멸의 신'이라고 언급했는데, 이는 신(神)이라는 일반적인 의미와는 양립하지 않는 표현이다. 왜냐하면 신이란 그 자체로서 자족하며 절대적인 존재이기 때문이다. 그럼에도 홉스가 이 표현을 사용한 이유는 '모든 거만한 것들의 왕인' 리바이어던, 즉 통치자·국가가 계약에 의한 인공적인 인격(피조물)이며, 따라서 소멸할 수 있는 존재(국가·통치자의 붕괴)라는 점을 의식하고 있었기 때문이다.

홉스에 의하면, 리바이어던(통치자·국가)이 다른 나라를 모방하거나 불완전한 제도를 그대로 방치할 때, 그리고 반란을 정당화하는 잘못된 여론이나 주장(예를 들어 개인은 선·악의 판단자이며, 통치자도 시민법에 복종해야 한다.)을 허용하고, 절대 권위에 대항할 자유를 승인하는 중대한 '질병'에 걸리게 되면 결국 무너지게 된다고 주장한다. "인간은 어리석어서 더 좋은 것을 대신 세우기 전에 이미 있는 좋은 것을 파괴하고 만다."66)는 것이다.

홉스가 유기체로서 인간의 본질을 '자신의 생명을 보존하려는' 경향성, 또는 자발적 운동으로서 파악한 점은 인간만이 아니라 모든 생명체의 자연적 속성이라는 자연주의적 관점에서 인간을 이해하고 있음을 보여준다. 그리고 어떤 생명체도 스스로가 소멸하거나 파멸하는 선택을 하지 않으려 한다는 사실을 고려할 때, 그의 이런 견해는 타당하다. 또 그가 이전까지 당연하게 여겨왔던 '왕권신수설'에 의존하지 않으면서도 통치 권력의 정당성을 근대적 사고, 즉 자연권과 자연법, 그리고 계약에 기초해 확립한 최초의 사상가였다는 점도 매우 탁월하다.

뿐만 아니라 그가 통치자·국가의 절대적 권위를 인정하면서도 이것과 서로 충돌하는 '신민'의 권리를 부분적으로 인정하고 있다는 점도 매우 중요한 의미를 지닌다. 이러한 권리에는 '자기 보존'의 권리로부터 파생하는 권리, 즉 자기 방어의 권리, 신체에 관한 권리, 행동과 여행의 권리, 생존에 필요한 것들을 자유롭게 사용할 권리가 포함된다. 그는 이러한 권리를 제약하거나 박탈하려는 권력을 생명과 자기 보존에 대한 위협으로 간주했으며, 신민은 자기 생명 보존에 대해 위협을 느낄 때에 한해 거부할 권리(저항권)를 갖는다고 주장한다. 67) 홉스가 이러한 주장을 청교도 혁명(1642~1648) 이후에 쓴 『리바이어던』(1651)을 통해 하고 있다는 점을 고려할 때, 이것은 서양에서 근대적 의미의 시민권과 시민 사회가 형성되고 있었음을 알 수 있다.

그럼에도 그의 심리적 이기주의에 기초한 인간 이해에 대해 여전히

66) 위의 책, 126~129쪽. 249~252쪽.
67) 강정인 외 지음, 『서양 근대 정치사상사』, 서울 : 책세상, 2007. 214쪽.

불편해하는 사람들도 있다. 이들은 그의 심리적 이기주의는 윤리적 이기주의를 정당화하고 있으며, 이는 인간의 선의지나 자율성, 순수하고 자발적인 희생이나 이타적 행위, 훌륭한 성품과 미덕을 따르는 행위의 가능성을 인정하지 않는 불완전한 인간 이해라고 비판한다. 즉 홉스 이론은 자기 생존과 보존이라는 자연적 사실과 경향성에 기초하고 있으며, 그의 자연법은 이것을 보장받을 수 있는 규칙들의 제시라는 점에서 그의 주장은 '윤리적 이기주의'라는 것이다. 이에 따르면, 우리는 언제나 자신의 이익을 극대화할 수 있는 행위를 해야 한다. 이것은 이기심이 무질서와 전쟁을 초래했던 자연 상태로부터 벗어나기 위해 발견한 자연법을 통해 장기적이고 안정적으로 자기 이익을 실현할 수 있는 인위적 상태로 옮겨 가는 과정을 통해서 명확하게 드러난다.

이러한 비판에도 불구하고, 홉스의 생각은 우리가 현실에 필요한 어떤 제도나 규범을 만들 때 이기적 인간관에 근거해 설계하는 것이 더 바람직한지, 아니면 도덕적 인간관에 근거해 설계하는 것이 더 바람직한지를 고민할 때 탁월한 시사점을 제시해준다. 왜냐하면 거의 모든 제도나 정책이 언제나 본래의 도덕적 · 이타적 취지와는 반대로 부작용을 초래하거나, 처음부터 권력을 지닌 소수 집단의 이해관계에 의해 이기적으로 설계되는 경우가 다반사이기 때문이다.

Chapter

09

나는 스승들의 통제로부터 벗어나는 것이 허락
되는 나이가 되자 학교 공부를 완전히 버렸다

_데카르트

° 이성을 온전하게 사용하는 방법을 모르고 이성을 사용할 때
  잘못을 저지르게 된다
° 우리는 오직 직관과 연역을 통해서만 참된 지식을 획득할 수
  있다
° 인간의 신체는 정교한 하나의 기계와 같기 때문에 자연과 동
  물처럼 인과적 필연성의 원리 아래 놓여 있다

지금

[사례1] '착시(錯視)'란 문자 그대로 해석하면 '어긋나게 봄'이다. 이것은 우리의 감각 중 시각과 관련된 것으로 흔히 빛의 산란, 빛의 밝기, 빛의 대비 때문에 일어난다. 가장 일반적인 것으로 두 개의 같은 길이의 선분에 서로 반대되는 화살표를 표시함으로써 그 길이를 다르게 보이게 하는 경우가 있다. 착시는 사물이나 현상의 객관적인 실재 성질(크기 · 형태 · 색)이 우리의 시각이나 보는 관점에 따라 어긋나게 관찰됨으로써 일어난다. 따라서 착시는 우리가 생활하는 일상의 경험 세계에서 수시로 발생한다. 최근에는 착시 입체 그림 예술이 유행하고 있다. 튜릭아트(Truc Art)라 불리는 이것은 '트릭아트(Trick Art)'의 불어 버전으로 직역하면 '속임수예술'이다. 벽면이나 바닥에 역사적인 명화나 조각이나 동물, 식물 등을 그리면서 빛의 굴적이나 반사, 원근법 또는 음영 등을 이용해 시각에 따라 착각을 일으키는 원리를 활용하는 예술이다.

-〈내일신문〉, 2011.03.25-

[사례2] 2015년 2월 감각 경험에 의한 지각은 신뢰할 수 있는 것인지에 대한 흥미로운 논쟁이 일었다. 그것은 레이스가 장식된 여성용 칵테일 드레스의 색깔이 무슨 색깔인지를 두고 서로 다른 의견이 팽팽히 맞섰다. 한쪽에서는 파란색 드레스에 검은색 레이스라 주장하고, 다른 한쪽에서는 흰색 드레스에 금색 레이스라고 주장했다. 실제로 '흰색과 금색'이라는 의견이 74%, '파란색과 검은색'으로 보인다는 의견이 26%로 나타났다. 하지만 이것은 빛의 반사에 따른 착시 때문에 일어난 것으로 밝혀졌고, 해당 드레스를 판매하는 영국 의류회사는 사이트를 통해 드레스가 검은색과 파란색으로 이뤄진 제품이라고 밝혔다.

-〈중앙일보〉, 2015. 02. 28.-

주제어

이성, 의식, 영혼, 사고, 자아, 의심(회의), 철학의 제일원리, 정신적 실체, 직관과 연역, 자연의 주인, 동물과 자연=필연성=기계, 기계론적 관점, 이분법적 관점, 실체 이원론, 자동 기계, 인간중심주의, 『방법서설』, 자연지배

이성을 온전하게 사용하는 방법을 모르고 이성을 사용할 때 잘못을 저지르게 된다

데카르트는 셰익스피어(1564~1616)가 『햄릿』(1601)을 쓸 무렵인 1596년에 태어났다. 당시는 유럽이 신교와 구교 간에 종교 전쟁(16세기 후반부터 17세기 후반까지) 중이었다. 데카르트는 구교도였지만 종교적 관용을 중시하고 도시의 번잡함에서 여유로웠던 네덜란드에서 삶의 후반을 지내고 마쳤다. 그는 자기에게 아퀴나스의 『신학대전』이 있었지만 거의 읽지 않았다고 고백하기도 했다. 또 라틴어 같은 고전 언어를 그리 높게 평가하지 않았으며, 덕분에 20년 동안 스콜라 철학을 단 한 번도 공부하지 않았던 자신을 자랑스러워했다고 한다. 그런가 하면, 한 번은 자신을 찾은 손님이 서재를 보고 싶다고 하자 반쯤 해부한 송아지를 가리켰다고 한다. 그가 푸줏간에서 동물의 사체를 사들여 해부를 즐겼다는 사실은 유명한 이야기이다. 그는 이론보다 실험을 신뢰했지만, 무엇보다 자신의 철학적 성찰을 가장 신뢰했다고 전해진다.

나는 스승들의 통제로부터 벗어나는 것이 허락되는 나이가 되자

학교 공부를 완전히 버렸다. 그리고 나 자신 안에서 또는 세계라
는 큰 책에서 발견할 수 있는 학문 외에는 어떤 학문도 탐구하지
말자고 다짐했다. 68)

데카르트는 자신의 회고처럼, 어렸을 때부터 듣고 배워왔던 가르침,
즉 공부(학문)를 하면 조금도 의심할 필요가 없는 확실한 인식을 얻을 수
있고, 이를 통해 우리 삶에 유용한 지식을 제공할 수 있게 되리라 믿고
공부했다. 하지만 그가 공부를 하면 할수록 더욱 깨닫게 되는 것은 자신
이 무지하다는 새로운 사실과 지금까지의 지식에 대한 더 많은 의심, 그
리고 오류의 발견뿐이었다. 또 지금까지의 지식에 대한 의심이 커질수
록 그의 마음을 사로잡은 것은 확실성과 명증성을 갖춘 수학뿐이었다.
　뿐만 아니라, 도덕은 그의 표현처럼 '모래와 진흙 위에 세워진 궁전'
과 같은 것이었다. 왜냐하면 덕(Virtue)을 가장 높은 곳에 올려놓고 존
중하면서도 덕이 어떻게 인식될 수 있는지에 대해서는 알려주지 않았
기 때문이다. 그의 이와 같은 문제의식은 마침내 사람들이 일반적으로
믿고 있는 신념이나 지식의 근거가 되는 관습 또는 선례들을 무조건 믿
어서는 안 된다는 깨달음으로 나아갔다. 왜냐하면 이러한 것들은 참된
'자연의 빛'을 흐리게 하고, 이성의 소리를 듣지 못하게 하는 오류로 가
득한 것들이기 때문이다.
　지식이란 '확실하고 명증적인 인식'을 의미한다. 따라서 완벽하게 인
식된 것, 즉 더 이상 의심할 수 없는 것이 아니라면 반드시 의심해보지

---

68)　김용환 지음, 위의 책, 67~68, 70쪽.

않으면 안 된다. 데카르트에 의하면, 우리가 사물에 대해 알게 되는 방식에는 연역과 경험이라는 두 가지 방식이 있는데, 연역과 달리 경험은 충분하지 못한 경험에 기초해 성급하게 판단하는 경향이 있어 근거 없는 판단이 초래하는 오류에 쉽게 빠질 수 있다.

우리의 충분하지 못한 경험과 감각에 기초한 지각(판단)은 생활 속에서 수시로 발견되는데 가장 대표적인 사례가 착시와 '성급한 일반화의 오류'이다. 이 외에도 위에서 언급했던 것처럼, 집단의 전통이나 관습 또한 마치 '모래 위에 쌓아 올린 궁전'처럼 '불완전한 지식(도덕)'의 사례에 해당한다. 이 때문에 우리는 가능한 한 조금이라도 확신할 수 없는 지식에 대해서는 언제나 의심(회의)하는 자세를 가져야 한다.

> 우리가 갖고 있는 이성을 온전하게 사용하는 방법을 아직 모르고 있었을 때, 우리는 감각에 따라 판단하는 잘못을 저지르게 된다. 이처럼 성급하게 이루어진 많은 판단들은 우리가 진리에 도달하려고 하는 데 오히려 방해가 된다. 따라서 조금이라도 불확실하다면, 또한 그렇기 때문에 의심해보지 않는다면, 우리는 결코 여기서 벗어날 수 없을 것이다. 69)

우리는 경험을 통해 우리의 감각이 얼마나 자주 우리를 기만해왔는지를 잘 알고 있으며, 꿈속에서 보았던 것들이 현실에서는 단지 상상이나 환영(외부 자극이 없는데도 마치 어떤 사물이 있는 것처럼 지각함)에 지

---

69) 데카르트 지음, 김형효 옮김, 『철학의 원리』, 『방법서설·성찰·정념론 외』, 서울 : 삼성출판사, 1998. 313쪽.

나지 않는 것이었음을 자주 경험한다. 이 때문에 우리는 이전에 확실하다고 여겨왔던 모든 것들, 심지어 수학적 논증에 대해서까지도 의심할 수 있는 한 의심해보는 태도를 지녀야 한다.

하지만 의심 가능한 모든 것들에 대해 의심이라는 생각(사고활동)을 하는 그 순간에도, 다시 말해 그것들이 진리인지를 의심하는 그 동안에도 의심하고 있는 자기 자신이 존재하지 않는다고 생각할 수 없다는 점은 명확하다. 왜냐하면 생각하고 있는 나 자신이 동시에 지금 생각하고 있는 모습 그대로 존재하지 않는다고 가정해보는 것은 모순이기 때문이다.

> (결론적으로) 존재하지도 않으면서 의심(회의)할 수는 없다는 것, 그리고 이것이 우리가 철학을 할 때 얻은 최초의 인식이라는 점은 더 이상 의심할 수 없다. (중략) 즉 그 어떤 가정들을 동원한다고 해도 "내가 생각하는 한에 있어서 나는 존재한다."는 결론만큼은 진리가 아닐지도 모른다고 더 이상 의심할 수 없다.[70] (중략) 나는 신체를 갖고 있지 않으며, 세계도 없으며, 내가 있는 장소 또한 없다고 가상(가정하여 생각함)할 수는 있지만, 그렇다고 내가 전혀 존재하지 않는다고 가상할 수는 없다. 오히려 그 반대로 내가 다른 것의 진리성을 의심하려고 생각하고 있다는 사실 자체에서 내가 존재한다는 것이 진실로 명백하고 확실하게 귀결되고 있음을 알게 되었다.[71]

---

70)   위의 책, 315쪽.
71)   데카르트 지음, 이현복 옮김, 『방법서설』, 서울 : 문예출판사, 1997. 186쪽.

데카르트는 '내가 생각하는 한에 있어서 나는 존재한다.'는 이 사실만큼은 진실로 명확하고 확실한 것이어서 그 어떤 회의주의자일지라도 어떻게 할 수 없다고 보았기 때문에 이것을 스스로 '주저하지 않고 철학하는 제1원리'로 받아들이기로 결정한다.[72] 이 제1원리는 우리가 정신의 존재와 본질을 인식할 수 있는 최선의 방식이며, 이 점에서 우리의 정신은 육체와는 완전히 구분되는 하나의 실체(정신적 실체)라고 이해할 수 있다.

왜냐하면 우리가 사고 능력과 사고 작용을 떠나 있게 된다면, 스스로 지금 여기에 내가 진정으로 존재하고 있다고 말할 수 있는 어떤 것도 사라지기 때문이다. 즉 내가 생각하는 것을 중단하기만 한다면, 내가 여기 존재하고 있다는 것을 믿게 할 어떤 근거도 없게 된다는 점이 명확해진다. 따라서 우리는 지금 여기에 존재하기 위해서 어떤 연장(공간 속에 위치하고, 그것의 일정한 부분을 차지하는 물체의 성질)이나 형태를 가질 필요도 없고, 어떤 공간에 있을 필요도 없다. 오직 사고와 사고 작용만 있으면 된다.

> (우리의 정신은) 존재하기 위해 어떤 연장이나 형태, 공간을 필요로 하지 않으며, 또한 육체에 귀속될 필요도 없다. 우리는 존재하기 위해 오직 사고 작용(사유)만 있으면 된다는 것을 명확하게 인식하고 있으면 될 뿐이다.[73]

> 내가 단지 생각하는 것만 멈춘다면, 내가 존재하고 있었다는 것

---

72) 위의 책, 185쪽.
73) 데카르트 지음, 김형효 옮김, 앞의 책, 316쪽.

을 믿게 할 아무런 근거도 없다는 것을 알았다. 이로부터 나는 하나의 실체이고, 그 본질(본성)은 오직 생각하는 것이며, 그것이 존재하기 위해서 어떤 장소도 필요 없고, 어떤 물질적 사물에도 의존하지 않는다는 것을 알게 되었다. 그렇기 때문에 나를 나이게끔 해주는 이 정신은 물체와는 전혀 다른 것이고, 심지어 물체보다 더 쉽게 인식되고, 물체가 존재하지 않더라도 정신은 스스로 중단 없이 존재하는 것이다. (중략) (그러므로) 나는 생각한다, 그러므로 나는 존재한다(즉 내가 생각하는 한에 있어서 나는 존재한다.). 74)

우리는 오직 직관과 연역을 통해서만 참된 지식을 획득할 수 있다

데카르트는 자신의 『방법서설 : 정신을 지도하는 규칙들』에서 지금 우리가 살피고 있는 철학하는 제1원리에 기초해 이것을 모든 지식과 진리 탐구의 영역으로 확장해나간다. 그에게 지식이란 '확실하고 명증적인 인식'이기 때문에 개연적인 인식은 그것이 무엇이든 버려야 하며, 오직 더 이상 의심할 수 없이 완벽한 인식만을 신뢰해야 한다. 따라서 직관과 연역에 의한 지식이 아니라면 신뢰해서는 안 된다.

우리가 다루고자 하는 대상에 관해 우리는 다른 사람들이 생각했던 것이나 우리 자신이 예측한 것이 아니라, 명석하고 명증적으로

---

74) 데카르트 지음, 이현복 옮김, 앞의 책, 186쪽.

직관된 것, 또는 확실하게 연역된 것만을 고찰해야 한다. 지식이란 오직 이와 같은 방식을 통해서만 획득될 수 있기 때문이다. 75) 직관이란 신뢰하기 어려운 감각이 주는 믿음이나 그릇되게 묘사하는 상상력에 의한 판단이 아니라 순수하고 주의를 집중하는 정신의 단순하고 판명한 파악이다. 그러므로 이렇게 인식되는 것에 대해서는 어떤 의심도 품을 수 없다. (중략) 직관은 연역보다 단순하며, 확실하다. 76)

데카르트에게 직관이란 의심의 여지가 없는 '이성의 빛'에서 유래하는 순수한 정신에 의한 판단을 의미한다. 여기서 '순수'하다는 말은 신체나 감각·상상력을 배제한다는 뜻이고, '집중'한다는 말은 정신을 혼란에 빠트리는 선입견이나 편견을 배제한다는 뜻이다. 이 직관에 따라 우리는 "삼각형은 세 개의 점과 세 개의 선분으로 이루어져 있고, 내각의 합은 두 직각의 합과 같아야 하며", "원은 평면 위를 둘러싸고 이루어진 곡선(평면 위의 한 점에서 일정한 거리에 있는 점들로 이루어진 곡선)"이라고 인식한다.

반면, 연역이란 어떤 구체적인 하나는 확실하게 인식되는 다른 어떤 하나로부터 필연적으로 도출된다는 것을 의미한다. 이것은 마지막의 것이 사슬처럼 연쇄적인 긴 연결을 통해 처음의 것과 연결되어 있음을 알려준다. 비록 우리가 처음과 마지막의 것을 연결시켜주는 중간의 것들을 직관하지 못했다 하더라도, 그 연결 고리를 질서에 따라 검토

75) 위의 책, 23쪽.
76) 위의 책, 27쪽.

한다면 그것들이 서로 논리적으로 연결되어 있음을 알 수 있다는 것이다. 예를 들어 만약에 A는 B이고, B는 C이며, C는 D라고 한다면, 그러므로 A는 D라고 할 수 있는 것이다. 따라서 어떤 것을 다른 것에서 연역할 때는 언제나 필요한 순서를 지키기만 하면 되는데, 그렇게 하면 아무리 멀리 떨어져 있어도 결국은 도달할 수 있고, 아무리 숨겨져 있어도 결국은 발견할 수 있다.[77] 이렇게 볼 때, 데카르트에 의하면 오직 직관과 함께 연역만이 참된 지식에 이르게 하는 가장 확실한 방법이다. 하지만 그렇더라도 정신의 직관과 연역 사이에 차이가 있다는 점도 명확하다.

이와 함께 데카르트는 논리적 절차를 따르기 위해서 우리가 반드시 지켜야 할 네 가지 다음 원칙을 제시한다.[78] 첫째, 명증적으로 참이라고 인식한 것 외에는 그 어떤 것도 진리(참)라고 받아들여서는 안 된다. 즉 속단이나 편견을 피하고 조금도 의심의 여지가 있는 것이라면 어떤 판단도 내려서는 안 된다. 둘째, 검토를 정확히 하고자 한다면 가능한 한 작은 부분으로 나누어야 한다(환원주의). 셋째, 자신의 생각을 순서에 따라 이끌어 나가야 한다(합성의 원칙). 인식(앎)이란 마치 계단을 올라가듯이 알기 쉬운 것에서부터 순서에 따라 마침내 가장 복잡한 것에 이르러야 한다. 마지막으로 어떤 것도 빠트리지 않았다는 확신이 들 만큼 완벽하게 열거하고 검토해야 한다(열거의 원칙).

한편, 데카르트는 '철학의 제1원리', 직관과 연역에 기초한 탐구 원리를 동물과 자연 세계로 확장해 적용한다. 왜냐하면 그에게 학문의

---

77)   위의 책, 169쪽.
78)   위의 책, 168쪽.

목적이란 "우리 힘이 닿는 곳까지 인간의 전체 복리를 도모하는 것"[79]
에 있기 때문이다.

> 우리는 우리 주변의 모든 물체의 힘과 작용을 명확하게 앎으로써
> 장인처럼 이 모든 것을 적절하게 사용하고, 이를 통해 우리는 자
> 연의 주인이자 소유자가 될 수 있다. 이것은 지상의 열매와 모든
> 유용함을 제공하는 수많은 기술의 발명을 위해서도 바람직하며,
> 의심의 여지없이 삶에서 최고선이자 다른 모든 선의 기초인 건강
> 을 유지하기 위해서도 바람직한 일이다.[80]

**인간의 신체는 정교한 하나의 기계와 같기 때문에 자연과 동물
처럼 인과적 필연성의 원리 아래 놓여 있다**

한편, 데카르트는 자연은 물론, 인간의 신체에 관한 지식까지도 이
와 같이 연역적이며 인과적인 필연성에 의해 지배되고 있다는 믿음을
갖고 있었다. 데카르트에게 인간의 영혼이란 본질적으로 신체와는 무
관한 것이며, 따라서 사멸하는 신체와 함께 사라지는 것이 아니다. 그
에 의하면, 영혼을 파괴할 수 있는 것은 존재하지 않으며, 그렇기 때문
에 영혼은 불멸[81]하는 것이다. 반면, 인간의 신체는 정교한 기계로서

---

79) 위의 책, 220쪽.
80) 위의 책, 위의 책, 218~224쪽.
81) 위의 책, 217쪽.

자연처럼 인과적 필연성의 원리 아래 놓여 있다.

> 심장의 운동은 시계의 운동이 추와 톱니바퀴의 힘, 그리고 위치와
> 모양에 따라서 필연적으로 일어나는 것과 같다. 즉 심장의 운동이
> 란 심장에서 우리가 눈으로 명확하게 볼 수 있는 기관들의 배치와
> 심장에서 손가락으로 감각할 수 있는 열, 그리고 실험을 통해서
> 알 수 있는 피의 본성(즉, 혈액의 순환) 등을 통해 필연적으로 귀결된
> 다는 것을 알 수 있다.82)

데카르트는 우리 신체의 일부인 심장을 인과 필연성의 지배를 받는
기계인 시계에 비유함으로써 자신의 관점이 '기계론적'임을 드러내고
있으며, 이것은 그가 자연과 동물에 대해 '스스로 탁월한 운동을 하는
기계'라고 인식하는 데에도 일관되게 적용한다. '매우 정교한 기계로서
인간의 신체와 동물'이라는 그의 이와 같은 견해의 배경에는 '정신 대
물질', 즉 정신적 실체 대 연장적 실체라는 실체 이원론, 즉 이분법적
인 사고 체계가 놓여 있다.

> 만약에 원숭이 또는 이성이 없는 다른 동물들과 똑같은 기관과 모
> 양을 하고 있는 기계가 있다면, 우리는 바로 이러한 기계가 원숭
> 이 또는 이성이 없는 다른 동물과 똑같은 본성을 지니고 있다고 할
> 수밖에 없다. 반면에 우리의 신체와 비슷하고, 우리의 행동을 아

---

82) 위의 책, 207쪽.

무리 비슷하게 모방해낼 수 있는 기계가 있다고 할지라도, 그것이 진정으로 인간일 수 없는 데에는 다음과 같은 명확한 두 가지 이유가 있다. 첫째, 그와 같은 기계는 우리가 다른 사람들에게 자신의 생각을 이해시키기 위해서 말을 사용하거나 아니면 다른 기호를 조합하여 사용하는 경우가 결코 없다는 점이다. (중략) 둘째, 그와 같은 기계가 어떤 일을 매우 잘 처리한다고 해서 또 다른 일을 역시 잘 처리해낸다는 것은 아니다. 이로부터 그 기계는 인식이 아니라 전적으로 기관의 배치에 따라서만 작동한다는 것이 드러난다. 왜냐하면 인간의 이성이란 모든 상황에 대해서 적절히 대처할 수 있는 보편적인 도구인 반면, 그와 같은 기계는 어떤 특수한 일을 수행하기 위한 개별적인 배치와 기관들을 통해서 이루어져야 하기 때문이다.[83]

여기서 더 나아가 데카르트의 '실체 이원론'에 기초한 기계론적 세계·자연관은 삶과 죽음에 관한 이해에도 그대로 적용된다. 그는 "죽음이란 영혼이 육체로부터 이탈하기 때문에 일어나는 것이 아니라, 단지 육체를 이루고 있는 주요 부분들이 퇴화했기 때문에 일어난다고 생각하자. 그리고 산 사람과 죽은 사람은 다른 것인데, 이것은 시계나 그와 같은 자동 장치(스스로 움직이는 기계)와 같다."고 주장한다. 왜냐하면 인간의 신체는 정신과 분리되어 물리적 원리의 지배를 받는 자동 기계이고, 그 원리를 수행하는 부분(부품)들의 기능에 문제가 발생해 더

83)　위의 책, 213~214쪽.

이상 작동할 수 없는 상태에 이르는 것이 죽음이라고 생각했기 때문이다.

이처럼 데카르트에게 자연 세계, 그리고 동물이란 이성이나 정신을 전혀 갖고 있지 않은 존재이며, 이 때문에 그는 '감각적 영혼', '식물적 영혼' 같은 개념을 적용해서는 안 된다고 주장한다. 영혼은 오직 '이성적 영혼'이거나 '정신'일 수만 있으며, 이것은 오직 인간만이 갖고 있다. 인간의 정신 이외의 모든 것들은 기계와 같으며, 그 활동 또한 모두 기계적 운동일 뿐이다.[84]

데카르트에 관한 지금까지의 이야기들은 간략하게 '우리의 정신(이성)을 한층 높은 단계로 이끌기 위한 규칙과 방법'들로 요약할 수 있다. 이것은 『방법서설』의 부제인 "정신 지도를 위한 규칙들"과도 정확히 일치한다. 논의를 좀 더 확장하여 데카르트가 말했던 '불완전하고 잠정적인 도덕'이 아니라 '완전한 도덕'이 가능하다면, 이것 또한 우리의 정신이 한층 높은 단계에서 활동하는 문제와 관련될 것이라고 추론할 수 있다. 실제로 데카르트는 건전한 정신 또는 올바른 이성을 통해 우리가 이론적 지식은 물론, 실천적 지식인 지혜를 획득할 수 있다[85]고 생각했다. 쉽게 말하면, 도덕이란 우리의 정신을 이성의 명령에 따라 올바로 사용하는 삶과 관련된다.

이성을 올바로 사용하기 위해서는 첫째, 우리가 해야 할 것과 해서는 안 되는 것을 판단하고자 할 때 반드시 정신을 잘 사용해야 한다. 둘째, 정념이나 욕구에 지배되지 않고 이성의 명령을 수행한다는 확고한

---

84) 위의 책, 297쪽.
85) 위의 책, 337쪽.

의지(결의)를 가져야 한다. 셋째, 행복한 삶을 방해하는 욕구와 행동 이후에 있을지 모를 후회에 사로잡히지 않기 위해서 반드시 이성이 명령하는 것만을 따라야 한다.[86]

> 이성의 참된 기능은 신체와 영혼 모두에 대해 행동으로 얻을 수 있는 완벽한 모든 것의 가치를 정념 없이 검토하고 생각하는 것이며, 우리가 더 나은 것을 선택하게 하는 것이다.[87]

아쉽게도 데카르트는 도덕에 대해 체계적인 접근이나 설명은 하지 않았다. 따라서 그의 철학적 입장과 단편적으로 언급했던 글들에 기초해 그가 말하고자 했던 도덕을 추론하는 것으로 만족해야 한다. 그리고 그 핵심은 앞에서 말했듯이 '이성의 올바른 사용'과 '이성의 명령을 따름'으로써 잘못과 오류를 저지르지 않도록 하는 것이 그가 추구했던 '완전한 도덕'의 핵심이었으리라 말할 수 있을 것 같다.

이성 또는 정신 능력을 인간의 고유성(정신적 실체)으로 규정하고, 그 이외의 요소를 비인간, 즉 자연(연장적 실체)으로 규정하는 데카르트의 이분법과 기계론적 관점은 오늘날 인간과 자연(환경) 사이의 도덕적 관계를 설명하려고 할 때 가장 자주 언급되는 내용이다. 이것은 또 근대 자연 과학의 발전이 추구했던 것이 무엇인지를 가장 명확하게 파악하게 해주는 요소이기도 하다. 그것은 '자연의 인간화', '자연의 도구화'라는 인간의 자연 지배, 즉 '인간을 위한 자연'이라는 관점이다.

---

86) 위의 책, 336쪽.
87) 서양근대철학회 지음, 『서양근대윤리학』, 서울 : 창비, 2010, 22쪽 재인용.

오늘날 데카르트의 자연 이해는 특히 환경론자들로부터 많은 비판을 받고 있다. 예를 들어 일부 고등 동물들은 이제 갓 태어난 어린아이들보다 더 높은 수준의 감각 능력과 지각 능력을 지니고 있다는 주장이 있다. 또 '이성'이 인간이 아닌 다른 존재보다 '우월하다.'는 근거가 되어야 한다면, '신체적 탁월성(시력, 청력, 부리나 발톱, 달리는 속도 등)'은 동물이 '인간'보다 우월하다는 근거가 되어야 한다고 주장한다. 다시 말해 인간(만)이 갖고 있는 어떤 한 가지 또는 일부 요소에 근거해 다른 존재에 대한 우월성의 기준으로 삼고, 이를 기초로 그 존재의 '지배적 지위'를 인정해야 한다는 주장은 매우 이기적인 '인간중심주의'라는 비판이다.

오늘날 인간이 갖고 있는 이성(정신, 의식)만을 가치의 기준과 중심으로 주장하는 데카르트의 이러한 입장은 크리스트교의 입장과 함께 가장 인간중심주의적인 주장으로 받아들여지고 있다. 그런데 이러한 주장은 근대 이후 서양인들의 정신과 가치의 세계를 지배하게 됨으로써 오늘날 우리가 맞닥뜨리고 있는 동물과 식물에 대한 폭력과 학대, 나아가 지구 생태계 그 자체에 대한 파괴와 생태 피라미드의 위기를 초래한 가치론적인 차원에서의 근본 원인을 제공했다는 비판을 받고 있다. 하지만 이러한 비판에도 불구하고, 동물과 생명, 그리고 생태계 그 자체에 대해 책임 있는 윤리적 행위를 할 수 있는 주체 또한 오직 인간일 수밖에 없다는 점 또한 냉정한 사실이다. 그리고 이 같은 사실은 근대 인간의 '지배적이며 도구적 이성'을 인간과 자연이 지속적으로 공존하고 화해하는 '성찰적 이성'으로 전환하게 하는 계기가 되고 있다.

고귀하고 관대한 행위만큼 아름답고 정의로운
것은 없고, 잔인하고 배반적인 행위만큼 혐오감
을 불러일으키는 것은 없다

_흄

° 과거의 습관적이고 규칙적인 경험에 기초해 미래에도 같은
  결과가 일어날 것이라고 똑같이 가정할 수 없다
° 이성은 감정의 노예이고, 이성의 임무는 오직 감정에 봉사
  하고 복종하는 것이다
° 공감은 다른 사람이 느낀 쾌감/불쾌감을 우리에게도 동일하
  게 느끼게 해주어 우리를 자신만의 세계에서 벗어나게 해주
  는 원리이다

지금

[사례1] 2014년 12월 이른바 '땅콩 회항' 사건은 '갑을 문화'가 팽배한 우리 사회에 충격적 반향을 일으켰다. 오전 0시50분쯤 미국 뉴욕의 JFK공항에서 인천공항으로 출발 예정이던 대한항공 항공기가 이륙을 위해 활주로로 가던 중 다시 탑승구로 되돌아왔고, 비행기에서 ○○○ 사무장이 급하게 내렸다. 비행기의 1등석에 탑승해 있던 대한항공 부사장의 지시 때문이었다. 부사장은 여승무원의 '땅콩' 등 견과류 제공 서비스를 문제 삼아 사무장을 강제로 내리게 했다. 하지만 부사장은 검찰에 구속돼 재판에 넘겨졌고, 2015년 2월 항로변경 혐의 등을 적용해 징역 3년을 선고받았고, 5월 집행유예 2년으로 석방됐다. 재판부는 "인간에 대한 최소한의 예의와 배려심이 있었다면, 직원을 노예처럼 여기지 않았다면, 감정 조절을 할 수 있었다면, 타인에 대한 공공의식만 있었다면, 결코 발생하지 않았을 사건"으로 "돈과 지위로 인간의 자존감을 무릎 꿇린 사건"이라 규정했다.

-〈경향신문〉, 2015. 02. 12.-

[사례2] 2014년 3월 3일은 일곱 살 철이(가명)가 초등학교에 입학하기로 한 날이었다. 하지만 입학을 기다리던 철이는 학교에 가지 못했다. 대신 철이는 엄마와 함께 점심으로 라면과 삼각 김밥을 먹었다. 엄마는 오후에 맥주 두 캔을 마신 뒤, 저녁 무렵 철이에게 알약 한 알을 건넸다. 철이는 수면유도제를 비타민으로 알고 먹었다. 철이는 안방 침대에서 깊은 잠에 들었다. 철이가 잠들자 엄마는 캠핑을 위해 사둔 번개탄을 방 안에 피웠다. 한 살배기 둘째 딸 영이(가명)는 잠든 오빠의 옆에서 놀았다. 엄마는 방문과 창

문 틈을 휴지와 테이프로 틀어막았고, 세 사람은 스르르 잠이 들었다. 그 동안 엄마는 사업 실패와 인터넷 도박으로 빚에 시달리고 있었다. 가족과 친척은 물론이고 친구들에게까지 손을 벌렸다. 재혼한 남편과는 별거 상태였다. 두 번째 결혼마저 위기에 처했고, 인간관계는 끊어졌다. 고립이 심해지면서 우울증이 찾아왔다. 삶을 포기하자는 생각에 이같은 일을 저질렀다.

-〈한겨레신문〉, 2005. 05. 07. -

주제어

인상, 습관·경험, 존재와 당위, 정념, 감정, 정서, 승인, 칭찬, 시인, 쾌감, 부인, 비난, 거부, 불쾌, 혐오, 공감, 경향성(성향), 인류애, 동료의식, 자비심, 이타심, 사회적 유용성(효용), 도덕 감정(도덕감), 사회의 만족감(행복), 주정주의, 정의주의(정서주의)

과거의 습관적이고 규칙적인 경험에 기초해 미래에도 같은 결과가 일어날 것이라고 똑같이 가정할 수 없다

훌륭한 법조인이 되기를 바랐던 부모의 뜻과 달리 철학과 문학 외에는 어떤 것에도 관심을 두지 않았던 흄은 프랑스로 건너가 생활하던 20대 중반에 자신의 가장 유명한 저서인 『인성론 : 도덕 주제들에 대해 실험적 추론 방법을 도입하려는 시도』(1738~1740)를 세 권으로 출판했다. 하지만 이 책의 가치를 이해하지 못했던 당시의 지적 풍토 속에서 이 책은 그의 표현처럼 "인쇄기로부터 나오면서 이미 죽은 책"이 되고 말았다. 그렇더라도 이 책은 그의 가장 친구 중 한 사람인 애덤 스미스에게 결정적 영향을 미쳤다. 스미스는 자신이 품고 다녔던 이 책을 학교(옥스포드대)가 압수해버렸다고 친구들에게 불평을 늘어놓았다고 한다. 스미스에 대한 흄의 영향은 너무나 컸으며, 결국 스미스는 성직자가 되는 꿈을 포기했다. 프랑스에서 돌아온 흄은 대중적인 책 『도덕과 정치에 관한 에세이』로 성공한 데 용기를 얻어 에딘버러 대학의 교수직에 지원(1745)했지만, 그의 회의주의와 무신론적 성향 때문에 뜻을 이루지는 못한다.

흄은 『인성론』 서문에서 모든 학문이 인간의 본성과 관련되어 있음을 강조한다. 예를 들어 논리학은 인간의 추리 능력, 윤리학은 인간의 감정과 성향, 정치학은 사회 안에서 인간과 인간의 결합과 관련되어 있다는 것이다. 그러므로 모든 학문은 인간의 본성을 표현하고 있으며, 그렇기 때문에 이러한 "인간학(인간의 본성에 관한 학문)은 모든 학문의 기초이며, 이것의 견고한 토대는 경험과 관찰 위에서 마련되어야 한다."는 것이 흄의 입장이다. 이제 흄 사상의 토대인 경험론을 시작으로 그의 윤리·도덕에 관한 가르침을 살펴보기로 하자.

지식이나 지각(알아서 깨달음 또는 그런 능력)이 오직 또는 근본적으로 감각 경험으로부터만 유래한다고 주장하는 이론을 경험론(Empiricism)이라고 부른다. 따라서 경험론은 지식의 시작과 형성에서 경험과 증거의 역할을 강조한다. 경험론자인 흄 또한 로크처럼 지식 또는 지각의 모든 내용을 경험으로부터 이끌어낸다. 흄은 인간의 지각을 인상(Impression)과 관념(Idea)로 나누고, 감각처럼 경험의 직접적인 자료를 인상이라 하고, 이러한 인상들을 모사하고 있거나 인상들의 (희미한) 잔상들을 관념이라고 한다.

따라서 경험에 의한 직접적인 인상이 없다면 그에 관한 관념이란 형성될 수 없고, 이 점에서 관념은 일종의 심상(Image, 감각에 의하여 획득한 현상이 마음속에서 재생된 것)이다. 그렇기 때문에 인상과 관념의 차이는 곧 경험의 '강렬함'과 '생생함'에 있다. 그러므로 사고·정신 작용이 아무리 적극적이고 활발할지라도, 그것은 둔한 감각보다는 약하다. 왜냐하면 논리적으로 감각에 의한 인상이 관념에 앞서며, 관념이란 인상에 의한 심상의 성격을 띠기 때문이다. 어떤 아이도 태어날 때부터 '귀여운 강아지'에 대한 관념을 갖고 있지 않으며, 단지 '귀여운 강아지'에 대한 (강렬하고 선명한) 감각 인상의 희미한 잔상으로서 관념을 지닐 뿐이다. 결론적으로 인상은 관념에 선행하며, 동시에 인상과 관념은 서로 상응하는 것처럼 보인다. 그리고 이에 기초해 단순한 관념들은 관념들끼리의 연합(결합), 또는 서로 비슷한 경험들이 반복적으로 만들어낸 관념들끼리의 연결을 통해 더욱 복잡한 관념으로 나아간다.

하지만 반복적인 경험과 습관이 구체적인 관념(지식)을 형성한다고 해서 그것을 원인과 결과의 법칙(인과율)으로 해석할 수 있을까? 흄은 그렇지 않다고 주장한다. 같은 피아노 건반을 습관적으로 누른다고 해서 항상 같은 음이 나오는 것을 보장하지는 않는다. 왜냐하면 고장이 났거나 조율이 잘못되어 틀린 음을 낼 수 있기 때문이다. 또 다른 경우로 당구공을 치는 상황을 생각해보자. 흰색 당구공을 쳐서 빨간색 공을 맞췄다고 해서 항상 경험했던 대로 같은 방향으로 간다는 것을 보장할 수는 없다. 당구대의 관리 상태와 치는 사람의 기술과 방법에 따라 달라질 수 있기 때문이다.

이 때문에 흄은 과거의 습관적이고 규칙적인 경험에 기초해 미래에도 같은 결과가 일어날 것이라고 똑같이 가정할 수 없다고 주장한다. 즉 과거의 경험에 의한 귀납추리를 통해 미래의 확실성을 보증할 수 없으며, 그것은 단지 지금까지의 일반적인 습관(경험)에 의하면 그랬다는 뜻이다. 이것은 경험론의 귀납적 추론이 지닌 한계를 드러내는 것이기도 하고, 흄의 경험론이 회의주의적 성격을 띤다는 평가를 받게 되는 이유이기도 하다.

우리가 경험한 적이 없는 예들은 우리가 경험했던 예들과 틀림없이 유사하며, 자연의 진행은 항상 한결같은 모양으로 동일하게 지속된다. (중략) (따라서) 미래는 과거와 유사하다는 가정은 어떤 종류의 논증들에 기초한 것이 아니라 전적으로 습관에서 유래한다. 이 습관에 의해 우리는 미래에도 우리가 익숙해 있는 대상들이 동일한 순서로 진행되리라고 기대하게 된다. (중략) (그러나) 습관(경험)이 산출하는 하나의 대상으로부터 언제나 그것에 수반되는 (필연적인) 것으로 넘어가려는 경향이 있을 뿐이다. 88)

이성은 감정의 노예이고, 이성의 임무는 오직 감정에 봉사하고 복종하는 것이다

도덕(성)의 개념을 인간이 아닌 동물과 식물, 그리고 사물에 대해서는 적용할 수 없다. 왜냐하면 동·식물(또는 사물)들이 하는 어떤 행동과 인간이 하는 어떤 행동이 겉으로 볼 때는 동일한 관계를 이루고 있지만, 그렇다고 우리가 같은 두 행동에 대해 같은 종류의 정서(감정)적 반응을 표현하지는 않기 때문이다. 만약에 '동일한 관계(관계의 동일성만을 비교하는 것)'에만 초점을 맞추고, 이에 따라 추론되는 결과가 곧 도덕적 판단의 기준이 된다고 주장한다면, 이것은 어느 한 쪽에는 적용되지만, 다른 한 쪽에는 적용될 수 없는 근본 성질을 고려하지 않은 채

---

88) F. 코플스톤 지음, 이재영 옮김, 『영국 경험론』, 서울 : 서광사, 1991. 370. 371. 273쪽.

단지 겉으로 드러난 관계에만 의존해 추론함으로써 둘 사이에 같은 판단을 내리는 오류를 범할 수 있게 된다(범주의 오류).

　예를 들어 어떤 동물의 새끼가 자라서 자신의 어미와 근친상간을 하고, 그것도 부족해 자기 어미(부모)를 죽이는 행동을 할 경우, 그런가 하면 숲속에서 다 자란 나무(부모)로부터 떨어진 씨앗(자식)이 성장해 부모 나무의 성장을 방해해 말라죽게 만드는 행동을 할 경우를 생각해보자. 이 두 경우는 모두 그 일반적인 형식 관계만을 놓고 본다면 자식이 부모를 죽인 행위(인간에게는 살인 행위)라는 점에서 동일하다. 하지만 이 경우 동물과 나무의 행위는 우리에게 '부인(거부)'이나 '불쾌'의 감정을 일으키지 않지만, 인간의 행위는 우리에게 끔찍한 '부인'이나 '불쾌(혐오)'의 감정을 일으킨다. 또 식물의 그와 같은 행위는 생태적 관점에서 바라볼 때 오히려 자연스런 질서라고 말하지만, 인간의 행위에 대해서는 '패륜'이나 '부인', '불쾌(혐오)'의 감정을 겪게 한다.

　이렇게 볼 때, 단지 이성에 의한 논리적 추론이나 형식 논증을 통해서는 도덕성을 설명하기 어려우며, 그렇기 때문에 흄은 이성을 도덕성의 기준으로 삼는 것이 적절하지 못하다고 주장한다. 반면, 감정(정념)은 우리 마음속에서 '거부'와 '부인'의 느낌을 드러냄으로써 그것이 나쁜(악한) 행위라는 것을 표현한다. 그러므로 근친상간이나 살인 행위가 나쁘다거나 악하다고 주장할 수 있는 근거가 이성을 통한 심사숙고, 아니면 합리적 추론이나 형식적인 논증적인 방식만을 동원하여 내리게 되는 결론에 있다고 주장하기는 어렵다.

　　이성은 사실에 관해서나 관계들에 관해서 판단을 한다. (중략) 인간 오성(이성)의 작용은 관념들을 비교하고 사실의 문제를 추론하는 두 종류로 나뉘기 때문에 (중략) (그것에는) 덕(德)을 발견할 수 있는 (도덕과 관련된) 제3의 작용은 존재하지 않는다. 89)

또 어떤 대상 속에 '악' 그 자체, 즉 악이라는 실체가 존재한다고 할 수도 없다. 오히려 우리는 "가슴속으로 반성하고, 그와 같은 행위에 대해 우리 내부의 마음속에서 일어나는 거부와 부인의 느낌(감정)을 발견할 때까지는 그것이 나쁘다는 것을 발견하지 못한다. 그러므로 도덕성은 이성의 문제가 아니라 감정의 문제이다. 또 악이란 대상 그 자체(예를 들면 죽음 그 자체) 속에 있는 것이 아니라 우리 자신의 마음속에 있는 것이다."90) 이 모든 것을 종합하면, 인간의 행위를 두고 나쁘다거나 악하다고 판단 또는 말하는 것은 그 행위의 '도덕성' 또는 '도덕적 평가(판단)'와 관련된 것이기 때문에 도덕의 문제는 합리주의자들의 주장처럼 이성에 의한 추론 문제가 아니라 감정(정념, 정서)의 문제로 설명되어야 한다는 것이 흄의 결론이다.

그러므로 도덕은 행위와 정서(Affections)에 영향을 미치기 때문에, 이성에서 비롯될 수 없다는 것으로 귀결된다. 그것은 (지금까지 설명했듯이) 이성만으로는 결코 그와 같은 영향을 미칠 수 없기 때문이기도 하다. 도덕은 정념(감정)을 자극하고, 행위를 일으키거나

---

89)   위의 책, 431쪽.
90)   새뮤얼 이녹 스텀프 지음, 이광래 옮김, 『소크라테스에서 포스트모더니즘까지』, 서울 : 열린책들, 2005, 422쪽.

막기도 한다. 그렇기 때문에 이성 혼자서는 완전히 무기력하다. (이 모든 것을 종합할 때) 도덕 규칙들은 이성의 결론이라고 할 수 없다. 91)

또 철학은 사변적인 것과 실천적인 것으로 나누어 생각할 수 있는데, 도덕은 언제나 실천적인 문제와 관련된다. 이처럼 도덕은 우리의 정념과 행위에 영향을 주기 때문에 오성(이성)의 고요하고 영향력이 없는 판단들을 언제나 넘어선다. 92)

하지만 흄이 이성에 제약을 가하고, 또 행동을 일으키는 근원적 요인으로 감정(정념)을 주장했다고 해서 이성의 역할을 도덕과 관련해 완전히 부정하거나 배제했다는 뜻은 아니다. 이에 대한 흄의 입장은 다음과 같다. "이성 혼자의 힘으로는 결코 어떤 행동을 하게 하거나, 그런 행동을 하게 할 의지의 작용을 일으킬 수 없기 때문에 나는 이성의 능력이 감정(정념)과 우위를 다툴 수 없다고 추론하고, 또한 결론 내린다." 즉 이성은 의지의 방향을 결정할 때 결코 감정과 대립할 수 없다. 이런 의미에서 "이성은 정념(감정)의 노예이고, 또는 노예여야 한다. 그리고 이성은 정념들에 봉사하고 복종하는 것 이외의 다른 어떤 임무를 주장해서는 안 된다."93)

흄은 이성에 의한 인식이 의지적 행위의 동기가 된다는 합리주의자

---

91)   최희봉 지음, 『흄』, 서울 : 이룸, 2004. 100쪽 재인용.
92)   최희봉 지음, 위의 책, 101쪽 재인용.
93)   F. 코플스톤, 위의 책, 428쪽.

들과 달리, 이성이 도덕·규범의 근거를 밝히는 데 일정한 역할을 할 수 있을지는 모르지만, 의지적 행동의 동기는 되지 못한다고 보았다. 하지만 흄이 "이성은 정념의 노예이고 그 역할은 정념에 봉사하는 것"이라고 했을 때, 이것은 이성이 도덕적 실천(행위)과 관련해 어떤 역할도 하지 못한다는 의미가 아니다. 이것은 이성 혼자서는 행위 또는 의지의 동기가 되지 못하며, 그리고 이성은 정념을 지배할 수 없지만, 그렇다고 정념에 대해 적대적인 것도 아니라는 의미이다.

따라서 흄의 이런 주장에는 이성의 역할이 행위나 의지의 방향을 제시하고, 어떤 행위를 직접적으로 이끌어내는 근원이 되는 정념(감정)을 위해 봉사하고 보조한다는 뜻으로 해석된다. 정리하면, 이성은 정념이나 욕구가 충족하고자 하는 것에 대해 정보와 방법을 알려주고, 또 고통과 불쾌를 피할 수 있는 방법과 정보를 제공해준다. 즉 이성은 우리의 감정에 봉사하고, 감정을 지지하는 역할을 한다.

그럼에도 우리가 이성을 정념에 대한 지배로 착각하는 이유는 어떤 정념들의 경우 "평온하여 영혼 안에 어떤 무질서도 일으키지 않기 때문에 손쉽게 이성의 결정으로 여겨지는 것이다. 예를 들어 우리의 본성 안에 있는 본래부터 들어 있는 본능과 같은 것들, 즉 자비심이나 분노, 삶에 대한 애착, 어린아이에 대한 친절한 태도, 그리고 선(善)에 대한 일반적인 애정과 악(惡)에 대한 혐오 등이 그런 것이다."[94] 이렇게 볼 때, 도덕 판단이란 관념이 아니라 인상과 관련되며, 판단이 아니라 (시인의) 느낌과 관련된다.

94) 앤서니 케니 지음, 김성호 옮김, 『근대 철학』, 서울 : 서광사, 2014. 39쪽.

이성의 역할은 정념의 적절한 대상이 되는 것을 우리에게 알려주고, 인과관계를 밝혀 정념을 실행할 수 있는 수단을 우리에게 제공해준다. (중략) (그러므로) 이성은 인간의 행위가 의도하는 어떤 궁극적인 목적도 설명할 수 없으며, 그 궁극적인 목적은 지성의 능력에 전혀 의존하지 않는 정념 또는 감정에 전적으로 의존한다는 점은 명백해 보인다.95)

흄은 누군가에게 "왜 운동을 하는가?"라고 물어보면, 그는 "자신의 건강을 유지하기 위해서"라고 대답할 것이라 말한다. 계속해서 "왜 건강을 유지하려고 하는가?"라는 질문을 받으면, 그는 "질병으로 아픔을 겪지 않기 위해서(고통을 겪지 않기 위해서)"라고 대답할 것이라 말한다. 또 "왜 고통을 겪지 않으려고 하는가?"라고 물으면, 그는 어떤 설명이나 이유도 제시하지 않을 것이라고 흄은 말한다. 왜냐하면 이것이 궁극적인 목적이고, 이것은 다른 어떤 대상에게 있는 것이 아니고 우리의 내적 감정에 있기 때문이라는 것이다. 즉 이것 자체가 인간의 자연적 정서 또는 감정과 일치(조화)하기 때문이다. 따라서 이성은 감정의 궁극적인 목적(목표)을 파악할 수 없고, 정념의 봉사자로서의 역할을 수행한다. 그리고 정념은 오직 더욱 강한 다른 정념에 의해서만 극복된다.96)

---

95)   박경일, 「흄의 공감론에 대한 연구」, 서울대학교 석사학위논문. 2014. 26~27쪽 재인용.

96)   앤서니 케니 지음. 위의 책, 393쪽.

이성과 감정은 거의 모든 도덕적 결정과 결론들에서 동시에 발생한다. 예를 들어 어떤 성격과 행위에 대해 호감을 갖거나 혐오스러워하는 것, 칭찬하거나 비난하는 것, 승인(시인)하거나 부인하는 것처럼, 이 모든 것들에 대한 최종적인 판단은 자연이 우리 인류에게 보편적으로 부여한 어떤 내적인 감각이나 감정(느낌)에 의존하는 것 같다. 어떻게 다른 무엇이 영향력을 행사할 수 있겠는가? 하지만 우리는 그러한 감정을 수월하게 하고, 그 대상을 올바르게 식별하기 위해 다음과 같은 것이 필요하다는 것도 안다. 그것은 많은 추론과 정당한 결론들, 비교와 복잡한 검토 등이다.97)

이로써 흄의 사상에서 이성은 도덕성의 판단 기준이 될 수 없고, 정념의 목적에 충실하게 봉사하는 보조적 지위에 머무르며, 이성만으로는 어떤 행위도 이끌어낼 수 없다는 점이 명확해졌다. 또 도덕 판단은 이성이 아니라 느낌 또는 감정(정념)에서 비롯된다는 것도 명확해졌다. 흄의 주장처럼, "그러므로 도덕성은 판단되는 것이라기보다 느껴진다고 하는 것이 더욱 적절하다." 그것은 '시인(쾌감)과 부인(비난, 불쾌감, 혐오)의 느낌'이다.

97)　F. 코플스톤 지음, 위의 책, 43~431쪽.

공감은 다른 사람이 느낀 쾌감/불쾌감을 우리에게도 동일하게 느끼게 해주어 우리를 자신만의 세계에서 벗어나게 해주는 원리이다

경험론자인 흄의 주장대로 선과 악, 덕(도덕)과 악덕의 문제가 시인과 부인의 정서로 규정되는 것이라면, 그리고 직접적인 경험에 의한 인상(Impression)이 관념(지식)에 선행하는 것이라면, 그의 도덕 철학은 감정 또는 정념을 중심으로 이해해야 한다는 의미가 된다. 그런데 그의 표현처럼, "도덕은 우리의 행동이나 정서에 영향을 미치기" 때문에 우리의 느낌, 즉 어떤 행위에 대한 시인과 부인의 정서는 인간이 아닌 것들이 주는 감정, 예를 들어 앞에서 보았던 어린 묘목의 사례, 경쾌한 음악을 들을 때나 잘 숙성된 술을 마셨을 때 일어나는 그런 감정과는 다른 성질의 것이어야 한다.

뿐만 아니라 흄이 말하는 감정이 하나의 도덕 이론으로 받아들여지기 위해서는 보편적 성격을 띠어야 하기 때문에 단지 주관적인 이해관계를 반영하는 감정이어서는 안 된다. 오히려 주관적 이해관계와 상관없이 인간으로서의 인격적 특성을 반영함으로써 보편성을 띠어야 한다. 이러한 이유들 때문에 무엇보다, 흄에게 '공감'은 그것이 아무리 약하더라도 우리들 서로 간에 도덕적 판단을 일치하게 하는 공통된 기반을 형성한다.

흄은 감정(정념, 정서)을 도덕적 정서, 즉 보편성을 드러내는 윤리 이론으로 확립하기 위해 이를 '공감(Sympathy)'으로 발전시킨다. 흄은 공감이 도덕적 정서와 도덕성의 기준이 되는 근거를 거울에 비유해 설명한다. 즉 거울이 대상을 있는 그대로 반영하듯이 우리들 서로가 공유하고 있는 감정은 서로를 반영하고 비춰주는 거울의 역할을 한다는 뜻이다. 그리고 서로의 감정은 자신의 경험을 통해 얼마나 강렬하고, 얼마나 선명한 인상으로 남아있는가에 따라서 다른 사람의 행동에 대해 거울에 반영된 모습처럼 비례하여 유사한 정서적 반응을 일으킨다. 흄에 따르면, 이것이 '공감'이라는 도덕 감정이 우리들 서로에 대해 작동하는 방식이다. 다시 말해 공감을 통해 우리는 다른 사람의 감정을 함께 경험하는 것이다.

> 우리는 공감만이 사회를 향해 확장된 관심이란 것을 알게 된다.
> 결론적으로 공감은 다른 사람이 느낀 쾌감/불쾌감을 우리에게도
> 동일하게 느끼게 해주어 우리를 자신만의 세계에서 벗어나게 해
> 주는 원리이다. 이것은 마치 타인의 쾌감/불쾌감이 우리 자신에
> 게 이익과 손해를 가져다주는 것처럼 받아들이게 만드는 경향성
> 과 같다. 98)

이처럼 "자연은 모든 인간들 사이에 매우 그럴듯한 유사성을 (우리들 각자에게) 보존시켜왔기 때문에 우리 자신에게서 발견하기 어려운 정념이나 원리는 다른 사람을 통해서도 발견하기 어렵다."99) 그리고 이러한 유사성에는 혈연관계, 한 국가를 이루는 구성원으로서 갖는 공통성, 같은 언어를 사용하는가에 의해서도 영향을 받을 수도 있다. 이 모

---

98) 박경일, 위의 논문, 43쪽 재인용.
99) F. 코플스톤, 위의 책, 424쪽.

든 관계들이 결합함으로써 우리는 자신의 인상이나 의식을 다른 사람의 감정이나 정념에 전할 수 있으며, 이를 통해 더욱 강렬하고 선명하게 느낄 수도 있는 것이다.

이처럼 흄에게 공감은 우리의 감정을 다른 사람과 함께 하게 함으로써 윤리적 존재로서 우리를 발견하게 해줄 뿐만 아니라 도덕의 기초가 된다. 이제 자연적 경향성으로서 우리가 갖고 있는 공감, 인류애(Humanity) 또는 동료의식(Fellow-Feeling)의 감정은 우리 인류가 함께 갖고 있는 감정으로 도덕의 유일한 기초가 되는 감정이다. 달리 표현하면, 칭찬(시인) 또는 비난(거부)의 유일한 기준이 된다.100) 그리고 오직 공감을 통해서만 우리는 주관적인 이익과는 아무런 상관도 없는 사회적 선이나 우리 동료들에게 좋은 것(선)이 우리를 기쁘게 한다는 것을 경험한다.

> (자비심과 온화한 감정들, 예를 들어) 사교성 있고, 본성이 선하며, 인간적이고, 인정 많고, 매사에 감사하고, 친절하고, 관대하고, 자선의 마음으로 가득한 등과 같은 형용사로 표현되는 언어들은 인간의 본성이 도달할 수 있는 최고의 장점을 보편적으로 표현한 것으로 인정된다. (중략) 이러한 사회적 덕들, 즉 다른 사람들에 대한 부드러운 동정심, 그리고 우리가 속한 종족(인류)에 대한 폭넓은 관심은 (중략) 우리 사회에 행복과 만족감을 산출한다.101)

---

100)   박경일, 위의 논문, 44쪽 재인용.
101)   F. 코플스톤 지음, 위의 책, 436쪽: 로버트 L. 애링턴, 『서양윤리학사』, 서울 : 서광사, 2003. 384쪽.

그러므로 이와 같이 사회적 효용(유용성, 이익)을 산출하는 덕들은 인간 본성의 한층 기본적인 특성, 즉 공감으로부터 비롯되며, 그렇기 때문에 칭찬과 시인의 보편적 근원이 되고, 한 사회에 대해서는 공적인 행복(효용)을 산출하는 성향을 지니며, 인류에 대해서는 전체의 이익을 증진하는 성향을 지닌다고 할 수 있다. 이러한 이유 때문에 흄은 공감(Sympathy, 동정심)의 정서를 모든 성격들 중에서도 가장 훌륭한 것이라 부른다. 그리고 그는 이러한 믿음에 기초해 '행위자 자신의 행복'에 초점을 맞추는 전통적인 행복주의를 거부하며, "공적인 (사회적) 효용이 정의의 유일한 원천(기초)"102)이라고 주장하기에 이른다.

효용(유용성)은 동의할 수 있는 것이고, 우리의 시인을 얻는다. 하지만 무엇을 위한 유용성인가? 물론, 누군가의 이익을 위한 것이다. 그렇다면 누구의 이익인가? 우리 자신만을 위한 것은 아닐 것이다. 왜냐하면 우리의 시인(Social Approbation)은 자주 더 멀리 확장되기 때문이다. 그러므로 그것은 시인되는 인격이나 행위로 도움을 받는 사람들의 이익임이 틀림없다. 우리는 이것들이 멀리 있어도 결코 우리와 무관하지 않다고 결론을 내릴 수 있다. 이 원리를 밝힘으로써 도덕적 판단의 위대한 근원을 발견하게 된다. (중략) (따라서) 우리는 자기애의 원리에 따라 모든 도덕 감정을 설명하려는 이론을 포기해야 한다. (중략) 유용성은 특정한 목적을 향한 하나의 성향일 뿐이며, (중략) 그것은 도덕 감정의 근원(이기 때문에)

---

102)　위의 책, 439쪽.

결론적으로 사회의 행복에 기여하는 모든 것은 그 자체가 곧바로

우리의 시인과 호의를 얻는다고 말할 수 있다. 103)

흄의 도덕 이론은 감정, 특히 공감이라는 도덕 감정을 통해 감정 표현의 불확실성과 비일관성의 문제를 극복하고, 일관성을 지닌 도덕 이론으로 나아가려고 한다. 또 도덕을 칸트나 종교적 의무론처럼 추상적인 원칙이나 의무에 호소하지 않고, 현실적이고 경험적인 삶의 현장에서 일어나는 공통된 감정을 기반으로 파악하고자 한다. 이것은 이전의 합리주의나 칸트, 종교적 금욕주의가 기초하고 있는 도덕 이론들에 비해 흄의 도덕 이론이 지닌 매우 훌륭한 장점이다. 왜냐하면 도덕을 인간과 인간 사이의 솔직하고 자연적인 경향성으로서 감정의 교류와 소통, 즉 공감에 기초하여 이해하고 있기 때문이다.

결론적으로 도덕에 관한 흄의 입장을 요약하면 다음과 같다. 도덕이란 단어에는 모든 인간에게 공통된 감정이 함축되어 있으며, 이것은 일반적인 시인과 사람들 사이의 합의를 함의하고 있다. 따라서 도덕이란 보편적인 인간의 감정과 관련 깊고, 이로부터 나온 행동은 사회적 효용에 비추어 칭찬과 비난의 대상이 되는 것이다.

하지만 여전히 극복되지 않은 문제가 한계로 남아 있다. 그것은 감정의 상호 교류로서 공감이 보편적 도덕 개념으로 채택될 수 있는가의 문제이다. 예를 들어 이해관계가 상충하는 정치적 쟁점(예를 들어 보편적 복지와 선별적 복지, 지역 또는 성차별, 동성애와 낙태, 정규직과 비정규직

---

103)   위의 책, 437~438쪽.

의 차별)의 경우 같은 정치 공동체(국가) 내에서도 공감은 집단적 이해에 따라 서로 상이하게 드러난다. 그런가 하면 국가와 국가 간, 종교와 종교 간, 그리고 전통과 관습이 서로 다른 인종(집단) 간에 나타나는 공감의 차이는 흄의 주장처럼 공감이 보편적 '인류애'나 '자비심'으로 표현되는 데 매우 취약한 것으로 밝혀지고 있다. 이것은 도덕(성)을 감정과 공감, 즉 시인과 부인, 승인과 거부, 칭찬과 비난, 쾌감과 불쾌감의 문제로 환원하기 어렵다는 의미이기도 하다. 그것이 아무리 사회적 효용(유용성)을 실현하는 것과 연결된다고 하더라도.

한편, 도덕에 관한 흄의 관점, 즉 인간의 자연적 경향성으로서 공감이나 감정이 우리의 행동과 도덕성을 판단하고 지배하는 원리가 되어서는 안 된다고 주장하는 대표적인 인물은 칸트이다. 이에 대한 그의 입장은 명확하다.

> 경험적 요소가 도덕의 원리에 영향을 줄 수 있는가에 대해 말한다면, 그것은 매우 무능력할 뿐만 아니라 도덕의 순수함에 오히려 해가 된다. 절대적으로 선한 의지의 가치는 바로 여기에 있다. 그것은 모든 행위의 원리는 오직 경험만이 제공한다는 주장으로부터 자유롭다. 경험적 동기와 법칙을 가지고 도덕의 원리를 찾으려 하는 시도는 나태하고, 심지어 천박하기까지 하다. 이러한 방식과 습관에 대해 우리가 아무리 많은 경고를 하더라도 그것은 지나치지 않다.104)

---

104) 루이스 포이만·제임스 피저 지음, 박찬구·류지한 외 옮김, 『윤리학』, 서울 : 울력, 2010. 239쪽.

지금까지 검토했던 것처럼, 흄은 '존재'와 '당위'를 서로 다른 문제로 구분 지으면서 도덕 판단이나 평가는 수학이나 논리학 같은 형식 논리, 즉 추론이나 논증만으로 설명될 수 없다고 주장한다. 그리고 이에 기초해 자식(어린 묘목)이 부모(다 자란 나무)를 죽인 경우처럼, 단지 '관계'만을 따지는 형식 논리에 기초해 '합리적 추론(논증)'을 하고, 이것을 선/악을 판단하는 기준으로 삼아서는 안 된다고 주장한다. 그 대신 '느낀다.', 즉 공통의 시인과 부인이라는 정서적 반응을 도덕 판단의 기준으로 삼아야 한다고 주장한다. 도덕 판단이 합리적 이성이 아니라 감정의 표현이라는 그의 새로운 도덕적 관점은 오늘날 '정의주의(Emotivism)'라 부른다.

우리 사회는 전통적으로 어떤 사회보다 '감정적 연대(유대)'에 충실했던 사회이지만, 신자유주의와 좌·우(진보·보수) 이념 싸움, 갑·을 관계와 지역 차별, 세대 간 복지 논쟁, 그리고 최근 세월호 사건을 겪으면서 이 '감정 연대'가 급격하게 무너져 내리고 있다. 여기에 대중 매체의 생방송에 의한 서로 상반되는 내용의 의도적인 감정적 인터뷰와 보도 태도는 '공감의 진정성'을 형성하고 강화하는 데 오히려 심각한 장애 요인이 되고 있다. 감정과 공감이 정치와 문화 산업의 소비재로 전락해버린 지금, 우리 사회는 역설적으로 흄의 공감 윤리의 회복을 더욱 긴급하고 절실하게 요청하고 있다.

Chapter

11

이 세상은 물론, 이 세상 밖에서라도 아무런 제약 없이 선하다고 생각될 수 있는 것은 오직 선의지뿐이다

_칸트

° 자신의 이성을 스스로 사용함을 배우라
° 너의 행위의 준칙이 너의 의지에 의해 보편적인 법칙이 되어야 할 것처럼 그렇게 행위하라
° 자신은 물론, 모든 사람의 인격 안의 인간성 또한 언제나 동시에 목적으로 사용하도록 그렇게 행동하라

지금 ─────────────────────────────────

[사례1] 대구의 한 버스 정류장 앞에 있는 횡단보도 신호등이 바뀌자 김 씨 (27세)는 횡단보도 가운데에 서서 5만 원짜리 지폐 160여장을 공중에 뿌렸다(2014.12.29.). 도로는 지폐를 주우려는 사람들로 순식간에 아수라장이 되었고, 5분 후 경찰이 출동해 김 씨를 잡았지만, 돈은 모두 사라지고 없었다. 조사 결과 김 씨는 약 4개월 전부터 정신 이상 증세를 보여 정신과 치료를 받아온 것으로 알려졌다. 그는 "돈 때문에 남들이 자신을 죽일 것 같아 거리에서 돈을 뿌렸다."라고 진술했는데, 사실 그 돈은 할아버지께서 평생 고물 수집상을 하면서 모은 것으로 정신 이상 증세를 보이고 있는 손자인 자신을 위해 물려주기 위한 돈이었다고 한다. 한 달이 지난 29일까지 280만 원이 회수되었고, 같은 날 한 남성이 아무런 조건 없이 500만 원을 기부함으로써 이 사건은 마무리되었다.

[사례2] 모두를 속인 무늬만 벤처기업인 모뉴엘의 사기행각이 만천하에 드러났다. 위장수출로 금융권에서 최근 6년 동안 받은 사기대출 규모가 무려 3조2,000억 원에 이른다. 모뉴엘은 수출실적과 매출이익을 뻥튀기하고 이를 속이기 위해 또 다른 위장을 하는 수법을 사용했다. 박홍석 회장 등 모뉴엘 주요 경영진은 은행들로부터 사기대출을 받기 위해 불과 8,000원~2만 원밖에 하지 않는 홈시어터PC의 수출가격을 무려 120배를 뻥튀기한 2,350달러(한화 250만 원 상당)의 제품인 것처럼 고가로 조작했다. 이를 홍콩에서 실제 물건의 거래가 없음에도 허위로 수출입 거래가 발생한 것처럼 속여 약 3조 2,000억 원 상당의 허위실적을 만들어 낸 것이다.

-〈헤럴드경제〉, 2014. 10. 31.-

주제어

자신의 이성을 스스로 사용함을 배우라

칸트의 윤리 사상은 오직 인간에게만 고유한 '이성'을 어떻게 사용하는 것이 인간 자신의 존엄과 가치를 가장 잘 실현하는 것인가에 집중하고 있다. 1724~1804년이라는 그의 생존 시기에서 알 수 있듯이, 그가 활동했던 때는 근대 계몽주의가 가장 활발하게 전개되었던 시기이며, 누구보다 칸트 스스로 자신이 이런 시대의 중심에 서 있었음을 명확하게 자각하고 있었다. 계몽주의 시대에 이성은 이전 신(神)의 자리를 대신했으며, 따라서 모든 것은 이성의 법정에 세워져 이성의 심판을 받아야 했다. 물론, 도덕이라고 예외일 수는 없었다.

왜냐하면 "이성은 오직 자신의 자유롭고 공명정대한 비판과 검토를 견디어낸 것에 대해서만 순수한 존경을 승인하기"105) 때문이다. 칸트 자신이 학생들에게 그토록 "철학을 배우지 말고, 철학함을 배우라."고 강조했을 때에도, 이것은 이성이 지닌 힘을 통해 스스로 생각하고, 이성이라는 자신의 발로 스스로 일어서라는 의미였다. 즉 "자신의 이성

---

105) 임마누엘 칸트 지음, 백종현 옮김, 『실천이성비판』, 서울 : 아카넷, 2014.

을 스스로 사용할 줄 아는 것을 배우라."는 뜻이었다. 이 점에서 그의 철학은 '비판 철학'이며, 또한 이성의 자기비판 또는 '자기 부정'을 통한 발전이라는 계몽주의 정신과도 일치한다.

우리가 이제 검토할 칸트의 도덕 철학, 즉 "나는 무엇을 행해야만 하는가?"의 문제 또한 이성과의 관계 속에서 규명될 때에만 그 의미를 지닌다. 칸트가 『도덕 형이상학을 위한 기초 놓기』에서 자신의 도덕 철학으로 제시하고 있는 근본 명제들, 예를 들어 '무조건 선인 것은 선의지뿐'이고, "모든 인간은 목적 자체이며, 타인에 의해 수단으로서만 사용되어서는 안 된다는 것, 자신의 인간성에 대한 존경은 타인의 인간성을 존경할 때 비로소 완성된다는 것, 도덕성이란 곧 자유이며, 스스로 도덕 법칙을 지키는 자율성이라는 것"106)은 모두 '이성적 존재로서 인간'을 전제로 할 때 더욱 명확하게 해명된다.

너의 행위의 준칙이 너의 의지에 의해 보편적인 법칙이 되어야 할 것처럼 그렇게 행위하라

이성은 칸트 도덕이 출발하는 지점이며, 이 이성을 기반으로 도덕성을 결정하는 '선의지' 개념이 성립한다. 그의 도덕 이론의 중심을 차지하고 있는 이성과 선의지 개념을 『도덕 형이상학을 위한 기초 놓기』 제1장의 첫 문장에 나오는 문장을 인용하는 것으로 시작해보자.

---

106) 임마누엘 칸트 지음, 이원봉 옮김, 『도덕 형이상학을 위한 기초 놓기』, 서울 : 책세상, 2002. 149쪽.

[주장] 이 세상 안에서나 또는 이 세상 밖에서나 아무런 제약 없이 선(善)이라고 할 수 있는 것은 오직 선의지뿐이다. 107)

[근거] 왜냐하면 선의지는 어떤 행위가 오직 옳다는 그 이유만으로 그 행위를 선택하는 의지이기 때문이다.

칸트는 인간으로 하여금 어떤 행동을 하도록 이끄는 힘에는 세 가지, 즉 '동물성', 생명체이자 이성적 존재자로서의 '인간성', 그리고 이성적이며 동시에 책임 능력을 지닌 존재자로서의 '인격성'이 있다108)고 보았다. 우선, '동물성'이란 '단지 기계적인 자기 사랑'의 기질이라 할 수 있는 것으로, 예를 들어 자신을 보존하려는 자기 사랑, 성적 충동을 통해 종족을 번식하려는 자식 보존의 자기 사랑, 다른 사람들과 함께 하려는 사회적 충동으로서 자기 사랑이 있다. 그런데 이런 동물성은 자연의 목적에서 벗어날 경우 폭력적이고 야만적인 모습으로 나타나게 된다.

다음으로 '인간성'이란 계산적 이성이 지배적인 힘을 행사는 자기 사랑의 기질이다. 예를 들어 다른 사람과의 비교를 통해 행복과 불행을 가늠하는 것이나, 평등성에 기초해 다른 사람의 우월성은 인정하지 않으면서도 자신은 다른 사람들보다 우위에 있고자 하는 경향성이다.

마지막으로 '인격성'은 '도덕 법칙에 대한 존경', 그리고 이를 수용할 수 있는 능력과 관련된 의지의 자유를 말한다. 인격성이란 "자연의 기계성으로부터의 독립"을 의미하는 것으로, "자기 자신의 이성에 의해

---

107) 위의 책, 27쪽.
108) 백종현 지음, 위의 책, 359쪽.

주어진 순수한 실천 법칙들에 복종하고 있는 존재자의 능력"109)을 말한다. 즉 감성적 · 자연적 세계의 일부이기도 한 인간으로 하여금 자기 스스로 이러한 한계를 넘어서게 해주고, 모든 이성적인 행위자에게 보편적으로 적용될 수 있는 원칙에 따라 행위하라는 것이다.

따라서 모든 이성적 행위자는 이 원칙(즉 도덕 법칙)을 자신이 따라야 할 '의무'로서 받아들이며, 그렇기 때문에 이 원칙은 이성에게 존경의 대상이 된다. 즉 도덕적 행위의 원천이 된다. 정리하면, 이성적 존재는 스스로가 이성적인 한, 자연적 욕구와 경향성을 초월하여 오직 이성에 의한 보편적 실천 법칙, 즉 도덕 법칙을 자신이 실천으로 옮겨야 할 절대적 기준으로 삼으며, 이 점에서 이성적 존재로서 인간은 '의지의 자유'를 지닌다. 즉 '자율적 존재'이다. 인간은 이성적 존재인 한, 스스로 의지의 자유이기 때문에 '도덕 법칙에 대한 존경'을 실천적 의무로서 인식한다. 인간은 필연적 · 기계적 원리에 의한 자연적 사물과 달리 이성적 존재로서 스스로 법칙을 표상[지각을 통해 의식에 나타나는 외적 대상의 상(像) 또는 본(本)으로 직관적인 것]할 수 있는 능력을 지녔기 때문이다. 인간의 이러한 능력으로부터 첫 번째 도덕 법칙(즉 정언명령)이 도출된다.

> 너의 행위의 준칙(주관적인 행동 규칙 또는 기준)이 너의 의지에 의해
> 보편적인 법칙이 되어야 할 것처럼 그렇게 행위하라. (중략) 또는
> 준칙을 통해서 네가 그것을 동시에 보편적인 법칙으로 삼으려고
> 할 수 있는 그런 준칙에 따라서만 행위하라. 110)

---

109)   위의 책, 376쪽.
110)   이원봉 지음, 위의 책, 71, 72쪽.

결론적으로 이성적 존재인 인간의 의지가 자유롭다는 말은 어떤 자연적 경향성이나 감성적 충동·욕구의 영향을 받지 않는다는 뜻이며, 동시에 그렇기 때문에 오직 도덕 법칙(즉 보편적 법칙)만을 자신의 행위 기준으로 삼는다는 뜻이다. 즉 이성이 도덕 법칙만을 존경의 대상으로 삼는다는 뜻이다. 또 이것은 자신만을 위하는 이기적인 사랑(자기애)이나 자기만족은 도덕적 행위의 기준이 되지 못하며, 오직 도덕 법칙에 대한 순수한 존경에서 나오는 선의지만이 도덕적 행위로서 가치를 지닌다는 뜻이다. 그에게 선의지란 "우리의 모든 행위에 대해 도덕적 가치 평가를 할 때, 언제나 우선적으로 고려해야 할 것이고, 모든 가치의 조건이 되는 것"111)이다.

위의 도덕 법칙(정언명령)에서처럼 칸트는 우리가 하는 어떤 행위가 단지 개인적인 차원에만 그치기 때문에 보편화가 불가능한 것, 예를 들어 자연적 경향성이나 욕구인 경우에 대해서는 도덕적 의미를 부여하지 않았다. 칸트는 그 이유에 대해 '성품이 선한 사람'의 경우와 '정직한 상인'의 경우를 예로 든다.

먼저, 칸트에 의하면, 착한 사마리아인처럼 남의 어려움을 차마 보지 못하고 동정심과 자선을 베푸는 감성적·자연적 충동을 지닌 사람의 행위는 진정한 도덕적 가치를 지니지는 못하지만, 단지 명예롭거나 칭찬은 받을 수 있는 행동이다. 왜냐하면 이런 사람의 행동 기준은 '의무', 즉 이성에 의한 표상과 그에 따른 도덕 법칙에 대한 존경심이 아니라 자신의 정서적 성향 같은 자연적 경향성에 있기 때문이다. 하지만

---

111) 위의 책, 32쪽.

이러한 자연적 경향성에서 비롯된 행위는 자신의 사업 실패처럼 주변 환경의 변화나 자신의 심리적인 기분의 변화 등을 이유로 더 이상 남을 돕고 싶은 경향성이 사라지거나 약해지게 되면 행위의 동기로 작용할 수 없게 되기도 한다. 따라서 비록 자연적 경향성에서 나온 행동이 '의무에 맞는 행위'라고 할지라도, 그것이 도덕적 내용이나 의미를 충족하는 것은 아니다.

'의무에 맞는 행위'이지만, 도덕적 행위라고 보기 어려운 또 다른 경우로 자기 이익을 극대화하려는 정직한 상인의 행동을 들 수 있다. 어떤 상인이 자신의 가게를 찾는 모든 손님들(성인, 문맹인, 어린아이에 관계없이)에게 속임이나 거짓 없이 정직한 영업을 해 누구든지 믿고 찾는 소문난 가게가 되었다. 이로써 가게 주인은 자신의 신념, 즉 '영업 이익을 극대화하기 위해서는 정직이 최선'이라는 믿음을 더욱 확신하게 되었다. 칸트에 의하면, 정직한 이 상인의 행동 또한 '의무에 맞는' 행동이고 정직한 영업 활동이지만, 그렇다고 오직 '정직이 옳기 때문에 행위로 옮겨야 한다.'는 도덕적 의무와 법칙 때문에 그렇게 한 것은 아니기 때문에 도덕적 의미를 갖지 못한다. 왜냐하면 그 상인에게 그와 같은 행위의 동기가 된 것은 '영업 이익을 극대화하고자 한다면, 정직이 최선이다.'라고 하는 자신의 목적(이익)을 이루려는 직접적 경향성이기 때문이다.

> 할 수 있는 한 자선을 베푸는 것은 의무인데, 그에 더해서 동정심을 잘 느끼는 사람들도 있다. 그들은 허영심이나 자신의 이익이라는 다른 동기가 없이도 주위에 기쁨이 퍼져나가는 것을 내심 즐거워하며, 자기가 한 일로 다른 사람이 만족하는 것에 흥겨워할 수

있는 사람이다. 하지만 나는 그와 같은 행위가 아무리 의무에 맞고 또 아무리 사랑스럽다 해도 참된 도덕적 가치는 전혀 없으며, 오히려 다른 경향성과 짝을 이룬다고 주장한다. 그런 경향성이 높은 평가를 받을만한 것은 아니다. 왜냐하면 그 준칙에는 도덕적인 내용, 즉 경향성 때문이 아니라 '의무이기 때문에' 하는 행위가 빠져 있기 때문이다. 112)

지금까지 살펴본 것처럼, 칸트의 윤리 · 도덕에 관한 주장의 출발점은 인간이 갖고 있는 하나의 고유성으로서 이성이며, 이 이성을 통해 인간은 다른 모든 사물과 스스로를 구별 지으며, 감성계에 속하는 자신을 스스로 뛰어 넘는다. 즉 인간은 이성을 통해 자기 스스로를 바라볼 수 있는 법칙, 그리고 이 이성의 힘을 사용하는 법칙, 결국 자기 행위의 모든 근거가 되는 행위의 법칙을 인식한다. 113) 그것은 이성적 존재인 인간이 일차적으로는 감성계에 속하기 때문에 타율적이고 기계적인 자연법칙 아래에 있지만, 다른 한편 이성적 존재인 인간은 이러한 자연으로부터 독립해 경험이나 자연적 경향이 아닌 오직 이성에만 근거를 두는 법칙 아래에 있다는 것이다. 이 때문에 인간은 전적으로 자신의 의지, 즉 이성에 의해 자유의 이념 아래에 있다고 할 수밖에 없다.

그런데 이 자유의 이념은 '자율성'과 분리될 수 없는 개념이다. 왜냐하면 칸트에게 도덕성이란 이성적 존재의 선의지에 기초해 근거를 마

112) 심용만, 「쇼펜하우어의 도덕 철학에 대한 비판적 고찰」, 고려대학교, 박사학위논문, 2009, 11~12쪽 재인용.
113) 위의 논문, 123쪽.

련할 수 있고, 또한 도덕성의 원리가 되는 선의지는 이성적 존재의 '자기 인과성(자기 자신을 움직이게 하는 힘)'에서 시작하기 때문이다. 칸트는 '자유' 개념을 설명하기 위해 '의지'와 '자연 필연성' 개념을 도입한다.[114] 그에게 의지란 이성적 존재의 자기 원인성인 반면, 자연 필연성이란 외부의 조건이 원인이 되어 움직이도록 결정된다는 뜻으로 이성이 없는 존재들에게 적용된다.

따라서 의지는 자유를 전제하며, 또한 의지의 자유는 '자율'과 결합한다. 왜냐하면 "의지는 모든 행위에 있어 자기 자신에게 법칙(즉 자율)"이기 때문이다. 이 말은 또한 의지는 "자기 자신이 보편적 법칙의 대상"이 될 수 있는 준칙에 따라서만 행동을 한다는 뜻이다. 이것은 '정언 명령의 정식이자 도덕성의 원리'가 된다. 결론적으로 "자유는 모든 이성적 존재가 의지를 지닌다."[115]는 것을 전제로 성립한다. 즉 이성적 존재는 '자유의 이념 아래에서만' 행동하는 존재라는 뜻이다.

> 따라서 이성은 실천 이성으로서, 또는 이성적 존재자의 의지로서, 그 자신에 의해 자유롭다고 간주되어야만 한다. 다시 말해 이성적 존재자의 의지는 오직 자유의 이념 아래에서만 자신의 의지일 수 있고, 그러므로 그런 의지는 실천적 의도에서 모든 이성적 존재자들에게 부과되어야만 한다.[116]

---

114) 임마누엘 칸트 지음, 백종현 옮김, 『윤리 형이상학 정초』, 서울 : 아카넷, 2014.
115) 위의 책, 181쪽.
116) 위의 책, 183쪽.

이성적 존재가 갖고 있는 의지와 자유의 이념은 '모든 이성적 존재들에게 부과되어야 한다.'는 칸트의 이러한 주장으로부터 이제 검토할 두 번째 도덕 법칙, 즉 정언명령이 도출된다.

나아가 우리는 이성적인 존재가 자신은 물론, 다른 이성적인 모든 존재를 단순히 수단으로서만이 아니라 목적 그 자체로서 대해야 한다는 법칙의 지배 아래에 놓인 상황을 생각해볼 수 있다. 즉 사회적 차원에서 각각의 이성적 존재들이 체계적으로 결합하는 상황을 생각해볼 수 있다. 이것은 곧 하나의 '나라'를 의미하는데, 칸트는 이 이성적 존재들의 결합을 '목적의 나라'라고 부른다. 목적의 나라 안에서 각각의 이성적 존재는 보편적 법칙을 수립하는 입법자이면서, 동시에 그 법칙 자체에 복종한다. 즉 이성적 존재는 목적의 나라를 구성하는 통치자이면서, 동시에 구성원(시민)인 것이다. 그들은 자신들이 만든 바로 그 법칙의 지배를 스스로 받는다. 그리고 이로써 목적의 나라에서 각각의 이성적 존재는 인간으로서 존엄성을 갖는다.

> 이성적 존재는 자신을 자신의 의지의 자유에 의해 가능한 목적의 왕국에서 항상 법칙을 수립하는 존재로 간주해야 한다. (중략) 그러므로 오직 의지가 자기의 준칙에 의해 자신을 동시에 보편적 법칙의 수립자로 볼 수 있는, 그런 준칙 이외의 것을 따르는 행위를 하지 마라. 117)

---

117) 위의 책, 157쪽.

자신은 물론, 모든 사람의 인격 안의 인간성 또한 언제나 동시에 목적으로 사용하도록 그렇게 행동하라

인간은 스스로를 '이성을 사용하는 존재'로 인식하기 때문에 실천을 위한 인간의 의지에서 모든 자연적 욕망이나 경향성에 속하는 것들은 모두 배제되어야 한다. 그리고 오직 인간만이 이성적 존재로서 행위를 위한 도덕 법칙을 표상할 수 있는 능력을 지니며, 그렇기 때문에 이성이 표상한 보편적 도덕 법칙은 곧 인간이 "무엇을 해야 하는지를 스스로 의식하는 것(즉 의무를 의식하는 것)"이다. 뿐만 아니라 이것은 동시에 "무엇을 할 수 있다는 것"까지 함축하기 때문에 "의무는 곧 할 수 있음을 의미하는 것"이라고 해석할 수 있다. 물론, 이것은 인간이 이성적 존재이고, 의무를 의식하는 존재이며, 의지의 자유를 지닌 존재라는 점을 전제로 성립한다.

이로써 인간은 이성을 자기 원인으로 하는 존재, 즉 스스로 자유롭게 행동·실천할 수 있는 존재이다. 이 점에서 인간은 그 자체로서 존엄하며, 도덕 주체이며, '수단'이 아닌 '목적', 즉 인격이다. 이로부터 칸트의 두 번째 도덕 법칙이 성립한다.

> 너는 네 자신의 인격에서나 다른 모든 사람의 인격에서 인간(성)을
> 항상 동시에 목적으로 대우하고, 결코 한낱 수단으로 대하지 않도
> 록, 그렇게 행동하라. 118)

---

118) 위의 책, 148쪽.

칸트가 이성적 존재는 마땅히 자신은 물론, "자신과 다른 모든 이성적 존재들을 결코 한낱 수단으로서가 아니라, 항상 동시에 목적 그 자체로서 대우하라."고 명령하는 데에는 이성적 존재는 이 법칙의 지배 아래 놓여 있다는 뜻이 담겨 있다. 칸트는 이것을 네 가지 사례들을 열거하며 설명한다.[119] 하나는 잇따른 실패로 절망에 이른 사람이 그러한 삶에 지쳐 자살을 결심했다고 가정하자. 이것은 해석하기에 따라 '자기를 사랑하는 마음'에서 차라리 삶을 단축하는 것이 '나의 행위의 원칙(즉 준칙)'이라고 합리화될 수도 있다. 하지만 칸트는 이러한 준칙은 삶의 촉진이라는 모든 의무의 최상 원리에 모순되기 때문에 옳지 않다고 강조한다. 즉 이성적 존재로서 인간은 자신의 힘겨운 상황으로부터 벗어나기 위해 자신의 인격을 한낱 수단으로 이용해서는 안 된다는 것이다. 오히려 항상 자신을 목적 그 자체로 보아야 하며, 그렇기 때문에 자신의 인격을 처분할 수 없다는 주장이다.

다음으로 갚을 능력이 없다는 것을 확신하면서도 거짓으로 돈을 빌리는 사람의 경우를 보자. 마찬가지로 이런 행위 또한 자신의 인격을, 또한 다른 사람의 인격을 이성적 존재로서 언제나 동시에 목적 그 자체로 대하지 않고 한낱 수단으로서만 이용하려 한 것이기 때문에 그릇된 행위이다. 즉 거짓을 행하는 당사자의 주관적인 행동 원칙이 보편적 법칙의 원리에 어긋난다는 뜻이다.

또 선천적으로 유용한 재능을 갖고 태어난 사람이 자신의 소질을 키우려 노력하지 않고, 오락적 행동에 빠져 지내는 경우를 생각해보자.

---

119) 위의 책, 133~153쪽 참고.

이 경우, 그는 자신의 선천적 재능을 자신의 주관적인 행동 원칙(준칙)에 따라 방치함으로써 자신의 재능을 퇴화시켰다고 할 수 있다. 따라서 그의 이런 행동은 보편적 자연 법칙, 즉 이성적 존재는 자신의 능력을 더욱 발전적이도록 의욕해야(바라야) 한다는 보편적 원리에 어긋나므로 옳지 못한 행위가 된다.

마지막으로 개인적으로 삶에서 성공한 사람이 역경과 곤란에 처한 사람들을 보면서 '그게 나와 무슨 상관이야! 각자는 자신이 바라는(의욕하는) 대로 되는 것일 뿐이야!'라고 말하는 경우를 생각해보자. 인간성과 목적 그 자체로서 모든 이성적 존재에게 최고의 기준은 주관적인 경향성이나 욕구가 아니라 객관적인 '보편성'이다. 즉 이성적 존재의 의지는 보편적 법칙의 수립을 바랄(의욕할) 때 가장 이상적인 것이다. 그렇기 때문에 의지가 수립해야 할 보편적 법칙의 내용과 양립할 수 없는 모든 준칙들은 배제되어야 한다. 비록 그가 제시한 주관적인 준칙에 따라 인류가 존속할 수는 있을지는 모르지만, 이러한 준칙이 원리로서 타당하기를 바랄 수는 없다. 왜냐하면 이러한 의지는 인격 또는 목적 그 자체로서 자신과 상충하기 때문이다.

한편, 칸트가 제시하고 있는 '도덕 법칙'은 달리, '정언명령' 또는 순수 실천 이성의 명령(법칙)이라 부른다. 그 이유는 이성이 자신에게 '의지의 자율'에 따라 법칙에 대한 존경심을 기초로 선험적으로(즉 경험과 완전히 독립되어 있음), 그리고 무조건적으로(마땅히 따라야 할 실천 이성의 명령) 따라야 할 것으로 명령하기 때문이다.

칸트에 의하면, 모든 명령은 어떤 것을 행하도록 지시하는 것으로 '가언적'이거나 '정언적'인 형식을 취한다. '가언적'이란 우리가 어떤 행동을 해야 하는 이유가 '바라는 어떤 것에 도달하기 위한 수단'에 있는 경우의 명령이고, '정언적'이란 어떤 행위를 다른 목적과 상관없이, 이성적 타당성(또는 객관적 필연성) 때문에 그 행위 자체로서 행할 것을 지시하는 명령이다.

> 어떤 행위가 한낱 다른 무엇을 위한 수단으로서 선하다(좋다)면, 그 명령은 가언적인 것이다. 반면, 어떤 행위가 그 자체로서 표상되면, 즉 그 자체로서 이성에 알맞은 의지에서 필연적인 것으로, 다시 말해 의지의 원칙으로 표상된다면, 그 명령은 정언적인 것이다. (중략) 따라서 정언명령은 다음과 같이 해서 가능하게 된다. 즉 자유의 이념은 나를 지성적 세계의 구성원으로 만들고, 그렇게 해서 내가 그 구성원인 한에서 나의 모든 행위는 언제나 의지의 자율성에 알맞게 될 것이다. 그러나 나는 동시에 감성계의 구성원으로 보기도 하기 때문에, 나의 모든 행위는 의지의 자율에 알맞은 것이어야만 한다. 그리고 이 '해야만 한다.'는 정언적 종합 명제에 (중략) 순수하고 그 자체만으로 실천적 의지라는 이념이 더해진다. 120)

'가언적 명령'에서는 어떤 행위가 선하다는 근거를 어떤 가능한 것 또는 어떤 현실적인 것을 의도하기 때문에 좋다는 것에 둔다. 예를 들어 어떤 분야에 전문적인 기술이라는 목적을 이루기 위해서는 반드시 이

---

120) 위의 책, 118쪽. 195쪽.

를 충족하는 기능의 습득과 숙달을 필요로 한다. 즉 "만약에 네가 (~) ○○분야의 전문가가 되고 싶다면, 너는 (~)□□ 기술을 익히고 숙달해야 한다."고 명령하는 것이다. 또 다른 경우로, "행복하기 위해 우리는 어떻게 해야 하는가?"라고 묻는다면, 우리는 각자의 경험에 기초해 규칙적인 운동을 함으로써 건강을 유지하기, 음식과 술을 절제함으로써 질병을 예방하기, 아는 사람들과 금전적인 거래를 하지 않기, 전원에서 가능한 한 조용하게 삶을 즐기기와 같은 조언들을 해줄지 모른다. 하지만 이런 것들은 모두 자신의 경험과 상상에 기초한 '권고'일 수는 있지만, '이성적 명령'일 수는 없다. 즉 "경험적 원칙들은 결코 도덕 법칙의 기초가 될 수는 없다."[121] 왜냐하면 그것은 개인적인 성향이나 경향 같은 주관적이고 우연적 요인에 의해 좌우되기 때문이다.

그렇다면, 도덕성 여부를 결정짓는 명령, 즉 '정언적 명령'은 어떻게 가능한가? 칸트는 이에 대해 정언적 명령은 오직 순수하게 선험적으로만 탐구함으로써 가능하다고 주장한다. 왜냐하면 정언적이란 무조건적이고, 또한 실천적 법칙이 되어야 한다는 뜻인데, 그것이 경험적이거나 어떤 목적을 위해 의도되는 것이 된다면, 상황에 따라 언제든지 지켜지지 않을 수 있게 되기 때문이다. 또 행위의 주관적인 규칙인 준칙은 그것이 보편성의 원리, 즉 정언적 명령과 일치할 때 비로소 도덕적 의미를 지닌다. 즉 우리들 각자의 주관적인 준칙은 그것이 동시에 보편적 법칙으로 삼아도 좋을 그러한 준칙일 경우에 한해서만 정언적 명령이 될 수 있는데, 그렇게 되기 위해서는 반드시 선험적이지 않으면 안 된다.

---

121)   이원봉 지음, 위의 책, 105쪽.

지금까지 우리는 칸트가 자신의 『도덕 형이상학을 위한 기초 놓기』에서 의도했던 것, 즉 '도덕 철학'의 기초를 확립하고자 했던 시도를 그가 동원했던 주요 개념, 예를 들어 이성, 선의지, 의지의 자유, 인격, 목적 그 자체, 자율, 보편성의 원리, 도덕 법칙, 정언명령, 도덕 법칙에 대한 존경, 의무, 목적의 나라 같은 개념을 중심으로 살펴봤다. 그의 이런 시도를 간략하게 정리할 수 있다면, 다음과 같은 내용이 될 것이다.

인간의 고유성은 이성이며, 이 이성을 통해 인간은 자연적이며 타율성과 필연성의 지배를 받는 자연으로부터 벗어날 수 있다. 그렇더라도 자연계를 지배하는 보편 법칙이 있듯이, 인간은 이성을 통해 인간을 지배하는 보편 법칙을 발견할 수 있다. 그렇기 때문에 인간의 행동을 지배하는 이 보편 법칙은 경험적이거나 자연적 욕구 · 경향성을 통해서는 성립될 수 없다. 또 이 보편 법칙은 이성에 근거함으로써만 확립될 수 있기 때문에 모든 이성적 존재에게 공통적 · 보편적으로 적용되지 않으면 안 된다. 이것이 모든 이성적 존재에게 적용되어야 한다는 말은 이 보편 법칙이 예외를 허용하지 않는다는 뜻이기도 하다.

또 예외 없이 모든 이성적 존재에게 적용된다는 말은 그것이 조건에 의해 규정(가언적)되는 것이 아니라 당위와 의무로서 규정된다(정언적)는 뜻이다. 그러므로 그것은 어떤 명분이나 특정한 이유 때문에 지키는 것이 아니라 오직 이성적 존재에게 의무이자 당위이기 때문에 준수하는 것뿐이다. 이것을 보편 법칙에 대한 존경심, 또는 보편 법칙을 무조건 따르고자 하는 의지의 자유라고 한다. 이성적 존재로서 인간은 이 보편 법칙을 세울 수 있는 능력을 지녔는데, 이것을 자기 입법 능력, 즉 자율성이라고 한다. 그리고 이런 존재들이 체계적으로 결합하게 될 때, 이런 사회를 목적의 나라라고 부른다. 우리는 목적의 나라에서 스스로 목적 그 차제가 되고, 자율성으로서 인격이 되며, 또한 언제 어디에서나 오직 '무조건적으로 선(善)인 선의지에 따라서' 보편 법칙을 자신이 실천해야 할 행동 법칙으로 받아들이고, 여기에 복종한다.

칸트는 계몽주의적 이상, 즉 이성적 존재로서 인간이 언젠가는 자연이 그에게 부여해준 자신의 이성을 완전히 계발하고 실현하리라는 믿음을 갖고 있었다. 그리고 이런 이상은 모든 것을 이성의 법정에 세워 검토하고 심판하고자 했던 근대 서양의 가치를 가장 전형적으로 보여주고 있다. 그렇지만 19세기 말 이후 현재에 이르기까지 끊임없이 제기되는 회의적 물음이 있다. 그것은 "인간은 언제나 이성적 · 자율적이며, 자유 의지를 보편적 법칙에 맞게 공적으로 행사하고 있는가?"이다. 이에 대한 비판은 유명한 밀그램의 실험, 즉 잘못된 권위에 인간이 쉽게 복종하는 경향이 있다는 것으로 드러났다. 실험에서 피험자들은 질문에 오답을 말하는 다른 피험자에 대해 전기 충격을 가하도록 명령을 받았는데, 오답이 거듭될수록 더 높은 전기 충격을 가하라는 명령에 대해서도 (약간의 갈등은 느꼈지만) 복종하는 경향이 두드러졌다는 사실이다. 즉 인간의 행위가 자율적이기보다 타율적이고 수동적인 경향을 자주 보인다는 점이다.

여기에 더해 만약에 도덕 법칙 · 명령을 예외 없이 무조건 준수하라는 명령에 대해서도 의문이 제기된다. 예를 들어 식민지 상황에서 항일운동을 하는 독립 운동을 숨겨둔 나에게 일본 경찰이 "진실을 말하라(도덕 명령)."고 요구한다면, 나는 "언제나 진실을 말하라."는 도덕 명령에 따라 진실을 말해야 하는가이다.

다른 비판으로 칸트의 '보편적 법칙'이라는 용어에 관한 문제가 있다. 만약에 "거짓말 하지 마라."가 정언명령인 이유가 그의 생각처럼 '전 인류에 이 원칙(준칙)이 적용된다면 재앙이 될 것이기 때문'이라면, 이미 여기에는 '가언적' 성격이 반영되어 있음이 드러난다. 정언명령이 하나의 정언명령이 될 수 있는 이유가 사실은 보편적 성격이라는 용어로 포장된 가언적 성격에서 나온다는 비판이다.

마지막으로 각각의 서로 다른 정언명령이 서로 동시에 충돌할 때 칸트의 의무론적 관점이 구체적인 해결 방안을 제시해주지 못한다는 비판이다. 이 때문에 현대 칸트주의자들 중에서 로스 같은 인물은 '조건부 의무론(Prima Facie)'을 대안으로 제시한다. 이것은 정언명령보다는 완화된 도덕 명령으로 '직견적으로(한 번에 바로 알 수 있는) 옳고 자명한 것(상식과 직관)'을 도덕 명령으로 채택하는 것이다. 이에 따르면, 약속 준수, 성실(충실), 호의에 대한 감사, 선행, 정의, 자기 계발, 해악 금지의 의무들은 모두 하나의 조건적 의무들로 이 의무들은 다른 의무와 서로 충돌하기 전까지 우리의 행위를 잠정적으로 구속한다.122) 이것을 위의 독립운동가의 경우에 적용하면, 나는 "진실을 말하라.", "거짓말 하지 마라."는 정언명령보다 '직견적으로' "죄가 없는 사람의 생명을 빼앗지 마라(해악 금지 의무)."는 보다 긴급한 조건부 명령을 우선하게 함으로써 서로 충돌하는 도덕 명령의 갈등 상황에서 문제를 이성적으로 해결할 수 있는 단서를 찾게 해준다.

---

122)   루이스 포이만 지음, 위의 책, 211쪽.

좋은 행위란 관련된 사람들 모두 또는 개인들로
이루어진 공동체 전체와 관련해서도 일반적으로
좋은 경향성을 지닌 행위이다   _벤담

° 19세기 영국 사회는 시장 경제 발전으로 인해 복잡한 사회
  문제의 등장과 개인의 권익추구 현상이 자연스런 흐름을 형
  성하고 있었다

° 우리가 무엇을 하든, 우리는 오직 쾌락과 고통만을 기준으
  로 삼아야 하며, 유용성의 원리는 개인의 모든 행동은 물론,
  정부의 모든 정책을 평가하는 원리이다

° 좋은 행위란 관련된 사람들 모두 또는 개인들로 이루어진 공동
  체 전체와 관련해서도 일반적으로 좋은 경향성을 지닌 행위이다

° 우리가 어떤 행동을 할 것인지는 오직 쾌락과 고통과 관련해
  서 결정되며, 이것을 통제하는 원칙을 외적 제재라고 한다

° 법의 공통된 보편적인 목적은 공동체 전체의 행복을 증진하
  는 것이며, 형벌은 더욱 큰 해악을 제거할 수 있으리라는 가
  능성이 있을 때로 제한된다

° 양적이며 질적인 두 가지 쾌락을 경험해본 사람이 어느 한
  가지를 더욱 선호한다면, 바로 그것이 더욱 바람직한 쾌락이
  라고 할 수 있다(J. S. 밀)

지금

[사례1] 2012년 여름, 한 할머니가 경상남도 거제 시청 앞에서 독극물을 들이키고 숨을 거두었다. 그런데 할머니의 유서에는 '살아가기 힘든데 기초 생활 지원금 지급이 중단된 게 원망스럽다.', '법이 사람을 위해 있어야 하는데 아무런 보호를 받지 못한다.'는 말이 쓰여 있었다. 할머니는 기초생활 수급자였으나 사위의 소득이 늘어나게 되어 수급자 혜택을 더 이상 받을 수 없게 되었다. 기초생활보장제도는 모든 국민에게 인간다운 삶을 보장하기 위해 만들어진 제도이지만, 부양의무자가 있을 때에는 부양의무자가 그 역할을 수행하도록 하고 있다. 할머니는 사위에게 부양받을 수 없음을 수차례 울면서 호소했지만, 담당 관청에서는 '법이 그래서 어쩔 수 없어요.'라는 완곡한 거절을 들어야 했다. 수급에서 탈락한 뒤 혼자 사는 셋방 월세조차 밀렸던 할머니는 결국 허망한 죽음을 선택했다.

-〈경향신문〉, 2015. 02. 12.-

[사례2] 2010년 허위로 세금계산서를 내고 탈세한 혐의로 벌금 1,500억 원을 선고받은 최 모 씨는 일당 2억 원씩 750일을 노역하고 벌금 1,500억 원을 모두 탕감 받았다. 최 씨처럼 벌금을 돈으로 내는 대신 몸으로 때우는 고액 벌금자들의 '황제 노역'이 여전한 것으로 조사됐다. 최근 5년 평균 노역장 1건 당 벌금 탕감액은 8,310만 원이었다. 2015년 허재호 전 대주그룹 회장의 일당 5억 원짜리(49일) '황제 노역' 등 '검찰 벌금 집행 실적 현황'에 따르면 2010년~2013년 법원이 선고한 한 해 평균 벌금액은 5조 2,000억 원이었으나, 이 중 60%인 3조 1,000억 원이 노역장에서 몸으로

때워 탕감 받았다. 이는 그만큼 고액 벌금자들이 노역장에서 일해 벌금을
탕감 받는 경우가 많다는 뜻이다.

-〈경향신문〉, 2014. 10. 23.-

주제어

자유주의, 철학적 급진주의, 개혁, 유용성, 쾌락·고통의 원리, '도덕과 입법의 원리', 판옵티콘, 양적 공리주의, 쾌락의 계산, 최대 다수의 최대 행복, 반유용, 금욕주의, 동정과 반감, 외적 제재, 형벌, 예방과 교화, 본보기, 해악 방지(예방), '정신의 병원'

19세기 영국 사회는 시장 경제 발전으로 인해 복잡한 사회 문제의 등장과 개인의 권익추구 현상이 자연스런 흐름을 형성하고 있었다

19세기 영국의 상황을 간략하게 살펴보는 일은 이제 우리가 검토하려는 공리주의, 즉 벤담과 밀의 사상을 이해하는 데 많은 도움을 준다.123) 명예혁명(1688) 이후 영국은 의회 민주주의 전통을 지속적으로 발전시켜왔다. 그렇지만 18세기까지는 주로 귀족들만이 정치에 참여했다는 점에서 일종의 '귀족 민주주의'라는 한계를 안고 있었다. 즉 선거권과 피선거권이 주택이나 주택의 임대료를 기준으로 결정되었기 때문에 정치 참여가 지주와 대상공인들로 한정될 수밖에 없었다.

이러한 한계 때문에 선거법은 19세기에 들어오면서 그 대표성과 정당성에서 비판을 받게 된다. 왜냐하면 귀족과 부자들만의 권익을 보장하고 있는 기존의 제도를 가지고서는 산업 혁명과 자본주의의 발전에 따라 새롭게 형성된 도시 지역 주민들의 권익을 적절하게 보장할 수 없

---

123) 이근식 지음, 『존 스튜어트 밀의 진보적 자유주의』, 서울 : 기파랑, 2006. 24~32쪽 참고.

었기 때문이다. 주로 중소상공인과 은행인, 자유직업인 등 도시 중산층을 중심으로 전개된 선거법 개정 운동은 1832년이 되어서 결실을 보게 된다. 이에 따라 농촌 지역의 의석은 줄어든 반면, 도시 지역의 의석은 늘어나게 되었고, 10파운드 이상의 임대료를 지불하는 사람들(도시지역의 주민이나 소작농까지 포함)에게도 참정권이 주어지게 되었다.

하지만 이러한 개혁에도 불구하고, 여기에 포함되지 않은 공장 노동자나 농민, 빈민들에 대해서는 여전히 정치 참여가 제한되는 문제는 계속되고 있었다. 그렇다고 하더라도 이러한 정치 개혁을 통해 귀족이 아니라 중소상공인들이 정치의 중심 세력으로 성장하고 있었다는 점은 '시민 민주주의'의 발전이라는 점에서 큰 의의를 지닌다. 이후 지속적인 정치·사회적 개혁의 결과 모든 노동자와 농민에 대한 선거권은 1877년과 1884년에 주어졌고, 1918년에는 여성에게도 선거권이 인정됨으로써 비로소 현대적 의미의 남녀평등 선거가 가능하게 되었다.

정치 영역에서 일어난 이와 같은 변화들은 경제 영역에서의 변화와 직접적인 관계가 있다. 특히 18세기 후반에 이루어진 증기기관의 발명(1769)과 방적기의 발명(1769~1779), 그리고 증기 기관차의 발명(1829)은 교통과 생산 활동에서의 혁명적인 변화를 일으켰다. 즉 공장제 수공업에서 공장제 기계 공업으로의 근본적인 변화는 산업 자본가와 임금 노동자를 형성했고, 이들은 새로운 시대의 주체 세력으로 성장하고 있었다. 이러한 변화와 맞물려 취해진 관세 인하 조치(1824~1825)와 곡물 수입을 규제하던 곡물법 폐지(1846), 그리고 외국 선박을 이용하지 못하게 했던 항해법의 폐지(1854) 등은 자유 무역 정책의 완성을 의미했다.

정치·경제 영역에서의 이와 같은 변화는 사회적 차원에서의 변화와 맞물려 진행되고 있었다. 노동조합을 탄압하던 결사 금지법(1825)이 폐지되고 마침내 노동조합이 합법화되었으며, 18세 미만의 아동 고용을 금지하고, 부녀자의 노동 시간을 10시간으로 제한하는 공장법(1833, 1847)이 제정되었다. 아직 사회적 기반이 미약했기 때문에 실패로 끝나기는 했지만 전국적인 규모의 노동조합 연맹(1834)이 결성되어 노동자의 권익과 사회 개혁을 주장하기도 했다.

이처럼 19세기 영국 사회는 새로운 시민 사회의 형성, 산업 혁명과 도시화, 그리고 자본주의 시장 경제 발전에 의한 사회적 문제의 등장과 개인의 권익추구 현상이 자연스런 흐름을 형성하고 있었던 시기이다. 즉 산업혁명과 도시화는 도시로의 인구 집중을 초래해 빈곤과 악취, 실업과 범죄 등 다양한 사회 문제들을 일으켰고, 정치에서의 시민의식과 경제에서의 이윤 추구는 기존의 지배 계급과 새롭게 형성되고 있던 자본가·노동자 계급 간의 갈등으로 현실화되고 있었다.

하지만 보수적인 귀족과 지배 계급은 자유주의적 개혁에 무관심했다. 이러한 배경 속에서 매우 실천적이고 개혁적인 '철학적 급진주의'가 등장했는데, 벤담(J. Bentham, 1748~1832)은 이런 철학적 급진주의의 리더였다. 즉 그는 감옥과 검열, 교육, 그리고 성적 활동 및 지배적인 법규범의 부패를 바꾸려는 자유주의적 개혁 운동의 중심에 서서 그 변화를 이끌고 있었다. 간단히 말해, 그는 오늘날 우리에게 익숙한 '좌파 자유주의'의 노선을 실천하고 있었다. 이러한 시대적 배경을 반영하듯이 그는 법학자, 정치가, 경제학자, 철학자라는 다양한 면모를 두루 갖추고 있었다.

그의 제자인 밀의 주장처럼 벤담은 '영국 개혁의 선구자'로서 자신의 관점을 절대적인 어떤 존재를 전제하는 형이상학이나 신학적인 논변, 자연권이나 자연법 논거에 기대지 않았다. 오히려 그는 쾌락과 행복을 동일시했던 쾌락주의와 경험주의적 전통에 따라 구체적인 삶을 살아가고 있는 이해관계중심의 현실적인 인간에 주목했다. 일찍이 로크는 "우리에게 쾌락을 주는 경향은 우리에게 선이며, 우리에게 고통을 주는 경향은 우리에게 악"이라고 주장했고, 흄은 "어떤 대상을 향해 혐오나 선호의 감정이 일어난다는 것은 고통과 쾌락에 대한 기대 때문"이라고 했는데, 벤담의 공리주의 또한 이와 같은 전통을 잇고 있다.

인간, 그리고 사회 전반에 대한 그의 이러한 입장은 『도덕과 입법의 원리』(1789)에 자세히 묘사되어 있다. 따라서 지금부터는 이 저서를 중심으로 그의 생각을 검토하기로 하자.

우리가 무엇을 하든, 우리는 오직 쾌락과 고통만을 기준으로 삼아야 하며, 유용성의 원리는 개인의 모든 행동은 물론, 정부의 모든 정책을 평가하는 원리이다

『도덕과 입법의 원리』 제1장은 공리주의의 주요 지침인 '유용성(공리, 효용, utility)의 원리'를 다루고 있는데, 그는 이를 설명하기 위해 먼저 인간의 기본적이고 자연적인 성향(경향)에 대해 언급하는 것으로 첫 문장을 시작한다.

자연은 인류를 두 명의 군주, 즉 쾌락이라는 군주와 고통이라는 군주의 지배를 받도록 두었다. 우리가 어떤 결정을 할 것인지는 물론, 우리가 어떤 행동을 할 것인지는 모두 전적으로 이 두 명의 군주에 달려 있을 뿐이다. 한편으로는 옳고 그름의 기준이, 다른 한편으로는 원인과 결과에 관한 일련의 관계가 이 두 군주의 지배 아래 묶여 있다. 이 두 군주는 우리가 행동하는 모든 것과 우리가 말하는 모든 것, 그리고 우리가 생각하는 모든 것들을 지배한다. 우리가 이 둔 군주의 지배로부터 벗어나기 위해 하는 모든 노력은 그것의 지배를 더욱 확고하고 명확하게 드러내주는 것을 확인시켜 줄 뿐이다. (중략) 유용성의 원리란 이러한 종속 관계를 인정하고, 이것을 유용성의 체계의 기초로 가정하는 것이다. 그리고 유용성 이 관심을 두고 있는 것은 이성과 법률로써 최고의 행복(Felicity)이 라는 사회의 기본 구조를 세우는 것이다. 124)

벤담이 유용성이 무엇인지를 말하기 위해 먼저 인간의 자연적 본성 (성향)에 대해 언급하고 있는 것으로 보아 인간의 자연적 성향과 유용성 의 내용 사이에 긴밀한 연관이 있음을 추론할 수 있다. 또 인간의 자연 적 성향이 절대적으로 쾌락과 고통의 문제와 관련되어 있다고 주장하 는 것으로 보아 유용성 또한 쾌락과 고통의 문제, 즉 가능한 한 더 많 은 쾌락이나 가능한 한 더 적은 고통의 산출로 귀결되고 있음을 알 수

124)　Jeremy Bentham, The Principles of Morals and Legislation, Prometheus Books, 1988, 1~2쪽; 벤담 지음, 강준호 옮김, 『도덕과 입법의 원칙에 대한 서론』, 서울 : 아카넷, 2013.

있다. 따라서 그에게 가장 바람직한 사회란 이성과 법률의 힘을 통해 최고의 행복을 산출할 수 있는 구조를 확립하는 것이다.

인간에 대한 자연적이고 현실적인 경험과 상식에서 발견되는 경향성(성향)을 자기 사상의 출발점으로 삼고 있는 벤담은 이를 기초로 공리주의의 근본이념인 '유용성의 원리'로 넘어간다.

> 유용성의 원리란 그것이 어떤 행동이든지 이익(이해관계)이 관련되어 있는 당사자들의 행복을 늘리거나 감소시키는 경향이 있는가에 따라 승인(시인, Approve)하거나 부인(거부)하는 원리이다. 다른 의미로, 그것은 당사자들의 행복을 증진하는지, 아니면 그것과 반대되는지를 기준으로 판단하는 원리이다. 또한 그것은 개인의 모든 행동은 물론, 정부의 모든 정책을 평가하는 원리이기도 하다.125)

즉 유용성의 원리란 어떤 행동이 가치 있는 행동인지를 평가하려고 할 때, 언제나 그 행동이 행동의 당사자인 자신은 물론, 그 행동의 영향을 받게 되는 관련된 모든 사람들을 포함하여 그들의 행복을 늘리는 경향이 있는지, 아니면 행복을 감소시키는 경향이 있는지를 기준으로 삼아 그 행동의 좋고 나쁨, 선과 악, 해야 한다 또는 해서는 안 된다, 옳고 그름을 가늠하는 원리이다. 그리고 이러한 기준은 개인의 행동에 대해서는 물론, 사회(공동체)·정부의 모든 정책에도 똑같이 적용된다.

벤담이 사회·정부의 모든 정책에 대해서도 유용성이라는 똑같은 기

---

125) Jeremy Bentham, 위의 책, 2쪽.

준을 적용한다고 해서 이것이 그 공동체를 구성하고 있는 개인을 넘어선 공동체 그 자체의 이익(행복)을 강조하고 있는 것으로 이해되어서는 곤란하다. 왜냐하면 벤담에게 공동체란 하나의 '허구적 실체'이기 때문이다. 즉 공동체의 이익이란 그 공동체를 이루고 있는 개인들의 이익을 총합한 것이다. 이처럼 실재하는 것은 각각의 개인들이기 때문에 사회·공동체에 관한 주장은 언제나 각 개인들로 환원될 수 있는 개념이다. 그렇기 때문에 '최대 다수의 최대 행복'이란 명제 또한 이와 같은 맥락에서 이해하는 것이 바람직하다.

> 공동체란 허구적 실체(가상의 덩어리, Fictitious Body)이다. 그것은 그것을 구성하고 있는 구성원들(Members)이라고 할 수 있는 각각의 개인들로 이루어진다. 따라서 공동체의 이익이란 곧 그것을 이루고 있는 여러 구성원들의 이익들을 총합한 것이다. (그러므로) 각자의 이익이 무엇인지를 말하지 않고서 공동체의 이익을 말하는 것은 쓸모없고 무가치한 일이다. 126)

지금까지의 논의를 통해 우리는 벤담의 사상을 '쾌락주의적 공리주의'라고 부를 수 있을 것 같다. 왜냐하면 인간의 자연적·심리적 성향을 쾌락의 극대화 또는 고통의 최소화에 두고, 이를 추구해야 할 선 또는 행복의 기준으로 삼고 있기 때문이다. 또 그의 도덕 판단을 위한 기준이 유용성의 원리에 기초하고 있으며, 공동체의 이익(행복, 쾌락)이란

---

126) 위의 책, 3쪽.

공동체를 이루고 있는 개인들의 이익의 총합이라는 사실을 통해 공리주의임을 알 수 있다.

좋은 행위란 관련된 사람들 모두 또는 개인들로 이루어진 공동체 전체와 관련해서도 일반적으로 좋은 경향성을 지닌 행위이다

그런데 개인들의 이익(행복, 쾌락)이 얼마인지를 알기 위해서는 동일한 하나의 기준을 적용해 계산해 봄으로써 알 수 있다. 다시 말해 쾌락·고통에 대한 주관적인 기준을 적용해서는 공정성과 객관성을 보장할 수 없다. 이 때문에 벤담은 '쾌락의 계산법'을 통해 유용성으로서 쾌락은 측정될 수 있는 것임을 주장하게 된다. 즉 쾌락 또는 고통의 총량을 측정해봄으로써 유용성에 관한 객관적인 기준을 마련할 수 있고, 나아가 이것을 도덕성과 가치를 판단하는 기준으로 삼을 수 있다는 것이다. 이 점에서 벤담의 공리주의는 '양적 쾌락주의(양적 공리주의)'라는 평가를 받는다. 벤담이 제시하는 쾌락의 양을 측정하는 기준들은 다음과 같다.

1. 강렬함(경험하게 될 쾌락은 얼마나 강렬한가?)

2. 지속성(경험하게 될 쾌락은 계속해서 지속될 것인가?)

3. 확실성 또는 불확실성(쾌락이 확실히 일어날 것인가?)

4. 가깝고 멂(쾌락이 시간적으로 곧 바로 일어날 것인가? 아니면 뒤 늦게 일어날 것인가?)

5. 생산성(같은 종류의 감각, 즉 쾌락 또는 고통이 뒤따라 일어나게 할 가능성은 어느 정도인가?)

6. 순수성(반대되는 종류의 감각, 즉 쾌락에 반대되는 고통, 고통에 반대되는 쾌락이 일어나지 않게 할 가능성은 어느 정도인가?

7. 영향 또는 범위(쾌락 또는 고통에 의해 영향을 받는 사람들은 어느 정도인가?)127)

이처럼 벤담은 어떤 결정이나 행동을 하고자 할 때, 그리고 어떤 결정이나 행동을 했을 때는 물론, 정부가 어떤 정책을 시행하고자 할 때까지도 언제나 그것이 산출해 낼 결과로서 유용성(효용, 쾌락, 만족, 행복)의 양을 계산(측정)해 보아야 한다고 생각했다. 그리고 계산의 결과 산출될 고통보다 쾌락이 더 증진되는 경향이 있다면, 또는 어떤 행동(제도, 정책)보다 다른 어떤 행동(정책)의 효용이 더 큰 효용을 가져올 것으로 기대된다면, 고통을 줄이고 쾌락을 극대화할 수 있는 행동(정책)을 하는 것이 바람직하다고 주장한다. 왜냐하면 그렇게 하는 것이 쾌락과 고통에 구속되어 있는 인간의 자연적 경향성(성향)에 부합하기 때문이다. 즉 유용성을 극대화할 수 있기 때문이다. 물론, 이러한 절차가 모든 도덕 판단이나 법률적 행위에서 사전에 엄격하게 이행한다는 것이 어려운 일이기는 하지만, 그렇더라도 언제나 이와 같은 기준들을 염두에 두고 이를 준수하는 것이 바람직하다는 것이 벤담의 입장이다.

이 점에서 공리주의는 의도한 목적(목표)을 이루는 데 도움이 되거나

---

127) 위의 책, 29~31쪽.

실제로 유용한 결과를 가져왔는가를 중시하는 '결과주의' 윤리라고 할 수 있다. 또 정부가 어떤 정책을 결정하고자 할 때 '비용—효용(편익)의 계산(분석)'을 한 다음, 가장 큰 효용을 증대할 수 있는 방안을 기준으로 삼아야 한다는 주장은 효율적 재정 운용이라는 측면에서 오늘날에도 매우 타당한 주장으로 받아들여지고 있다.

위의 쾌락 계산법에서 특히 근대 공리주의와 관련해 주목할 기준은 마지막 '영향'이다. 왜냐하면 이것은 공리주의의 기본 강령인 "최대 다수의 최대 행복"의 원리를 가장 적극적으로 표현하고 있기 때문이다. '영향'이란 쾌락을 계산할 때 행동(정책)으로부터 영향을 받는 각각의 사람들에게로 범위를 넓혀 고려해야 한다는 뜻이다.

> 한 쪽에는 (그 행동·정책에 따른) 모든 쾌락에 관한 가치평가(값)를 총합하고, 다른 한 쪽에는 모든 고통에 관한 가치평가(값)를 총합 한다. 그런 다음, 양쪽 사이의 균형 관계를 살펴보라. 만약에 고통 쪽보다 쾌락 쪽의 총합이 더 크다면, 이는 그 행위가 개인들의 이익과 관련해 전체에 대해 좋은 경향성(Good Tendency)을 지닌 것으로 판단할 수 있다. 만약에 반대로 고통 쪽의 총합이 더 크다면, 이는 그 행위가 개인들의 이익과 관련해 전체에 대해 나쁜 경향성 (Bad Tendency)을 지닌 것으로 판단할 수 있다. (중략) (또한) 전자의 행위는 관련된 사람들 모두 또는 개인들로 이루어진 공동체 전체 와 관련해서도 일반적으로 좋은 경향성을 지니는 것으로 볼 수 있고, 반대로 후자의 행위는 이와 관련해 나쁜 경향성을 지니는 것

으로 간주할 수 있다. 128)

　벤담의 공리주의가 산업 혁명과 초기 자본주의의 발전을 시대적 배경으로 하고 있다는 점, 그리고 결과로서 유용성을 쾌락 또는 행복(효용)과 동일시하고 있다는 점을 고려하면, 공리주의가 금욕주의에 대해 부정적 평가를 하리라는 점은 어렵지 않은 추론이다. 이것을 벤담은 유용성에 반대되는 원리로 규정하고, 여기에 해당하는 원리들로 금욕주의, 동정과 반감, 신학적 원리를 제시한다. 앞에서 보았듯이 유용성의 원리는 어떤 행동을 승인 또는 부인할 것인지를 결정하려고 할 때, 그 행위와 관련되어 있는 당사자들의 이익(이해관계)을 증진 또는 감소시키는 경향이 있는지를 기준으로 삼는다.

> 하지만 이와는 반대되는 방식으로 행위를 승인하는 경우가 있는데, 그것, 즉 금욕주의 원리는 자신의 행복을 감소시키는 경향이 있음에도 그 행위를 승인한다는 점이다. 반대로 자신의 행복을 증진시키는 경향이 있음에도 그 행위를 부인한다는 점이다. (중략) 금욕주의 원리는 두 가지 유형과 서로 다른 방식으로 결합되어 왔는데, 그것은 도덕주의와 신앙(종교)제일주의이다. 129)

　벤담에 의하면, 도덕주의자들은 금욕의 원리를 활용해 사람들에게 명예와 명성(좋은 평판) 같은 희망을 안겨 주는데, 이것은 쾌락에 대한

---

128)　위의 책, 31쪽.
129)　위의 책, 9쪽.

기대와 관련된다. 한편, 신앙제일주의자들은 이 원리를 활용해 미래에 있을 처벌에 대한 두려움(공포) 같은 미신적인 상상을 불어넣는데, 이것은 고통에 대한 기대와 관련된다. 다시 말해, 금욕을 통한 명예와 명성에 대한 기대(행복), 그리고 금욕을 통한 처벌에 대한 두려움(고통)이 유용성의 원리에 반대되는 금욕주의 원리가 작동하는 방식이다. 이두 방식은 동기의 측면에서는 서로 다르지만, 실질적으로는 금욕을 중시한다는 점에서 같은 원리인 것이다. 벤담은 우리가 금욕주의 원리를 흔들림 없이 지속적으로 추구하게 된다면, 우리가 살고 있는 지구는 지옥이 되어버릴 것이라고 비판한다.

> 동정과 반감의 원리는 어떤 행동을 평가할 때, 그 행위와 관련된 당사자들의 이익, 즉 행복을 증진시키는 경향성이나 고통을 감소시키는 경향성이 아니라, 단지 그 자신에게서 나타나는 성향, 즉 그 행위에 대해서 자기가 어떤 마음(우호 또는 비우호적인 태도)을 갖고 있는가를 기준으로 승인하거나 부인하는 원리이다. 130)

벤담은 유용성의 원리가 정부의 여러 정책과 관련된 문제들에 대해서까지 가장 중요한 원리임에도, 이 원리를 부정하는 것으로 동정과 반감의 원리가 있다고 지적한다. 이것은 '자신의 감정(느낌, Feeling)' 외에는 다른 것을 필요로 하지 않는다. 예를 들어 이 원칙을 따르게 될 경우, 자신이 더 미워하는 만큼 그에 비례하여 더 벌을 주고자 할 것이

---

130) 위의 책, 16쪽.

고, 자신이 더 적게 미워하는 만큼 그에 비례하여 더 적게 벌을 주고자 할 것이다. 따라서 이 원리는 유용성(공리)의 원리를 기준으로 삼는 것이 아니라 자신의 감정을 기준으로 삼기 때문에 쾌락과 고통에 대해 객관적인 계산이나 설명을 기대하기 어렵게 된다.

무엇보다 공감과 반감의 원리는 자기와 가까운 곳에서 일어나면서 동시에 직접적으로 관련이 있는 나쁜 행동(일)에 대해서는 강한 반감(부인)을 드러내면서도, 더욱 먼 곳에서 일어나는 비슷한 행동이나 심지어 더욱 심각하고 나쁜 행동에 대해서는 관심을 표현하지 않는 경우까지 발생한다. 그러므로 벤담에 따르면, 우리는 언제나 유용성의 원리만을 판단의 적절한 기준으로 삼아야지, 공감과 반감의 원리나 도덕주의 · 신앙제일주의 같은 금욕주의 원리에 기대서는 안 된다.

우리가 어떤 행동을 할 것인지는 오직 쾌락과 고통과 관련해서 결정되며, 이것을 통제하는 원칙을 외적 제재라고 한다

지금까지 우리는 공리주의에서 유용성의 원리가 어떤 행동(정부의 정책이나 입법)을 승인하고 부인하는 기준이며, 그렇기 때문에 언제나 이 원칙 이외에 다른 통제 기준이 필요하지 않다는 것을 살펴왔다. 그리고 이 유용성의 원리를 채우고 있는 핵심 내용이 고통과 쾌락이라는 점도 함께 살폈다. 그렇다면 쾌락과 고통의 원천, 즉 쾌락과 고통은 무엇으로부터 비롯되는가? 다시 말해, 우리로 하여금 어떤 행동은 하도록 하고, 어떤 행동은 하지 못하도록 하는 힘(동기, 의무)의 원천은 어디에 있는가? 벤담은 이것을 '제재(외적 제재)'란 말로 표현한다.

원래 제재란 '(어떤 것을 지키도록) 구속하는 행위(Sanctio)'를 의미하는 라틴어에서 유래했다. 따라서 벤담에게 제재란 우리에게 어떤 행동은 하게 하고, 또 어떤 행동은 하지 못하게 하는 근본 원인(동기, 힘)이 무엇에 있는가를 의미한다. 그는 이 제재를 네 가지, 즉 물리적, 정치적, 도덕적, 종교적 제재로 분류해 제시한다.

물리적 제재란 누군가의 개입이나 눈에 보이지 않는 초월적 존재의 개입 없이 자연적인 일상 속에서 쾌락이나 고통이 발생하는(예상되는) 것을 말한다. 예를 들어 자신의 부주의한 행동 때문에 화재와 같은 재난이 발생했다면, 이것은 물리적 제재에 의한 벌(고통)이라 할 수 있다. 따라서 물리적 제재를 피하고자 한다면, 즉 발생할 수 있는 고통에서 벗어나고자 한다면(고통의 최소화), 그만큼 신중하게 행동해야 한다는 의미가 된다.

정치적 제재란 국가를 통제하는 최고 권력(통치자)이 쾌락과 고통을 배분할 목적으로 자격을 갖춘 사람들을 선발해 쾌락과 고통을 부과하는 것이다. 이 때문에 정치적 제재는 쾌락이나 고통이 발생하는 원천이 되며, 여기에 해당하는 것으로 상이나 형벌을 들 수 있다.

도덕적 제재(또는 대중적 제재)란 쾌락이나 고통이 공동체의 합법적인 법규범이 아니라 구성원 각자의 바람이나 성향에 의해서 부과되는 것이다. 즉 쾌락과 고통이 대중적인 제재로부터 발생하는 것이다. 만약에 누군가가 자신의 잘못된 행동이 원인이 되어 대중적인 비난을 받고, 이 때문에 고통을 피할 수 없게 된다면, 이것이 도덕적·대중적 제재이다.

마지막으로 종교적 제재는 쾌락이나 고통이 어떤 초월적 존재의 섭리에 의해 현재의 삶이나 내세의 삶에서 일어난다고 보는 것이다.

법의 공통된 보편적인 목적은 공동체 전체의 행복을 증진하는 것이며, 형벌은 더욱 큰 해악을 제거할 수 있으리라는 가능성이 있을 때로 제한된다

19세기 영국 사회의 개혁을 이끌었던 벤담의 열정은 『도덕과 입법의 원리』에서 형벌(제13장)에 관한 이야기로 한층 진전한다. 그리고 형벌에 관한 논의에서도 그의 유용성과 쾌락·고통의 개념은 중심을 차지한다. 즉 벤담에게 법이란 최대 다수에게 최대의 행복을 증진함으로써 유용성의 원리를 충족하는 것이어야 한다. 하지만 그렇더라도 형벌(처벌) 그 자체는 인간의 자연적 경향성인 쾌락과 고통의 원리에 근거할 때 바람직하다고 볼 수는 없다.

> 모든 법이 공통적으로 갖고 있거나 반드시 갖고 있어야 하는 일반적인 목적은 공동체 전체의 행복을 증진시키는 것이다. 따라서 무엇보다 구성원들의 전체 행복을 감소시키는 경향이 있는 것은 무엇이든지 배제(제거)해야 한다. 다시 말해 해악을 주는 것은 무엇이든 배제해야 한다. 그렇지만 모든 형벌은 해악을 주는 행위이다. 그렇기 때문에 이 점에서 모든 형벌은 그 자체로서는 악이다. 만약에 유용성의 원리에 근거해 형벌이 승인되어야 한다면, 그것

은 오직 더욱 큰 해악을 배제(제거)할 수 있으리라는 가능성(약속)이 있을 때로 제한된다.131)

벤담에게 형벌의 즉각적이고 중요한 목적은 행동을 통제하는 것이며, 이것은 범죄자의 행동은 물론, 범죄자가 아닌 사람의 행동도 포함된다. 이처럼 형벌은 사람(범죄자)의 의지에 영향력을 행사해 행동을 통제하거나 '무력화'함으로써 행동을 바로잡는 '교정'의 역할을 한다. 또 형벌은 범죄 의지가 있는 사람들에게 영향을 미치는 '본보기' 역할을 하는데, 이것은 형벌의 모든 목적 중에서도 가장 중요한 목적이다.132) 이 모든 작용을 통해 형벌은 공동체 전체의 행복을 증진하는 데 기여하고, 사회적 해악을 제거하는 데 기여하는 역할을 하게 된다. 이것을 벤담은 모든 법의 보편적인 목적은 해악의 방지에 있으며, 형벌은 해악을 방지할 수 있는 다른 수단이 없는 경우에 가치를 지닌다133)고 표현한다.

그렇기 때문에 쾌락의 증진과 고통의 최소화라는 유용성(공리)의 원리를 부정하는 형벌이 허용되어서는 안 된다. 예를 들어 (1) 형벌을 주어야 할 명확한 근거가 없는 행위(즉 해악을 미치지 않는 행위)를 처벌해서는 안 되며, (2) 형벌로서 효과를 기대하기 어려운 경우(즉 해악을 예방하는 데 도움이 되지 않는 형벌)에도 형벌을 허용되어서는 안 된다. 또 (3) 형벌이 불필요한 경우(즉 형벌보다 더 쉽게 해악을 예방할 수 있는 경우), (4) 형벌을 주

---

131) 위의 책, 170쪽.
132) 위의 책, 332쪽.
133) 위의 책, 346쪽.

는 것이 이익이 되지 않거나 비용이 지나치게 들어가는 경우(해악 예방 효과보다 오히려 더 많은 해악이 발생하게 되는 경우)에 대해서까지 형벌이 허용되어서는 안 된다.

뿐만 아니라 벤담에게 형벌 그 자체는 형벌을 받을지도 모른다는 불안(우려)감 때문에 고통을 주는 것이나 다름없고, 법규를 준수하는 행위가 사실은 자신의 행동이 억압당한다는 의미로 받아들여지기 때문에 고통을 일으키는 원인이 된다. 이런 점을 고려할 때, 형벌은 그 자체로서 악이라 할 수 있다.

공리주의는 법의 목적을 해악을 방지(예방)하여 공동체의 전체 행복을 증진하는 것에 두기 때문에 형벌은 해악을 방지할 수 있는 다른 수단이 없는 경우에 허용될 수 있는 일종의 필요악이다. 유용성의 원리에 따라 법에 의한 형벌이 이루고자 하는 목적은 다음 네 가지이다.

첫 번째 목적은 가장 강력하고 적절한 목적으로 가능한 모든 종류의 범죄(위법 행위)를 예방(방지)하는 것이다(Prevent Mischief). 즉 범죄와 관련된 어떤 위법 행위도 일어나지 않도록 하는 것이다.
두 번째 목적은 가장 해로운 위법 행위를 방지하는 것이다. 그렇더라도 어떤 사람이 만약에 범죄를 저지를 수밖에 없다면, 더 큰 해악보다는 가능한 한 더 적은 위법 행위(해악)를 하도록 유도하는 것이다.
세 번째 목적은 해악을 줄이는 것이다. 범죄를 저지르는 사람이 꼭 필요한 만큼만 저지르도록 하는 것이다.

마지막으로 가능한 한 적은 비용으로 해악을 방지하는 것이
다.134)

   형벌의 목적이 위법 행위를 예방(방지)하는 데 있으며, 그것은 최
소 비용이라는 유용성(공리)의 원리를 충족해야 한다는 벤담의 형벌관
은 위법(범죄) 행위에 적용할 형벌의 기준을 제시하는 것으로 표현된
다.135) 이에 따르면, 첫째, 형벌은 어떤 경우이든 위법 행위를 통해
얻은 이익의 가치를 능가해야 효과를 기대할 수 있다. 둘째, 작은 위법
행위보다 큰 위법 행위를 막는 데 투자해야 한다. 셋째, 두 개의 위법
행위 중에서 더 가벼운 쪽을 택하도록 유도해야 한다. 넷째, 형벌은 해
악을 일으킨 각 부분에 대해 처벌해야 한다. 다섯째, 특별한 이유 없이
절대 처벌해서는 안 된다. 왜냐하면 형벌의 목적은 범죄 동기를 무력
화시킴으로써 해악을 일으킬 행위를 방지하는 데 있고, 그것은 가능한
한 최소 비용으로 달성해야 하기 때문이다.
   이 모든 것을 고려할 때, 벤담은 칸트의 응보주의가 아니라 예방과
교화주의적 형벌관을 지지하고 있는 것으로 보인다.136) 비록 실현되

---

134)   위의 책, 178쪽. 강준호 지음, 위의 책, 346~348쪽.
135)   위의 책, 348~354쪽.
136)   그렇더라도 벤담이 사형 제도를 완전히 부정하고 있는 것 같지는 않다. 왜냐하면
"가장 큰 효과를 보이는 형벌은 사형이다. 이 경우 형벌의 효과는 확실하다. 이것은 범법자가
살아 있는 한 그의 이름이 모든 국민을 격분시키기에 충분한 경우에 특히 적합한 형벌이다.
이것은 통치권에 반대하는 경쟁자들과 내란의 파벌 지도자들에게 적용될 수 있다. (중략)
(하지만) 이것은 아주 특별한 경우가 아니라면 반대에 부딪칠 것이다(위의 책, 380쪽)." 즉 이
경우는 사형을 하지 않음으로써 발생할 해악보다 사형을 함으로써 예방할 수 있는 해악이 훨씬
크기 때문에 사형이 정당화된다.

지는 못했지만, 벤담의 『판옵티콘』은 이러한 예방과 교화라는 유용성의 원리에 기초한 그의 형벌관을 구체화하려는 실천적인 노력이었다.

> 감옥을 완전하게 개혁하는 일은 죄수들이 올바른 행동을 하도록 교화를 보장하고, 지금까지 신체적·정신적 타락으로 오염된 건강과 청결, 질서, 근면을 확고하게 하며, 비용을 감소시키면서도 공공의 안전을 견고하게 하는 것이다. 그리고 간단한 건축 아이디어로 이 모든 것을 이루려는 것이 이 글의 목적이다. 137)

벤담은 '감옥에 관한 새로운 원리'라는 부제의 『판옵티콘』(1791)에서 형벌로서 감옥의 목적이 범죄자들의 행동을 올바로 교화하는 '정신의 병원'이며, '범죄의 진정한 의무실'이어야 한다는 점을 명확히 한다. 또한 이런 과제는 '비용을 감소시키면서 공공의 안전을 더욱 견고하게' 함으로써 사회적 유용성의 원리도 충족해야 한다고 강조한다. 따라서 감옥은 범죄자가 사회로 나왔을 때 사회를 위해서도, 그리고 자신을 위해서도 불행해지는 일이 없도록 '품성을 개선하는 교화 시설'이어야 한다.

더불어 감옥은 범죄를 저지르지 않은 사람들에게는 범죄를 짓지 않아야겠다는 마음을 갖도록 하는 본보기 역할을 해야 한다. 즉 감옥은 고통에 대한 본보기를 보여줌으로써 모방 범죄 행위를 불식하게 해주고, 필요한 교육과 노동을 통해 석방이 된 다음에는 생계 수단을 마

---

137) 제레미 벤담 지음, 신건수 옮김, 『판옵티콘』, 서울 : 책세상, 2007. 20쪽.

련할 수 있도록 해주며, 올바른 습관을 형성해주는 기능을 해야 한다.[138] 따라서 수감자들을 피곤하게 하고 그들에게 손실만을 주는 고통스런 작업은 하지 않아야 한다. 예를 들어 감옥 마당의 한쪽 끝에 돌을 쌓아 놓고 수감자들로 하여금 반대쪽으로 반복해서 옮기도록 명령하는 것은 수감자들을 화나게 할 뿐 아니라 효율적이지도 못하다.

> 노동 때문에 감옥이 두렵다는 생각을 갖게 해서는 안 되고, 오히려 엄격한 규율과 굴욕적인 복장, 조잡한 음식과 박탈된 자유 때문에 두려움을 느끼도록 해야 한다. 작업은 고통이 아니라 수감자들에게 위안이 되고 쾌락이 되도록 해야 한다. 작업은 아무런 의미가 없는 노동이 되어서는 안 된다. (중략) 노동은 휴식과 교대를 번갈아가면서 함으로써 경제성을 충족시켜야 한다.[139]

이 점에서 감옥은 '품성을 교화하고', '노동의 생산성을 증대시키는' '하나의 학교'가 되어야 한다. 즉 수감자들은 엄격한 교육 기간(수감 기간)을 마침으로써 노동에 익숙해지고, 종교·도덕 교육을 엄격하게 받은 결과 무력감에서 비롯된 부도덕한 습관들을 버리고 새로운 사람이 된다.[140]

감옥, 즉 형벌이 이와 같은 효과를 달성하기 위해서는 지나치게 가혹해서도 안 되지만 관대해서도 안 되며, 과도한 비용이 지출되어서도

---

138) 위의 책, 35쪽.
139) 위의 책, 53~54쪽.
140) 위의 책, 64쪽.

안 된다. 따라서 형벌은 다음의 세 가지 원칙을 지켜야 한다.141) 첫째, 고통 완화의 원칙이다. 이것은 수감자가 강제 노동을 통해 건강·생명에 치명적인 해악이나 신체적 고통을 겪게 해서는 안 된다는 원칙이다. 그렇게 하는 것은 형벌이 본보기가 되어야 한다는 원리에 위배되기 때문이다. 둘째, 엄격함의 원칙이다. 이것은 수감자가 죄를 짓지 않은 바깥의 가난한 사람들보다 더 좋은 조건을 제공받아서는 안 된다는 원칙이다. 마지막으로 경제성의 원칙이다. 이것은 수감자들 때문에 공공 비용이 지출되어서는 안 되며, 어떤 목적을 위해 가혹함이나 관대함을 이용해서도 안 된다는 원칙이다.

벤담의 『도덕과 입법의 원리』는 인간의 자연적 성향을 쾌락의 극대화와 고통의 최소화라는 전통적인 쾌락주의에 기초해 이를 근대적인 유용성(공리)의 원리와 결합함으로써 산업 혁명기에 영국이 안고 있었던 사회·정치적 문제들을 해결하려는 개혁 사상을 담고 있다. 이러한 의도 때문에 이 책의 후반부(제13장~제17장)는 법규범과 관련된 형벌을 유용성의 원리에 입각해 다루고 있다.

칸트는 인간의 자연적 성향(쾌락과 고통)이나 경험적 요소는 도덕 원리에 도움이 되지 않을 뿐만 아니라 해롭다고까지 주장하지만, 벤담의 공리주의는 오히려 이것을 도덕과 입법의 원칙으로 승인한다. 또 유용성의 원리에 따라 행복은 가능한 한 증진하고, 고통을 가능한 한 최소화시키라는 주장은 공리주의가 우리의 일반적인 상식에 기초하고 있는 만큼, 설득력도 크다는 것을 보여준다. 이것은 그의 형벌관에도 그대

---

141) 위의 책, 36쪽.

로 적용된다.

공리주의에 대한 가장 일반적인 비판은 '전체의 이익을 위해서 소수자 이익의 희생을 정당화할 수 있다'는 주장이다. 하지만 이런 비판은 공리주의 출발점이 근대 자유주의라는 사실142)을 고려하지 않은 데에서 나온 오해의 측면도 있다. 벤담에게 사회적 이익이란 구성원 각 개인의 이익을 모두 합한 것으로, 그에게 사회란 '허구적 실체'였다. 나아가 공리주의를 비판하는 사람들은 이런 논리를 확장해 '무고한 개인에게 형벌을 내림으로써 사회 전체의 이익을 실현할 수 있다.'고 비판하기도 한다. 그렇지만 이것 또한 이미 벤담의 주장처럼 '모든 형벌은 해악이며', '근거 없는 형벌이 허용되어서는 안 된다.'는 그의 형벌관을 고려하지 않은 주장처럼 보인다. 즉 벤담은 이런 비난에 대해 동의하지 않을 것이다.

그렇더라도 벤담이 거리에서 거지와 마주쳤을 때, 동정심이 많은 사람에게는 고통을, 동정심을 느끼지 않는 사람에게는 혐오의 고통이 일어나기 때문에 거지를 구빈원에서 수용하도록 해야 한다고 제안한 것이나, 구빈원의 방을 배정할 때 창녀 옆방에는 기형적으로 생긴 사람을 배정하는 것처럼 서로에 대해 둔감한 사람들끼리 교차 배정을 제안하여 '오직 쾌락의 총합'에만 집착했다143)는 비판을 스스로 초래했다

---

142) 벤담은 각자가 행복 추구에 대해 동등한 권리를 지닌다고 보았으며, 따라서 개인들은 자신의 행복을 추구하면서도 타인의 행복 추구를 방해하지 않는 상황을 고려했다(사아키안 저, 황경식 외 역, 『윤리학의 이론과 역사』, 서울 : 박영사, 232~233쪽). 그의 공리주의는 자신을 특별히 우대하거나 다른 사람들을 인종·성·사적인 관계·종교 등을 이유로 차별하지 않으며, 원리를 공평하게 적용한다(루이스 포이만 지음, 위의 책, 204쪽).
143) 마이클 샌델 지음, 이창신 옮김, 『정의란 무엇인가』, 서울 : 김영사, 2010. 57~58쪽.

고 할 수 있다. 벤담에 대한 이런 비판은 우리에게 잘 알려진 공동체주의자 마이클 샌델이 특히 강조하는 내용인데, 벤담이 이런 주장을 18세기 말(1797)에 했다는 점을 고려할 때, 현재적 관점에서 진행되는 그에 대한 이러한 비판이 타당한 것인지에 대한 의문도 함께 든다.

하지만 벤담이 동정심과 혐오가 유용성과 쾌락 계산의 원리에 반대된다고 비판했으면서도 거지와 창녀, 장애인을 격리 수용해야 한다는 주장을 하면서 이에 대한 논거로 일반인에게 '동정심과 고통과 혐오'를 초래하기 때문이라고 주장한 것은 일관성을 결여하고 있다는 비판을 받을 수 있는 대목이기도 하다.

쾌락·고통에 대한 객관적 계산이 가능한 것인지에 대한 비판을 차치하더라도, 이런 이유 때문에 공리주의는 롤스의 주장처럼 '좋음'을 '옳음'과 같은 의미로 해석함으로써 어려움을 초래하고 있다. 예를 들어 약속을 어김으로써 여러 사람에게 이익을 가져온다면, 다시 말해 '최대 다수의 최대 행복'을 위해 약속을 어기는 행위가 정당화될 수 있는 개연성이 발생할 수 있다는 것이다. 이것은 '최대 다수의 최대 행복(이익)'이라는 관점에서 본다면 '좋은 것'일지 모르지만, 그렇다고 이것을 '옳은 것(정의로운 것)'이라고 주장하기는 어렵다는 의미이다. 이것은 공리주의가 '도덕적 선의 가치'를 '경제적 이익의 가치'에 종속시켰다는 비판을 받게 되는 근거이기도 하다.

벤담의 양적 공리주의(양적 쾌락주의)는 우리가 갖고 있는 일반적인 상식에 기초해 인간을 이해하고, 이로부터 도덕과 법의 원칙을 도출했다는 점에서 큰 장점을 갖고 있는 것이 사실이다. 하지만 서로 다른 쾌락이 분명히 존재한다는 것을 당연한 하나의 상식으로 이미 받아들이고 있는 우리에게 모든 쾌락은 질적으로 차이가 없으며, 오직 양적으로만 차이가 있다고 주장하는 그의 쾌락에 대한 이해는 우리가 그것을 승인하려고 할 때 주저하게 만드는 원인이 되고 있다.

양적이며 질적인 두 가지 쾌락을 경험해본 사람이 어느 한 가지를 더욱 선호한다면, 바로 그것이 더욱 바람직한 쾌락이라고 할 수 있다(J. S. 밀)

그의 제자인 존 스튜어트 밀(J. S. Mill. 1806~1873)은 벤담의 윤리가 안고 있는 이와 같은 한계를 명확하게 인식하고 있었다. 이 때문에 그는 '품위를 지닌 사람', '교양을 갖춘 사람'이라면, "쾌락의 양과 질을 비교하여 질적으로 우월한 쾌락을 더 선호한다."는 이른바 '선호 공리주의'를 주장한다. 즉 그는 만족스런 돼지의 쾌락이나 바보의 쾌락보다는 불만족하지만 질적으로 뛰어난 소크라테스와 인간의 쾌락을 우리가 추구해야 할 가치 있는 쾌락으로 여겼던 것이다. 그에 의하면, 양적 쾌락과 질적 쾌락, 이 두 가지 모두를 경험하여 이 두 가지 모두에 정통하고 익숙한 사람이 '선호'하는 것이라면, 그것이 바로 우리가 추구해야 할 바람직한 쾌락이라는 것이다.

이처럼 정신적 교양을 갖춘 사람의 자질을 중시했던 밀이었기 때문에 인간 정신의 지속적인 진보에 대해서도 깊이 신뢰하고 있었다. 밀의 이런 관점은 외적 제재는 물론, 내적 제재, 즉 '정상적인 교육을 받은 사람이라면 느끼게 될 정신적 고통', 또는 '나중에 후회하는 마음으로서 양심'이 그릇된 행동을 하지 못하도록 인도하는 강력한 힘으로 작용한다는 주장으로 이어진다. 인간 정신의 고상함과 '사회적 감정'으로서 양심을 중시했던 밀의 이러한 생각은 "자신의 몸과 정신의 주권자는 바로 자기 자신"이라는 신념에 기초해 한 사람의 자유는 그가 다른 사람의 자유에 제약을 가하지 않는 한, 어떤 도덕적 명분으로도 그의 자유를 간섭할 수 없다는 '고전적 자유주의'의 완성으로 발전한다.

자유와 다양성(개성)에 대한 그의 믿음은 "침묵을 강요당하는 어떤 의견이 사실은 진리일 가능성이 있으며, 설령 그 의견이 틀릴지라도 일부분 진리로서 인정받을 수 있을지도 모른다. 뿐만 아니라 진리라고 받아들여진 주장들도 진지한 검사 과정(즉 자유로운 토론과 비판)을 거치지 않을 경우, 그저 하나의 편견에 머무를 수도 있다."는 주장에 깊이 함축되어 있다. 인간의 정신이 점진적이고 지속적으로 성숙할 수 있으리라는 믿음, 이를 위해 남성은 물론, 여성에 대해서도 자유와 참정권을 인정해야 한다는 주장, 그리고 진리에 대한 열린 자세와 정부·권력의 (지나친) 간섭에 대한 반대와 같은 그의 자유주의 가치는 오늘날 우리 사회의 문제들, 예를 들어 남녀 차별로서 '유리천장', 정부의 언론과 표현의 자유에 대한 과도한 간섭, 공개적인 비판에 인색한 정치권력 등에 대해 국민과 정부가 어떤 태도를 지녀야 하는지에 대해 예리한 통찰을 보여준다.

동정심은 사심 없는 행위의 유일한 원천이며,
따라서 도덕성의 참된 기초이다

_쇼펜하우어

" 칸트의 윤리는 '선결문제 요구의 오류'이며, 그의 정언명령은
신학적 윤리학을 은폐하기 위한 도구이며, 우스꽝스런 자기
미화일 뿐이다

" "나를 위해서는 모든 것을, 남을 위해서는 아무것도"처럼 남
의 불행을 순수하게 기뻐하는 것보다 더 악마적인 것은 없다

" 어떤 것도 의지의 소망을 충족시켜줄 수 없기 때문에 괴로워
하지 않고 산다는 것은 완전히 모순된 일이다

" 타인의 고통과 쾌락만을 고려하는 동정심만이 사심 없는 행
위의 유일한 원천이며, 따라서 도덕성의 참된 기초이다

" 살아 있는 모든 존재에 대한 무제한적인 동정심은 도덕적으
로 훌륭한 행동을 위한 가장 견고하고 확실한 보증이다

지금

[사례1] 서아프리카 국가인 말리에서 프랑스로 이주한 무슬림 바티(24)는 유대계 식료품점의 직원이다. 테러리스트 쿨리발리가 인질극을 벌인 곳도 바로 그곳이다. 쿨리발리가 식료품점을 습격한 직후 그는 쇼핑객들을 지하로 대피시켰다. 그리고는 "조용히 있어라. 나는 다시 나가 보겠다."고 했다. 그는 후에 화물 엘리베이터로 탈출했다. 경찰은 처음 그를 쿨리발리의 공범으로 여기고, 그를 바닥에 엎드리게 한 다음, 수갑도 채웠다. 경찰이 자신들의 실수를 깨닫는 데는 90분이 걸렸다. 바티는 자기가 숨겨준 사람들이 있는 곳을 알려줬고, 마침내 풀려난 인질들이 그에게 감사의 악수를 청했기 때문이다. 이 소식을 듣고 해리포터의 작가인 J. K 롤링은 "바티의 용기 있고 동정심 넘치는 행동은 우리에게 인간애가 뭔지 일깨워준다."는 글을 남겼다. 한편, 급진적 무슬림인 쿠아치 형제에 의해 머리에 총격을 당하고 숨진 경찰의 가족들은 이날 "모든 인종주의자와 반유대주의자, 그리고 이슬람에 공포를 느끼는 사람들에 대해 극단주의자와 무슬림을 혼동하지 마라."고 당부했다.

-〈중앙일보〉, 2015. 01. 11.-

[사례2] 304명의 이름들. 그들이 남겨두고 간 가족들의 고통, 그 고통을 낳은 인과관계의 사슬. 2014년 4월 16일 아침 8시. 국가 정체성과 시스템이 기울고 있었다. 시간이 지나면서 집권세력의 계산속에서 진실은 덮이고, 세월호의 비극은 정략으로 덧칠됐다. 유족들의 편을 가르고, '시체 장사', '세금도둑'이라는 해서는 안 될 말들이 쏟아졌다. 9월에는 단식을 하던 유족들

앞에서 '폭식 농성'을 하면서 조소하는 '일베' 회원들까지 등장했다. 고통과 불행을 겪고 있는 사람에게 '차마 해서는 안 되는 마음(불인인지심)'의 경계를 넘어선 것이다. 이 순간 우리 사회를 떠받치고 있던 최소한의 인륜과 감정에 기초한 연대까지 침몰하고 말았다.

칸트 비판, 선결문제 요구의 오류, 신학적 윤리학 비판, 맹목적 의지, 예술적 직관, 금욕적 삶, 동정심, 동물 배려, 이기주의, 악의, 의지와 표상, 염세주의, 불교, 인도철학

칸트의 윤리는 '선결문제 요구의 오류'이며, 그의 정언명령은 신학적 윤리학을 은폐하기 위한 도구이며, 우스꽝스런 자기 미화일 뿐이다

쇼펜하우어(Arthur Schopenhauer, 1788~1860)의 아버지와 어머니의 사이의 나이 차이는 20년이었으며, 이것은 그의 삶에도 큰 영향을 준 것으로 보인다. 상업적으로 성공한 현실주의적 성향의 아버지와 달리 감성적이고 이상주의적이며 낭만주의적 문학에 재능을 지녔던 두 사람과 그 가족은 생각처럼 행복하지는 않았던 것으로 보인다. 그녀는 아버지가 병으로 누워있을 때에도 문학적 모임 갖기를 즐겨했고, 심지어 쇼펜하우어에게는 "너는 견딜 수 없을 정도로 성가신 녀석이기 때문에 함께 지내는 사람들이 퍽 어려워 할 거야!"라는 글의 편지를 보냈다고 한다.

흔히 알려진 것처럼 그의 사상에 염세적 · 비관적이며 여성에 대한 부정적인 편견144)이 담겨 있다고 전해지는 데에는 이런 개인사도 영

---

144) 쇼펜하우어 지음, 최혁순 옮김, 『쇼펜하우어 수상록』, 서울 : 범우사, 2003. 69, 82쪽: 젊고 건강한 남성은 인류의 번식에 모든 힘을 쏟도록 자연으로부터 명령받았고, 여성은 오직 종족 번식을 위해서 존재하기 때문에 개인이 아니라 종족을 위해 살아야 한다. 또 여성은 남자들이 애써 모은 재산을 그들의 무지로 인해 단시일에 탕진하거나 낭비해버린다.

향을 미쳤을 것으로 보인다. 뿐만 아니라 그가 잠자리에 들면서 담배 파이프를 통에 넣어 자물쇠를 채워놓고, 머리맡에는 권총을 두고 잠자리에 든 것, 그리고 이발소에서는 목에 면도를 하지 못하도록 하는 등의 강박증을 보인 것도 아버지의 우울증과 함께 가정 환경적 요인이 작용한 것으로 보인다.

한편, 쇼펜하우어는 20대 중반에 동양학의 권위자인 프리드리히 마이어로부터 인도 철학을 배울 기회를 가졌는데, 이는 그의 사상 전반에 큰 영감을 준 것으로 보인다. 왜냐하면 그의 사상 전반에서 나타나는 동양적 사유와 그가 언급하는 동양 사상의 구체적인 내용들 때문이다. 실제로 그는 "신령술과 주술을 믿었으며, 서재에는 칸트의 흉상과 청동제 불상을 놓고 아침 일찍 일어나는 점을 제외하고는 칸트의 생활 태도를 본받으려고 애썼다."145)고 한다.

그렇지만 학문적으로 칸트의 윤리학은 쇼펜하우어에 의하면, '선결 문제 요구의 오류'146)를 저지르고 있다고 보았기 때문에 칸트 윤리학에 대한 비판은 쇼펜하우어 윤리학의 출발점이기도 했다. 칸트는 "실천 철학에서 중요한 것은 어떤 일이 일어나는 근거를 제시하는 것이 아니라, 한 번도 일어난 적이 없다고 해도 일어나야만 하는 일에 대한 법칙을 제시하는 것"이라고 주장한다. 하지만 이에 대해 쇼펜하우어는 "우리가 복종해야만 하는 행동 법칙들이 있다고 누가 당신에게 제시할

---

145) 위의 책, 11쪽.
146) 쇼펜하우어 지음, 김미영 옮김, 『도덕의 기초에 관하여』, 서울 : 책세상, 2008.
37쪽.

수 있는가?" 또 "누가 그와 같은 권리를 갖는가?"라고 반박한다. 이 때문에 칸트가 주장하는 절대적으로 '수수한 도덕 법칙', '정언명령'에 대한 주장은 경험을 통해 확인되지 않은 '선결문제 요구의 오류'를 범하고 있다고 있다는 것이 쇼펜하우어의 비판이다. 그렇다면 칸트의 윤리학은 왜 이러한 오류에 빠지게 된 것일까? 이에 대해 쇼펜하우어는 그의 윤리학이 '명령' 중심의 기독교 신학(윤리학)의 기초 위에서 세워졌기 때문이라고 주장한다.

쇼펜하우어에 의하면, 칸트 윤리학의 핵심인 정언명령의 형식과 '의무' 개념은 그의 윤리학이 신학적 윤리학(도덕)으로부터 유래하고 있음을 은폐하기 위한 전략이다.147) 칸트는 "'의무'란 법칙에 대한 '존경'에서 나오는 '행위의 필연성'"이라고 주장한다. 하지만 쇼펜하우어는 '행위의 필연성'이라는 말은 '당위'의 우회적 표현일 뿐이고, '존경'이라는 단어는 '복종'을 다르게 표현한 것일 뿐이라고 비판한다. 그리고 그 근거로 칸트가 "존경이란 다만 나의 의지가 어떤 '법칙 아래 종속되어 있음'을 의미하고, (중략) 그 법칙을 의식하는 것을 '존경'이라 불린다."고 했기 때문이라고 제시한다. 하지만 '존경'이라는 용어가 아무런 근거도 없이 '복종(법칙 아래 종속되어 있음)'이라는 용어의 자리에 놓일 수 없다는 것이 쇼펜하우어의 비판이다. 즉 칸트가 자신의 윤리가 신학적 도덕에서 비롯되었다는 사실을 감추기 위해 '복종'의 자리에 '존경'을 놓았다는 뜻이다.

또 '의무'가 '당위'의 우회적 표현이라는 말의 의미는 "누구든지 의무

---

147) 위의 책, 57~58쪽.

를 무상으로 떠맡지 않기 때문에 의무에는 권리도 부여되는"148) 반면, 노예가 주인에 대해 어떤 권리나 의무도 없는 것처럼, 당위란 단지 강요에서 비롯되는 것이라고 주장한다. 뿐만 아니라 쇼펜하우어에 의하면, '의무'나 '당위'는 어떤 조건('보상'이나 '징벌'에 대한 약속)과 결부되어 있다는 점에서는 같기 때문에 '정언적'이 아니라 '가언적'149)이다. 따라서 그의 주장대로 "모든 당위가 전적으로 어떤 조건과 결부되어" 있다면, '무조건적·절대적 당위'라는 칸트의 주장은 모순된 주장이며, 보편 윤리의 토대가 될 수 없다.

결론적으로 쇼펜하우어에 의하면, 신학적(기독교) 윤리학의 본질적인 특성, 즉 '명령적' 성격을 띤 윤리학이 칸트의 '의무론적' 형식의 윤리학으로 새롭게 나타났다는 지적이다. 따라서 쇼펜하우어는 칸트의 "의무란 법칙에 대한 존경에서 나오는 행위의 필연성"이라는 명제는 "의무란 법칙에 대한 복종에서 일어나야 하는 행위"150)로 해석되어야 한다고 주장한다.

쇼펜하우어의 주장대로 칸트의 윤리를 해석하게 된다면, 칸트 윤리학의 핵심 명제인 '정언명령'들은 모두 성서에 나오는 신의 절대적 명령들의 변형으로 이해할 수 있으며, 이 때문에 우리의 구체적인 경험으로부터 벗어나 있는 것이라 할 수 있다. 하지만 그렇기 때문에 우리가 신의 존재를 믿지 않는다면, 칸트의 절대적이고 무조건적인 명령으로서 정언명령 또한 설득력을 잃게 된다. 칸트는 인간의 이성과 자율성

---

148) 위의 책, 42쪽.
149) 위의 책, 40~42쪽.
150) 위의 책, 58쪽.

에 기초해 인간이 '절대적 가치'를 지닌 존재이며, 그렇기 때문에 '목적 (인격) 그 자체로서 대우하라(목적 왕국의 정식).'고 주장하지만, 사실 '가치'란 다른 대상과 비교함으로써 판단되는 평가적이고 상대적인 개념이다.151)

칸트는 '의지의 자율성'으로부터 '존엄성'을 이끌어내 이것을 "무조건적이고 비교할 수 없는 가치"라고 주장하지만, 가치란 하나의 사물을 다른 사물과 비교하여 평가하는 상대적 개념이다. 이것이 가치의 본질이다. "가치란 전문가가 가치에 대해 견적을 내는 것과 같이, 평가된 어떤 것에 대한 보상이다(디오게네스 라에르티오스). 따라서 비교될 수 없는 무조건적·절대적 가치는 거의 '최대 공간'이란 개념처럼 거의 생각할 수 없는 개념인데, 칸트의 '존엄성'이 바로 그와 같은 것이다.152)

따라서 우리가 신학적 윤리학의 주장처럼 경험과 독립된 절대적 영역이나 존재를 전제하지 않는 이상 이 명령을 곧이곧대로 받아들이기 어려운 문제에 부딪치게 된다. 이 때문에 칸트의 윤리학은 어떤 실재적 내용이나 실효성도 전혀 갖고 있지 않으며, 그가 주장하는 도덕의 기초 또한 내용 없는 개념들이 가느다랗게 연결된 허공의 거미줄과 같아서 아무런 근거도 없는 것이다. 왜냐하면 인간에게 도덕적 동인은 경험적이고 실재성을 지녀야 하기 때문이다.153)

한편, 쇼펜하우어는 칸트가 주장하는 '양심'에 대해서도 그 문제점을 비판한다. 칸트의 정언명령과 실천이성(최고선에 따라 의지를 규정하

---

151)   위의 책, 92쪽.
152)   위의 책, 100쪽.
153)   위의 책, 67~68쪽.

는 이성, 도덕적 실천의지를 규정하는 이성, 도덕을 보편적으로 타당하게 규정하는 이성)은 '양심'과 직접적인 연관성을 지니는 개념이다. 그런데 칸트에게 정언명령은 어떤 행동이 일어나기 '이전'에 앞으로 일어날 행위를 규정하는 개념이다. 따라서 만약에 행위 이전의 양심을 말할 수 있다면, 그것은 과거에 대한 기억이나 반성에 의한 간접적인 의미에서만 가능하다.

실제로 독일어의 양심(Gewissen)은 '함께—알다.'라는 어원을 가지고 있다. 우리가 오직 경험을 통해서 누군가 또는 무엇인가를 알게 된다는 뜻이다. 즉 행동을 통해서만 알게 된다는 의미이다. 그리고 이것만이 우리의 양심에 부담을 주는 이유는 이것만이 확실하게 변함없이 의식되기 때문이다. 그리스어의 '의식'이란 단어의 뜻도 '자기가 행한 것에 대한 앎'이라는 말이다.154) 이렇게 볼 때 양심이란 언제나 경험으로부터 자신의 재료를 가져온다. 그럼에도 칸트는 양심을 순수하게 경험 이전의 것(선천적인 것)으로, 그리고 우리에게 경외의 대상으로 묘사하고 있다.

마지막으로 쇼펜하우어는 칸트의 "인간, 그리고 이성적인 존재는 목적 그 자체로서 존재한다."는 명제에 대해서도 문제 삼는다. 앞에서 이미 밝힌 것처럼, 쇼펜하우어에게 모든 가치는 비교에 의한 평가적 개념이다. 이 때문에 쇼펜하우어는 동물처럼 "이성이 없는 존재는 사물이고, 그렇기 때문에 동시에 목적이 아닌 단순한 수단으로 취급"되어도 된다는 칸트의 주장을 참된 윤리학에 대한 모독이라고 비판한다.

---

154) 위의 책. 104쪽.

칸트가 인간은 인간 이외의 존재에 대해 의무를 지지 않는다고 주장하면서 다음과 같이 선언한 것에 대해서도 아시아 문화에서 이러한 주장은 매우 불쾌하고 혐오스런 주장이라고 거부한다.

> 인간이 "동물을 잔혹하게 취급하는 것은 인간 자신에 대한 의무에 대립한다. 왜냐하면 그것은 인간 안에 있는 고통에 대한 동정심을 둔하게 만들기 때문이다. (만약에 동물을 잔혹하게 대하면 대할수록) 그 사람은 다른 사람과의 관계에서 도덕성에 크게 도움이 될 수 있는 (유용한) 자연적 성향을 약화시키게 될 것이다. 155)

쇼펜하우어는 칸트의 이러한 주장이 마치 인간에게 동정심을 보여줄 목적으로 동물을 상대로 훈련하는 것 같은 병리학적 환상이라고 일축한다. 한마디로 칸트의 도덕은 모든 생명체에 존재하며, 태양의 빛을 보는 모든 눈에서 신비스럽게 반짝이는 영원한 본질을 알아보지 못하는 눈먼 주장이라는 것이다. 왜냐하면 칸트의 도덕은 인간이라는 자기 종(種)의 가치만을 알고, 오직 그 종을 상징하는 이성만을 도덕적 고려의 기준으로 삼기 때문이다. 156) 이를 두고 쇼펜하우어는 그의 윤리와 정식(정언명령)은 치밀하게 인위적인 것들로 둘러싸인 '이기주의' 윤리의 매우 독특한 변형이며, 우스꽝스런 자기 미화라고 꼬집는다.

칸트의 주장과는 반대로, 쇼펜하우어는 인간의 삶을 되돌아보라고 주문한다. 일부의 주장처럼, 윤리학이란 인간이 어떻게 행동해야 하는

---

155) 위의 책, 93쪽.
156) 위의 책, 94쪽.

지에 관한 것이지, 실제로 인간이 어떻게 행동하는지에 관한 것이 아니라는 주장에 대해 지금까지의 그와 같은 주장을 부정하는 것이 자기가 의도하는 것이라고 반박한다. 그와 같은 명령 형식의 윤리는 칸트 같은 신학적 도덕에서만 의미를 지닌다는 주장이다. 오히려 쇼펜하우어는 참된 도덕적 가치를 지닌 행위들을 발견하기 위해 '선험성'이나 '추상적인 이성적 존재' 개념에 의존하지 않고, 경험적 방법, 즉 주어진 현상에 대한 관찰을 통해 진정한 도덕의 기초(즉 순수한 인간애의 표현으로서)를 세우고자 했다.

"나를 위해서는 모든 것을, 남을 위해서는 아무것도"처럼 남의 불행을 순수하게 기뻐하는 것보다 더 악마적인 것은 없다

이를 위해 쇼펜하우어는 먼저, 자발적인 정의, 순수한 인간애, 진정으로 고결한 행위가 될 수 있는 것, 즉 참된 도덕적 가치157)들이 있는지를 탐구하기 전에 이것들과 완전히 반대되는 것들에 대해서 말한다. 그는 '반도덕적 동인', 즉 도덕과 반대되는 행동을 이끄는 근원적인 힘으로 이기주의와 악의를 꼽는다. 이기주의는 인간과 동물의 본질을 이루며, 한마디로 "나를 위해서는 모든 것을, 남을 위해서는 아무것도"이다. 이기주의는 모든 것에 대해 오직 자신의 고통과 행복만을 고려할 뿐, 다른 나머지는 모두 배제해 버린다. 그렇기 때문에 참

---

157) 위의 책, 140쪽.

된 도덕성에 대해 말하려면, 먼저 이기주의와 대면하고 이를 물리칠 수 있어야 한다.

쇼펜하우어는 우리의 행동을 직접적으로 이끌어내는 또 다른 요인으로 '악의'를 지적한다. 악의는 '남의 불행을 기뻐하는 마음'이기 때문에 가장 반도덕적이며 천박한 것이다. 악의와 잔인함은 다른 사람의 고통 그 자체를 목적으로 삼기 때문에 도덕적으로 이것보다 더 타락한 극단적 이기주의는 없다. 이것은 "누구도 돕지 마라. 너에게 도움이 된다면 기꺼이 모든 이를 해쳐라.", "네가 할 수 있는 한, 모든 이를 해쳐라." 이다.158) 이 점에서 칸트는 자신의 특별한 노력을 남의 불행을 기뻐하는 마음을 비난하는 것에 쏟았어야 했다.159)

그런데 이와 같은 반도덕적인 행동을 하게 하는 이기주의와 악의를 제재하기 위한 유력한 방안으로 가장 흔하게 신과 종교적 장치가 동원된다. 종교는 초월적 교리를 통해 죽은 다음의 세계에서 주어지는 상에 대한 유혹과 벌에 대한 위협으로써 이를 제어하려고 한다. 하지만 유혹(상)과 협박(벌)이라는 수단을 통해 사심이 없는 순수한 도덕적인 행위를 기대하는 것은 모순이다. 왜냐하면 이것은 오직 이해관계에 기초해 대가를 전제로 하는 교환일 뿐이기 때문이다. 따라서 종교적 접근을 통해 문제를 해결하려고 해서는 안 된다.

---

158) 위의 책, 145~146쪽.
159) 위의 책, 180쪽.

어떤 것도 의지의 소망을 충족시켜줄 수 없기 때문에 괴로워하지 않고 산다는 것은 완전히 모순된 일이다

쇼펜하우어의 인간 이해, 즉 그는 인간의 행동을 이끄는 반(反)도덕적 힘으로서 이기주의와 악의를 주장하기 때문에 흔히 염세적 · 비관적이라고 평가받기도 한다. 즉 이 세계는 '가능한 최악의 세계'라는 의미이다. 물론, 이러한 평가의 배경에는 쇼펜하우어가 주장하는 더욱 근본적인 철학적 개념이 있다. 그것은 '맹목적 충동으로서 의지', '쉼 없이 지향하는 욕망으로서 실체(의지)'라는 개념이다. 그에게 의지란 맹인이 사지가 마비된 사람을 등에 업고 달려가는 상황에 비유된다. 의지에게 방향성과 목적성, 법칙과 질서란 없다.

이처럼 그에게 '의지'란 '어떤 무엇을 결정하는 능력'으로서의 의지가 아니며, 어떤 행위를 계획하고 실제로 행동을 하도록 동기를 부여하는 의지도 아니다. 그의 의지는 '생명의 원리', '생명의 에너지'160)를 의미하는 것으로, 이것은 인간과 동물은 물론, 무기물에서도 나타나는 '맹목적인 충동으로서 의지'이다. 그리고 그에게 이 '의지는 세계의 본질'을 표현하는 개념이다.

> 의지는 세계의 본질 그 자체이며, 세계의 모든 현상은 의지의 객관화이다. 의지가 없으면 표상도, 세계도 없다.161) (중략) 인간

---

160) 수잔네 뫼부스 지음, 공병혜 옮김, 『의지와 표상으로서의 세계』, 서울 : 이학사, 2002. 111쪽.
161) 위의 책, 233쪽.

과 동물의 신체가 그들 각각의 의지 일반과 완벽하게 적합한 것은 바로 여기(신체는 의지의 객관화), 즉 의지에 근거하고 있기 때문이다. 이것은 마치 제작자의 의지에 따라 만들어진 도구와 비슷하지만, 이것을 훨씬 뛰어넘는 것이다. (중략) 신체의 각 부분들은 의지를 드러내는 욕구들과 완벽하게 일치해야 하며, 이러한 욕구들의 가시적인 표현이어야 한다. 치아와 목구멍, 장기는 객관화된 (의지의) 배고픔이다.162)

따라서 각각의 모든 사물들은 '의지가 드러남' 또는 '의지의 드러냄'이며, 자연의 모든 활동들로서 충동들도 이 의지와 같은 것이다. 우리는 모든 사물에 선행하는 이 의지를 모든 것에 내재하는 근원적인 힘의 본질로 받아들여야 한다. 왜냐하면 자연계를 지배하는 근본 원리인 의지는 무기물의 세계에서는 '자연력'으로, 식물의 세계에서는 '생명력'으로, 그리고 인간과 동물에게서는 '의지'로 드러나기 때문이다. 이 점에서 자연계 전체는 생명을 유지하려는 맹목적인 무한한 우주적인 활동(즉 의지)의 지배를 받는다.163) 세계는 본질적으로 우리가 살고 있는 의지의 세계이면서, 또한 인식 능력을 지닌 인간에 의해서 표상된 세계이기도 한 것이다(『의지와 표상으로서 세계』).

인간은 자유로운 존재가 아니라 오히려 필연성의 지배를 받고 있으며, 그렇기 때문에 그가 어떤 계획을 세우고 심사숙고한다고 할

---

162) 위의 책, 116쪽.
163) 김정현 외 지음, 『철학, 죽음을 말하다』, 서울 : 산해, 2004. 132쪽.

지라도 자신의 행위를 변화시킬 수는 없다. 자기 삶의 처음부터 마지막까지 자기 스스로도 시인할 수 없는 성격(즉 의지)을 계속 지니기 때문에, 말하자면 그 넘겨받은 역할을 끝가지 수행하지 않으면 안 되는 존재이다.164)

인간이 '자유의지'와 '이성', '자율성'을 가지고 자신의 삶을 계획하고 성찰할 수 있다는 계몽주의와 진보에 대한 낙관적 이상과는 반대로 '맹목적 의지(욕망, 충동)'의 지배로부터 벗어날 수 없고, 의지로부터 넘겨받은 역할을 수행할 수밖에 없는 존재라고 규정되는 지점에서 우리는 쇼펜하우어의 염세주의(비관주의)적 요소를 읽어낼 수 있다. 의지의 소망과 요구는 결코 멈추는 법이 없기 때문에 하나의 욕망이 채워지는 지점에서 의지의 요구는 다시 시작한다. 따라서 어떤 무엇도 의지가 요구하는 그 깊이를 결코 채워주지 못한다. 이 때문에 우리의 삶은 '고통', 즉 우리가 "괴로워하지 않고 산다는 것은 완전히 모순된 일이다."165)

타인의 고통과 쾌락만을 고려하는 동정심만이 사심 없는 행위의 유일한 원천이며, 따라서 도덕성의 참된 기초이다

그의 사상이 '맹목적인 충동으로서 의지'의 세계만을 주장하고, 우리의 삶이 '이기주의'와 '악의'에 의해 지배된다는 비관적인 주장으로 끝

---

164) 수잔네 뫼부스 지음, 위의 책, 122쪽.
165) 위의 책, 107쪽.

난다면, 지금처럼 하나의 사상으로서 생명력을 유지하지는 못했을 것이다. 그의 사상이 갖는 진정한 가치는 '의지가 세계의 본질'이라는 통찰과 함께 우리가 이와 같은 삶의 고통으로부터 어떻게 구제될 수 있으며, 이를 통해 진정한 정신적 행복(열반)에 이를 수 있는지에 대한 가르침에 있다. 즉 그가 제시하는 고통의 치유술166)에 있다.

그의 주장처럼, 만약에 우리가 '맹목적 의지'를 긍정하고, 이것에 굴복한다면, 우리의 삶은 고통의 연속일 뿐만 아니라 '태어난 것 자체가 죄악'일지 모른다. 쇼펜하우어는 이와 같은 최악의 상황에서 우리가 구제될 수 있는 방안으로 '맹목적 의지를 부정'하는 삶, 즉 예술적, 도덕·윤리적, 금욕적 삶의 실천을 제시한다.

먼저, 그는 우리가 예술적 직관과 체험을 통해 의지와 고통의 원인이 사라지는 기회를 가진다고 주장한다. 예술적 체험과 관조 활동은 추상적인 이성을 통해 사물을 파악하지 않으며, 사물이나 자신에 대한 집착으로부터도 벗어나는 기회를 가질 수 있다. 왜냐하면 우리가 직관과 몰입을 통해 예술적 체험을 한다는 말은 "자신의 의지를 잊고 오직 순수한 주관으로 객관을 비치는 거울로서 존재"함으로써 "대상을 지각하는 사람은 존재하지 않는 것처럼 된다."는 뜻이기 때문이다. 이 주관적 체험의 순간 우리는 "순수한 의지가 없는, 또한 고통이 없는, 시간이 없는 '인식 주관'이 된다."167) 그것이 비록 잠시 동안일지라도 우리는 예술적(미적) 체험을 통해 의지로부터 해방되는 순간을 맞이할 수 있다.

---

166) 김정현 지음, 위의 책, 128쪽.
167) 심용만 지음, 75쪽 재인용; 『의지와 표상으로서의 세계』, 제34장 참조.

다음으로 금욕적 삶을 통한 고통의 소멸이 있다. 금욕이란 의지를 자발적으로 부정하는 것으로, 이것은 고통의 자기 승화이다. 쇼펜하우어는 "금욕이란 좁은 의미에서 쾌적한 것을 단념하고, 불쾌한 것을 찾음으로써 의지들을 고의적으로 좌절시키는 것이며, 자발적으로 선택한 속죄의 생활 방식과 고행을 통해 의지를 영속적으로 억제하는 것으로 해석한다."168)고 정의한다. 금욕을 실천하는 사람은 마음속에 나타나는 '자아(자기 자신)'라는 현상으로서 자기와 자기의 의지를 부정하는 삶을 살아간다. 즉 고통의 원인이 되는 자아 중심적 삶에서 벗어나는 삶을 살아간다. 따라서 금욕적 수행을 한다는 것은 마음의 영속적인 평정을 가능하게 해주고, 의지를 영속적으로 억제하게 함으로써 고통을 해소(구원)할 수 있다.

마지막으로 도덕 · 윤리적 삶을 실천함으로써 고통에서 해방되는 방안이다. 이것은 쇼펜하우어의 도덕 · 윤리에 관한 주장이기도 한데, 그의 『도덕의 기초에 관하여』(1840)에는 도덕(성)의 원리에 관한 중요한 실마리가 제시되어 있다.169)

1. 어떤 행위도 충분한 동기가 없이는 일어나지 않는다.
2. 마찬가지로 행위자의 행위 또한 충분한 동기만 있으면 일어난다.
3. 오직 쾌락과 고통은 가장 넓은 의미에서 의지를 움직이는 원인이다. 따라서 모든 행위는 고통 또는 쾌락과 관련된다.
4. (그런데) 행위자 자신의 쾌락 또는 고통이 최종 목적인 모든 행

---

168) 위의 논문, 83쪽 재인용; 제68장 참조.
169) 쇼펜하우어 지음, 위의 책, 152~153쪽.

위는 이기적 행위이다.

5. 이기주의는 도덕적 가치와는 완전히 배타적이다. 따라서 어떤
행위가 이기적인 목적에서 비롯된다면, 그것은 어떤 도덕적 가치
도 지니지 못한다.

6. 어떤 행위의 도덕적 의미는 오직 그것이 타인과의 관계에 놓여
있을 때만 가능하며, 이 경우에만 정의로운 행위 또는 인간애적인
행위가 된다.

쇼펜하우어는 이 모든 가정들에 기초해 다음과 같은 결론을 이끌어
낸다.

> 행위자 자신의 쾌와 고통이 행위의 근본 원인(동인)인 행위는 이
> 기적이고 도덕적 가치를 지니지 않는다. (중략) 오직 타인의 고통
> 과 쾌락을 의도하고, 그 타인이 무사히 머무는 것 혹은 심지어 타
> 인에 대한 도움이나 원조, 그의 고통의 완화 이외는 아무것도 의
> 도하지 않는 것, 오직 이것만이 행위의 도덕적 가치를 낙인(결정)
> 한다. 따라서 행위의 도덕적 가치는 오직 타인의 이익을 위한 것
> 인지의 여부에 따라 결정된다. 그렇지 않다면 도덕적 가치를 갖지
> 않는다. 170)

행위의 직접적 동기가 나의 쾌나 고통이 아니라 오직 다른 사람의 쾌

---

170)   위의 책, 153쪽.

나 고통에 있어야 한다는 말은 그의 쾌락을 원하고, 그의 고통을 원하지 않아야 한다는 뜻이기도 하다. 이것은 '그'와 '나'를 구분 짓는 것이 아니라 반대로 '나'와 '그' 사이의 차이가 극복되는, 즉 동일화되거나 아니면 적어도 어느 정도 지양될 것을 요구한다. 쇼펜하우어에 의하면, 이러한 동일화 또는 지양은 동정심에 기초한 행위에서 가장 명확하게 드러난다. 그에게 동정심이란 그의 고통을 통해 내가 그만큼의 고통을 받고 느끼며, 그의 쾌가 마치 나의 쾌인 것처럼 직접적으로 원하는 것이다.

> 따라서 동정심만이 유일하게 모든 자유로운 정의와 참된 인간애의 실질적인 토대이며, 오직 동정심에 기초한 행위만이 도덕적 가치를 가진다. 171) (중략) 윤리학의 최고 원리는 "누구도 해치지 마라. 네가 할 수 있는 한 모든 이를 도우라."이다. 172)

쇼펜하우어는 앞에서 제시한 도덕(성)의 기초와 관련해 4와 5는 오직 자신의 쾌락과 고통, 즉 행복만을 목적으로 하는 이기주의(또는 악의)에 기초하기 때문에 도덕적 행위에서 완전히 배제한다. 그리고 오직 6, 즉 타인의 쾌와 고통만을 염려하고, 이에 근거해 타인과 나 사이에 일어나는 동일화로서 동정심(인간애)만이 정의와 도덕의 기초가 된다고 주장하고 있다.

요약하면, 인간의 행동을 이끄는 근원적인 힘(충동)에는 세 가지, 즉

---

171) 위의 책, 157쪽.
172) 위의 책, 161쪽.

이기주의, 악의, 그리고 동정심이 있다.173) 그런데 이기주의와 악의 (에 찬 잔인함)는 오직 자신만의 쾌와 고통만을 염두에 두고 있기 때문에 악이지만, 동정심은 오직 다른 사람의 쾌와 고통만을 염두에 두고 일어나는 행위이기 때문에 참된 인간애와 정의의 상징이 된다는 것이다. 맹자의 측은지심(惻隱之心)과 불인지심(不忍之心)처럼 타인의 고통이 우리에게 직접적인 행동의 원인이 되는 동정심, 그의 고통을 보면서 내가 함께 고통을 느끼는 것, 타인의 고통이 나에게 행동의 직접적인 원인이 되는 것, 이것이 쇼펜하우어가 말하고자 했던 도덕의 기초로서 '자연적 동정심'이며, (누구도 해쳐서는 않는다는 의미로서) 정의와 인간애의 덕이다.

> 정의의 덕과 인간애의 덕은 근본 덕이며, 이 근본 덕은 자연적 동정심에 뿌리를 둔다. 동정심 자체는 인간 의식의 부정할 수 없는 사실로서 인간 의식에 본질적으로 고유한 것이며, 교육 · 종교 · 양육 · 신화에서 유래하지 않고, 근원적이고 직접적인 것으로서 인간의 본성 자체에 놓여 있다. 그렇기 때문에 동정심은 모든 상황에서 그 타당성이 입증되고, 모든 나라와 모든 시대에서 (보편적으로) 나타난다. (중략) '인간성'은 종종 동정심과 동의어로 사용되며, 이 때문에 동정심이 결여된 사람을 비인간이라고 부른다. (중략) 정의는 동정심에 근거한다.174)

173) 위의 책, 158쪽.
174) 위의 책, 162~163, 167쪽.

동정심이 도덕적 가치를 지닌 모든 행위들의 유일한 원천이 되는 이유는 그것이 타인을 훼손하지 않도록 이끌 뿐만 아니라 돕도록 이끌며, 타인의 어려움이 긴박하고 클수록 순수한 도덕적 동기에 이끌려 타인을 위해 희생하도록 안내하기 때문이다. 이것은 논증을 통해 지지할 필요가 없이 순수한 근원에서 촉발되는 것이다. 타인의 고통에 대해 마치 본능처럼 직접적이고 완전하게 참여하는 행위는 이기적 동기가 원천적으로 배제된 순수한 행위이기 때문에 유일하게 도덕적 가치를 가진다. 이기주의가 오직 자신의 행복만을 목적으로 하고, 악의가 오직 타인의 고통과 불행만을 목적으로 한다면, 동정심은 오직 타인의 행복만을 목적으로 하기 때문에175) 내적인 만족감을 일으키는 유일한 것이 될 수 있다. 즉 오직 타인의 필요만이 행위의 유일한 동기이다.

쇼펜하우어 윤리학의 기초는 정의와 인간애, 즉 "네가 할 수 있는 한, 모든 이를 도우라.", "누구도 해치지 마라."이다. 그의 동정심은 악의와 잔인함의 반대 개념이며, 또한 신학적 윤리와 칸트의 윤리, 그리고 볼프의 윤리와도 대립하는 개념이다. 쇼펜하우어는 자신의 동정심에 기초한 윤리를 이들의 윤리와 대비시키는 것으로 정당화한다.

> (어린아이를 학대하고 죽음에 이르도록 방치한 부모에 관한 신문 기사를 읽었다고 가정하자.) 이 잔인한 행위에 대해 우리는 "어떻게 그런 짓을 할 수 있는가?"라고 탄식할 것이다. 이 물음의 의미는 무엇인가?

---

175) 위의 책, 182~183쪽.

"어떻게 미래의 삶에서 주어질 벌을 그렇게도 두려워하지 않을 수 있다는 것인가?"인가? 그렇지 않다. 아니면 "어떻게 모든 이성적 존재에게 보편적 법칙이 되기에 그렇게 전혀 적합하지 않을 준칙에 따라 행동할 수 있다는 것인가?"인가? 분명히 아니다. 그렇다면, "어떻게 그 자신과 타인의 완전성을 그렇게도 무시할 수 있다는 것인가?"인가? 이것 역시 아니다. 이 탄식의 의미는 분명히 이것이다. "어떻게 그렇게 동정심이 전혀 없을 수 있다는 것인가?" 이렇게 볼 때, 도덕적 비난과 혐오의 대상이 되는 것은 동정심의 결핍과 관련될 때이다. 그러므로 동정심은 본래적으로 도덕적 동인이다. 176)

위의 첫 번째 물음은 종교에 근거를 둔 신학 윤리를 비판하는 것이고, 두 번째 물음은 칸트의 '철학적 현학'으로서 윤리학을 비판한 것이며, 세 번째 물음은 자신의 완성과 타인의 완성을 강조하는 볼프177)의 주장을 비판하는 것이다. 그리고 이 모든 한계와 비판을 근거로 쇼펜하우어는 자신이 주장하는 동정심이 윤리학의 올바른 기초라고 정당화하고 있다. 그에게 누군가의 불행은 동정심의 조건이고, 동정심은 참된 인간애와 도덕의 근원이었다.

---

176)   위의 책, 190~191쪽.
177)   볼프는 근대 합리주의(이성주의)자이며 이성적 자연법론자이다. 그는 완전한 것이야말로 선이라고 생각하여 완전성을 도덕의 객관적인 규정근거로서 특별히 찬양한다.: http://terms.naver.com/entry.nhn?docId=1712930&cid=41908&categoryId=41954

살아 있는 모든 존재에 대한 무제한적인 동정심은 도덕적으로 훌륭한 행동을 위한 가장 견고하고 확실한 보증이다

쇼펜하우어는 '인간애의 기초'이면서 '참된 도덕의 근본 동인'인 동정심을 인간과 인간의 관계만 한정하지 않고, '동물 보호'178)는 물론, '살아 있는 모든 존재에 대한 무제한적 동정심'으로 확장한다. 그의 이러한 주장은 서양 사상사에서 매우 중요한 의미를 지니는데, 그 이유는 고대 이후 근대 칸트에 이르기까지 피타고라스179)를 예외로 하면 서양의 지적 전통에서 인간이 아닌 동물은 도덕의 영역에서 거의 배제되어 왔기 때문에 그렇다. 또 그가 이러한 주장을 정당화하는 과정에서 동양과 불교 · 힌두교를 자주 인용한다는 점도 우리가 주목해야 할 부분이다.

> 살아 있는 모든 존재에 대한 무제한적인 동정심은 도덕적으로 훌륭한 행동을 위한 가장 견고하고 확실한 보증이다. 도덕적으로 충만한 사람은 누구에게도 고통을 주지 않고, 훼손하지 않으며, 관용을 베풀고, 할 수 있는 한 돕고, 정의와 인간애를 보여준다. (중략) 고대 인도에서 연극이 끝날 때 하는 기도문보다 더 아름다운 것을 본 적이 없다. "살아 있는 모든 존재가 고통으로부터 자유롭기를!"180)

---

178) 쇼펜하우어 지음, 위의 책, 198쪽
179) 쇼펜하우어에 의하면, 피타고라스는 그물에 걸려 있는 살아 있는 물고기를 어부에게 사서 모두 풀어주었는데, 이것은 동물에 대한 동정심의 표현이며, 동물에 대해 잔혹한 사람이 선한 인간일 수 없다는 것에 대한 상징이다.: 위의 책, 202쪽.
180) 위의 책, 194쪽.

우리가 데카르트와 칸트를 읽으면서 보았던 것처럼, 인간은 동물에 대해 도덕적 의무를 지지 않았다. 기껏해야 칸트의 경우에도 오직 자신의 인간성을 전제로 동물에 대해 간접적인 의무만을 말했을 뿐이었고, 데카르트의 '동물=자동 기계'의 등식에서는 인간의 동물에 대한 어떤 배려도 찾아볼 수 없었다. 하지만 쇼펜하우어는 인간과 동물이 본질과 핵심에서 같다고 주장한다. 그는 사람이 모유 수유를 하는 것과 개나 동물이 모유 수유를 하는 것은 동일하다고 함으로써 인간과 동물 사이의 심리적·신체적 공통성에 주목하여 '동물의 권리'를 말한다.

> 도덕적 동인(즉 동정심)은 나아가 동물 보호를 위해서도 채택된다. 동물은 권리가 없다는 무책임하고 형편없는 유럽인들의 생각은 잘못된 것이다. 또 동물에 대해 어떤 의무도 없다는 생각, 그리고 우리의 행위는 동물에 대해 어떤 도덕적 의미도 지니지 않는다는 망상은 서양의 불쾌한 야만성으로 이것은 유대교에서 비롯된 것이다. (중략) 하지만 고상한 아시아인이라면, 동물에 대해 이처럼 냉혹하고 잔인한 태도를 혐오할 수밖에 없다.[181]

흥미로운 점은 쇼펜하우어가 동물에 대한 도덕적 배려를 주장하면서 동양(중국, 인도)의 가르침을 받아들이고 있다는 점이다. 그는 고대 중국에서는 동정심(측은지심·인)을 근본에 두고, 정의(수오지심·의), 친절(사양지심·예), 지혜(시비지심·지), 정직(충실)을 강조했고, 인도에서는

---

181) 위의 책, 198, 200쪽.

"모든 덕 중에서 최초의 것을 동정심으로 보았다."182)고 주장한다.

지금까지 쇼펜하우어의 동정심에 기초한 윤리를 살폈다. 그런데 한 가지 주의할 점이 있다. 그가 쾌와 고통을 도덕적 행위와 연계지어 설명했다고 해서 그가 쾌락주의자나 근대 공리주의자로 이해되어서는 안 된다는 점이다. 그는 어디에서도 개인 또한 사회의 쾌락(행복)을 극대화해야 한다거나 쾌락을 측정해야 한다고 주장하지 않을 뿐만 아니라 오히려 부정하고 있기 때문이다. 그는 단지 타인의 고통을 저지하고자 하는 순수한 동정심에서 비롯된 행위만이 도덕적으로 참된 가치를 지닌다고 주장하고 있을 뿐이다. 그가 예술적 체험과 금욕적 삶, 그리고 동정심으로서 도덕을 주장함으로써 의지와 자아 중심의 삶을 부정하고 있지만, 사실 이것은 더 크고 위대한 삶을 긍정하고 있는 것이며, 나아가 맹목적 삶의 의지를 부정함으로써 삶을 더욱 참되게 긍정하고 있음을 보여주고 있다.

하지만 의지로서 욕망을 부정하는 극기와 자기 고행의 금욕적 삶, 그리고 이를 통해 열반(정신의 평화)에 이를 것을 강조하는 그의 윤리가 진정한 의미의 행복일 수 있는지에 대한 반론도 있다. 이에 따르면, 의지로서의 욕망이 언제나 불쾌하고 고통만을 주는 것은 아니며, 오히려 욕망을 품고 있고, 그러한 욕망을 충족하는 과정 자체가 커다란 행복이라는 주장이다. 183) 일반적으로 사람들이 주체적으로 또는 주위 사람들의 기대에 따라 자기 인생의 목표를 설정하고, 그렇게 설정한 목

---

182)   위의 책, 210쪽.
183)   사아키안 지음, 황경식 외 옮김, 『윤리학의 이론과 역사』, 서울 : 박영사, 2005. 289쪽.

표를 이루기 위해 헌신하는 과정에서, 그리고 실제로 성취함으로써 지속적이고 큰 행복을 경험한다는 이 주장은 매우 현실적인 비판으로 보인다.

이러한 비판에도 불구하고, 그의 의지 중심의 세계관과 삶에 관한 통찰력, 그리고 그에 따른 처방으로서 예술과 동정심에 기초한 윤리학은 이후 바그너, 프로이트, 니체, 키르케고르, 슈바이처, 톨스토이 같은 위대한 사상가들에게 큰 영감을 미친 것으로 알려져 있다.

Chapter

14

"만약에 신이 없다면 모든 것이 허용된다."는 이 말은 곧 "실존은 본질에 앞선다."는 말이며, 이로써 인간은 자유롭게 된다. 절대적 가치나 질서란 없다.   _사르트르

° 만약에 신이 없다면, 인간의 본성을 어떤 옹고된 결정론에 의존해 설명할 필요가 없게 된다. 즉 실존이 본질에 앞서게 되어 인간은 자유롭게 된다

° 인간이 어떤 본질도 없이 이 세상에 던져진 부조리라는 말은 인간이 자유롭도록 선고받았다는 뜻이다. 따라서 인간은 매 순간 스스로를 창조해야 한다

° 홀로 남겨져 있다는 것은 불안을 수반하지만, 인간이 자유롭다는 뜻이고, 자신의 본질이 스스로를 선택하는 실존으로 있다는 뜻이다

° 실존주의가 휴머니즘인 이유는 자유와 주체성에서 출발해 스스로를 넘어선다는 초월성 때문이다. 인간은 이유 없이 결정을 내릴 운명이고, 영원히 자유로울 운명이다

지금

[사례1] 독일 함부르크의 조선소 직원이었던 아우구스트 란트메서(사진 속 원 안의 인물)는 1936년 6월 해군 훈련함 진수식 행사에 참여하게 된다. 당시는 나치당이 집권하고 있었기 때문에 행사장에 모인 군중들은 하나같이 오른팔을 앞으로 쭉 뻗는 나치식 인사로 경의를 표했다. 그러나 그는 경례 대신 팔짱을 끼는 것으로 경례를 거부했다. 그는 모두가 나치에 열광할 때 자신만의 방법으로 묵묵히 반감을 드러냈다. 그는 유태인 여성과 결혼했다는 이유로 나치당에서 제명당했고, '민족 모욕죄(유태인과의 사이에서 아이를 낳았다는 이유)'로 집단 수용소에 수감되었다. 그리고 그곳에서 의문의 죽음을 맞이했다. 그가 부정의한 거대 권력을 상대로 저항했던 수단은 단순한 경례 거부(아니오!)였지만, 그는 나치에 대해 경례를 거부한 유일한 남자로 기억되고 있다.

-〈POP-NEWS〉, 2012. 11. 26.-

[사례2] 조직의 부조리에 맞선 내부 고발자들은 험난한 길을 걷는다. 기밀 누설죄, 명예훼손, 무고죄로 법정에 서거나 손해배상 청구소송에 시달린다. 법은 멀고 주먹은 가깝다는 걸 뼈저리게 느낀다. 양심적 내부 고발자는 조직을 배신한 것이 아니라 조직을 위해 고심한 것인데 왜 우리 사회는 격려보다 처단으로 쏠리는 것일까? (중략) 자신의 양심에 부끄럽지 않고자 공익을 위해 위험을 무릅쓰고 나선 사람들을 어떻게 대우하는가의 문제는 우리 사회의 도덕 수준을 보여주는 기준이 된다. 선한 양심을 보호하지 못하는 사회에 정의로운 미래는 없다.

-〈노컷뉴스〉, 2013. 08. 26.-

주제어

키르케고르, 유신론, 단독자, 종교적 실존, 니체, 노예 도덕, 무신론, 실존 대 본질, 자유, 주체, 휴머니즘, 선택, 결단, 부조리, 불합리, 앙가제, 책임, 발명, 가치 창조, 즉자 대 대자, 초월성 자기기만, 불성실

만약에 신이 없다면, 인간의 본성을 어떤 응고된 결정론에 의존해 설명할 필요가 없게 된다. 즉 실존이 본질에 앞서게 되어 인간은 자유롭게 된다

인간의 존엄성과 절대적 가치의 근원으로서 이성은 근대를 신(神)이 아니라 이성의 전제(專制)로 규정짓게 했다. 하지만 인간의 인간에 대한 가장 잔인하고 야만적인 폭력으로서 제1·2차 세계대전은 이성과 합리성, 인간의 존엄과 가치에 대해 근본적인 회의와 물음을 던지게 했다. 인간은 자신의 이성이 만들어낸 과학기술과 대량 살상 무기를 통해 스스로의 존엄과 가치를 부정하는 방식으로 자신의 한계를 드러냈다. 인간 이성이 강조했던 합리성과 법칙성, 그리고 보편성과 진보에 관한 절대적 믿음의 붕괴는 인간으로 하여금 인간의 가장 근원적인 문제, 즉 불안과 죽음이라는 한계 상황을 직시하게 했고, 그것은 보편적 인간이 아니라 절대로 비교되고 평가될 수 없는 한 사람 한 사람으로서 구체적인 개인의 삶과 의미에 대한 관심으로 옮겨갔다. 이성에 의한 보편적 질서와 법칙이라는 용어는 우연히 던져진 부조리와 덩어리라는 용어로 대체되었고, 인간이 따라야 할 절대적 이념과 가치로서

'본질' 개념은 무(無)로부터의 자유로운 선택을 통해 스스로를 창조하고 규정하는 '실존' 개념으로 대체되었다. 이러한 경향은 특히 제2차 세계대전 이후 1940~60년대 유럽을 지배했는데, 우리는 이 시기를 실존주의의 시기라 부른다.

실존주의는 "주체성이 진리이다.", "나에게 진리인 한에 있어서 그것은 진리이다."라고 주장한 키르케고르(1813~1855)로부터 시작한다. 그는 형과 누나들이 예수의 고행을 의미하는 34세 이전에 죽는 모습을 보면서 자기 가족에게 드리워진 원죄를 자신이 짊어지기로 하는 주체적 선택 · 결단을 한다. 무엇보다 그는 헤겔이 국가라는 유기적 실체로서 절대 정신 안에 개인을 종속시켰다고 비판하면서 가장 중요한 것은 인간 삶의 개인적이고 주관적인 경험 · 체험이라고 주장한다. 그는 자신의 삶을 창조하고 자신이 어떤 존재인지를 결정(규정)하는 것은 곧 자신의 선택이라고 강조하면서도, 최종적으로는 이 선택에 종교적 의미를 부여했다. 이것은 그가 예수와 같은 '예외자적 삶'을 살기로 결정한 사건과 관련이 있다. 그는 진리를 "하느님과 하나로 소통함으로써 하느님 안에서 자신의 실존을 스스로 발견하는 것"[184]이라고 주장한다. 이것이 그가 말하는 "주체성이 진리"라는 말의 의미이고, 이것을 그는 '신 앞에선 단독자'라고 부른다. 즉 오직 신앙을 통해 신과 절대적인 관계를 맺는다는 뜻이다.

그렇지만 신앙인이 아닌 사람들은 키르케고르의 유신론적 실존주의에 대해 그의 탁월성, 즉 주체성이 진리라는 주장에는 동의하면서도

---

184) 표재명 지음, 『키에르케고어 연구』, 서울 : 지성의 샘, 1995. 49쪽.

'종교적 실존'에 대해서는 동의하기를 주저하기도 한다. 그래서 이제 검토하려는 실존주의 인물은 가장 대중적인 영향력을 갖고 있었던 사르트르의 무신론적 실존주의이다.

우리가 일상적인 대화를 하는 중에 '그게 뭐지?(즉 그것은 무엇이지?)' 라고 던지는 말의 이면에는 '그것이 다른 것이 아닌 바로 그것인 까닭은 무엇 때문이지?'라는 말이 함축되어 있다. 이 '까닭'에 해당하는 말을 흔히 '본질'이라고 부른다. 즉 본질이란 어떤 사물이 있을 때 그 사물이 다른 사물이 아닌 바로 그 사물인 근본 이유(본성)를 말한다. 따라서 본질은 그 사물을 규정하는 근본 원인이다. 그렇기 때문에 우리가 어떤 사물에 대해 이름(명칭)을 붙여 부른다는 말은 곧 그 사물의 본질에 대해서 말하고 있는 것과 같다.

일찍이 동양의 성리학에서는 이 본질에 해당하는 말을 이치(이 · 理)로 규정해 사용한 반면, 서양에서 이 용어의 역사는 서양 정신사의 역사만큼이나 매우 깊다. 예를 들어 소크라테스의 다이몬, 플라톤의 이데아, 아리스토텔레스의 형상과 형이상학, 데카르트의 의식 · 정신적 실체, 라이프니츠의 단자, 스피노자의 자연, 칸트의 이성과 도덕법칙, 헤겔의 (절대) 정신, 기독교의 신 개념에 이르기까지 서양의 정신사 전반에서 이 본질이라는 용어는 언제나 중심을 차지하고 있었다.

무엇보다 기독교에서의 신(神), 즉 종교적 신앙의 대상으로서 절대자인 신은 초자연적인 힘, 초인간적인 힘을 지닌 전지(全知)하고 전능(全能)한 존재로서 인간을 포함한 모든 것들의 창조자라는 의미로 이해되어 왔다. 그리고 이런 신의 속성에 알맞게 신은 언제나 '탁월한 장인'이자 '훌륭한 설계자(디자이너)'에 비유되었다. 왜냐하면 신은 자신의 의도와 계획에 따라 모든 것을 정교하게 설계하고 창조해낸다고 믿었기 때문이다.

비록 19세기말 프랑스의 학자들이 '신'의 자리를 없애고 새롭게 '세속적인 도덕'을 세우려고 시도하면서 "신은 무익하면서도 값비싼 가정이므로 이러한 가정을 제거해야 한다."[185]고 선언했을 때에도 달라진 것은 없었다. 왜냐하면 신에 대한 가정을 부정하면서도 문명화된 세계가 존재하기 위해서는 어떤 보편적 가치가 존재해야 하고, 그것은 또한 '선천적으로' 존재하는 것처럼 여겨져야 한다고 주장했기 때문이다. 이에 따르면, '정직하라.', '거짓말 하지 마라.', '자식을 낳아야 한다.' 등은 '선천적인' 도덕 명령으로 규정짓고 따르도록 해야 한다는 것이다. 그렇지만 이러한 주장은 '신'에 대한 가정을 부정하면서도 신의 자리에 '선험적 도덕 원리'를 앉혔다는 점에서 이전과 달라진 것은 아무것도 없음이 드러난다.

"만약에 신이 없다면 모든 것이 허용된다(도스토예프스키)."는 명제를 깊게 신뢰했던 무신론적 실존주의자 사르트르에게 이 모든 주장은 "신은 죽었다."고 선언한 니체의 주장처럼 '망치를 들고' 폐기해야 할 낡은 가치일 뿐이었다. 니체가 "신은 죽었다."고 선언했을 때, 이 말은 신앙의 대상으로서 신, 절대자로서 신은 물론, 인류가 보편적이며 절대적 가치를 지닌 것으로 여기고 상속받은 기존의 이념·도덕·전통의 가치들에 대한 죽음(전도)을 의미한다.

마찬가지로 사르트르 또한 같은 생각을 갖고 있었는데, 이러한 생각

---

185) 사르트르 지음, 박정태 옮김, 『실존주의는 휴머니즘이다』, 서울 : 이학사, 2009. 43쪽.

은 "아이는 오냐오냐 할수록 버릇없는 아이가 되고, 꾸짖을수록 착한 아이가 된다."는 일반적인 격언이야말로 가장 우울한 것이라는 선언으로 나타난다. 기존의 절대 권력(힘)에 맞서지 말고, 그것에 순응하는 것이 자신을 보존하는 최선의 길임을 일깨우면서 기존의 권력을 더욱 견고하게 유지하려는 이러한 논리의 이면에는 니체가 말했던 '노예 도덕'의 그림자가 깊게 드리워져 있다.

사르트르의 이와 같은 선언을 달리 이해하면, 인간이란 후천적으로 만들어진다는 의미이기 때문에 인간의 본질을 결정하는 절대자(신)란 없고, 그렇기 때문에 인간에게 정해진 고정적 본질 또한 없다는 의미로도 읽힌다. 또 신의 본성이 창조라면, 신이 없는 자리에서 창조의 주체는 바로 인간 자신이 된다.

> "만약에 신이 없다면 모든 것이 허용된다."는 이 말은 실존주의의 출발점이다. (중략) 이렇게 되면 인간의 본성을 어떤 응고된 결정론에 의존해 설명할 필요가 없게 된다. 또 그렇기 때문에 실존은 본질에 앞서게 되며, 인간은 자유롭게 된다. (중략) 신이 없다면, 우리는 우리의 행동을 정당화시켜줄 어떤 절대적 가치나 질서를 우리 앞에서 찾을 필요가 없게 된다. 186)

이에 따라 사르트르에게 인간이란 '자유롭도록 선고 받은' 존재가 된다. 즉 인간은 '홀로 남겨진', 언제나 '아직 무엇이 아닌 존재'이며, 그

---

186) 위의 책, 44쪽.

렇기 때문에 끊임없이 매순간 '자기 스스로를 창조' 또는 '발명'하지 않으면 안 되는 존재이게 된다. 오직 인간만이 인간의 미래인 것이다. 홀로 남겨진 인간은 '불안' 속에서 매순간 자신을 하나의 '책임'으로 받아들이면서 스스로 주인(주체)이 되는 '선택'을 해야 한다. 즉 인간은 스스로를 선택한다.

> **인간이 어떤 본질도 없이 이 세상에 던져진 부조리라는 말은 인간이 자유롭도록 선고받았다는 뜻이다. 따라서 인간은 매순간 스스로를 창조해야 한다**

　그런데 여기서 주의할 점은 주체로서 주인이 되는 선택을 한다는 말이 "자신의 엄격한 개별성에 대해서만 책임이 있다."는 뜻이 아니라는 것이다. 오히려 이 말은 "인간은 인간에 대해서 책임이 있다."는 뜻으로 읽혀야 한다. 187) 즉 자신을 선택하는 행위는 또한 모든 인간을 선택한다는 뜻이다. 그러므로 선택하는 행위는 우리 시대 전체를 선택하는 책임 있는 행위이며, 인류 전체를 향해 앙가제(engagement, 자신의 책임을 의식하고 그 상황을 유지 · 변경 · 고발하기 위해 행동을 결심하는 태도)하는 것이다. 188)

　인간은 자유롭도록 선고받았다. (중략) 인간은 어떤 도움도 없이 매

---

187)　위의 책, 35쪽.
188)　위의 책, 36~37, 128쪽.

윤리와 사상 l 더 나은 삶을 위한 성찰의 힘 **인문학**

순간 인간을 발명하도록 선고받았다. (중략) 내가 선택할 수밖에 없는 것이 사실이라면, 또 내가 어떤 선택을 하든 상관없이 여기에서 내가 내 자신에게 앙가제하는 그런 선택의 책임을 지게 되는 것이 사실이라면, 비록 선택에 관한 어떤 선천적인 가치나 기준이 없을지라도, 이 선택은 변덕스런 생각과는 아무런 상관이 없다.189) (중략) 인간은 단 한 가지만을 원할 수밖에 없다. 그가 원할 수 있는 유일한 한 가지는 자유이며, 그것은 모든 가치의 바탕이 된다.190)

선택에 관한 실존주의의 주장에 대해 어떤 사람들은 그것은 '무정부주의적'이라고 비판하기도 한다. 왜냐하면 이들은 우리가 언제나 선택할 수밖에 없다는 실존주의 주장이 곧 우리가 무엇이든 해도 좋다는 뜻과 동일한 의미를 지니기 때문이라는 것이다. 이러한 비판에 대해 사르트르는 '선택이 곧 변덕스럽다'는 말과 같은 의미일 수 없다고 반박한다. 왜냐하면 한 사람의 선택은 자신에 대해서는 물론, 인류 전체에 대한 앙가제이기 때문이다. 따라서 어떤 선택을 하든지, 그것이 비록 기존의 기준·가치에 의존하지 않을지라도 결코 책임으로부터 자유로울 수 없다.

이 점에서 선택 행위는 마치 예술 작품의 창작 행위와도 비슷하다. 왜냐하면 예술 작품의 창작 행위와 (도덕적) 행위로서 선택은 창조적 발명이라는 점에서 서로 공통점을 지니기 때문이다. 이 말은 인간이란 스스로를 만들어가는 존재이지, 이미 만들어진 존재가 아니라는

---

189) 위의 책, 44~45, 71쪽.
190) 위의 책, 78쪽.

뜻이다. 191) 예술가가 자신의 창작 행위를 통해 자기 자신을 작품에 앙가제하는 것처럼, 인간은 선택이라는 행위를 통해 자신과 인류를 향해 앙가제한다. 예술가의 창작 행위이든, 우리 자신의 선택이든 공통적으로 무엇을 어떻게 해야 할 것인지에 대해 미리 결정된 것이란 없다. 그렇기 때문에 두 경우 모두 스스로 자신의 법칙을 발명할 수밖에 없다. 그리고 이 모든 것의 바탕에는 자유롭도록 선고받은 인간 실존이 있다.

우리는 사르트르를 통해 인간이 어떤 본질도 없이, 즉 아무런 이유도 없이 이 세상에 던져진 '부조리'한 존재라는 사실, 또한 그렇기 때문에 자유로울 수밖에 없는 운명이라는 사실을 확인하고, 나아가 이에 따라 우리가 선택할 수밖에 없는 존재라는 사실을 받아들인다. 그렇다고 선택이 어떤 선택이든지 정당화된다는 의미가 아니라 자신과 인류의 미래에 대한 앙가제라는 일관성 있는 선택이라는 것을 놓쳐서는 안 된다. 즉 자신의 존재에 대해 책임을 요구하고 있다.

> 인간은 먼저 실존한다는 사실, 즉 인간은 우선적으로 미래를 향해 스스로를 던지는 존재(기투 · 企投)요, 미래를 향해 자신을 던지는 행위를 의식하는 존재이다. (중략) 따라서 실존주의의 첫걸음은 모든 인간으로 하여금 자신에 대해 주인이 되도록 하는 것이고, 모든 인간으로 하여금 자신의 실존에 대해 완전한 책임을 지도록 하는 것이다. 192)

---

191) 위의 책, 74쪽.
192) 위의 책, 34쪽.

사르트르는 인간의 이와 같은 운명적 특성을 가리켜 '주체성'이라 부르고, 이것이 실존주의의 제1원칙이라고 강조한다. 이에 따르면, 인간이란 자신을 계획하고 설계한 창조자가 있는 사물, 즉 '즉자적 존재'와는 달리 스스로를 대상화하고, 스스로를 책임 있는 존재로 받아들이며, 이를 근거로 자신을 미래를 향해 던지는 존재, 즉 '주체'라는 것이다. 이것은 플라톤 이후 서양의 오랜 사상적 전통, 즉 먼저 본질이 존재하고 그 다음 사물이 존재한다는 명제를, 주체로서 인간이 먼저 세상에 존재하고 그 다음 자신을 스스로 규정한다는 명제로 전도시킨 것이다. 그러므로 인간이란 스스로가 자신을 구상하는 그 무엇이며, 아직 무엇으로 있지 않은 존재이다. 또한 그렇기 때문에 인간은 미래에 대해 가능성으로서 열린 존재이다.

> 실존이 본질에 앞선다는 말은 먼저 인간이 세계 속에 실존하고, 인간이 정의되는 것은 그 이후의 일이란 뜻이다. 왜냐하면 인간이란 (미리) 정의될 수 없어서 우선은 아무 것도 아니기 때문이다. 인간에게 본성이란 없기 때문에 (실존한) 그 다음 스스로 만들어가는 것이다. 193)

신이 없다면 우리는 자유이며, 인간이란 먼저 실존하고 그 다음 정의되는 존재라는 명제를 통해 우리는 사르트르가 무신론에 기초해 실존주의를 주장하고 있음을 발견할 수 있다. 사르트르는 스스로를 키르케

---

193)　위의 책, 33쪽.

고르나 야스퍼스와 같은 유신론적 실존주의자가 아니라 무신론적 실존주의자라고 규정한다. 그리고 이것을 즉자(사물)와 대자(스스로를 의식하고 있는 존재)를 대비함으로써 명확하게 설명한다. 이에 따르면, 봉인한 편지 봉투를 자르는 칼은 그것을 처음으로 디자인한 장인의 의도에 맞게 만들어진(제작된) 것이다. 따라서 칼의 용도는 물론, 칼의 모양, 칼의 재료와 만드는 방법은 그것을 처음 디자인한 장인에 의해 사물로서 칼이 만들어져 있기 이전에 이미 규정(정의)되어 있다.

사르트르의 실존주의적 표현을 빌린다면, 칼의 본질은 칼의 실존에 앞서 존재한다. 마찬가지로 이것을 신과 인간의 관계에 적용해 설명한다면, 즉 서양의 오랜 전통처럼 창조자로서 신을 가정한다면, 칼의 본질을 미리 결정한 장인처럼 신은 존재하며, 또한 인간의 본질을 미리 결정하는 존재로 받아들여진다. 하지만 이미 살폈던 것처럼 인간은 '부조리'하게 우연히 지금 여기에 존재하고 있으며, 그 다음 자신을 미래를 향해 던지는 선택을 한다. 달리 표현하면, 스스로의 구상에 따라 스스로를 정의하는 주체성이며, 기투하는 행위를 의식하고 있는 '대자'이다. 따라서 인간이란 '아직 그가 아닌 그 무엇으로 있는 존재'이다. 인간은 가능성 그 자체이며, 끊임없이 과거를 부정하면서 미래를 향해 있는 '지금 현재 있는 것으로 있지 않으려' 하는 존재이다.

홀로 남겨져 있다는 것은 불안을 수반하지만, 인간이 자유롭다는 뜻이고, 자신의 본질이 스스로를 선택하는 실존으로 있다는 뜻이다

실존이 본질에 앞선다면, 인간의 운명은 자유일 수밖에 없고, 이 자유에 의한 선택을 통해 스스로를 규정(정의)하는 존재라는 사실이 명확해진다. 그런데 이것은 나 자신에게만 적용되는 것이 아니라 모든 사람들(타인)에게도 똑같이 적용된다. 따라서 칸트와 같은 추상적이고 형식적인 도덕 원리나 기독교적인 신의 명령을 가지고서는 우리의 선택과 행동을 판단하고 정의할 수 없게 된다.

나를 찾아온 제자에 관한 이야기이다. 그의 아버지는 독일에 협조하고 있었고, 그의 형은 독일의 침략으로 죽음을 당했다. 이 학생은 형의 원수를 갚고자 했지만, 그의 곁에는 어머니가 함께 살고 있었다. 그의 어머니는 이 학생으로부터 위안을 찾으며 살아가고 있었다. 그래서 이 학생의 고민은 더욱 깊어갔다. 프랑스군에 입대하려면 어머니를 포기해야 하고, 어머니를 모시려면 형의 원수를 갚는 일을 포기해야 했기 때문이다. 그렇다면 누가, 무엇이 그의 선택에 도움을 줄 수 있을까?194)

이에 대해 사르트르는 기독교의 교리도, 칸트의 도덕 법칙도 아무런

---

194) 위의 책, 47~48쪽.

도움을 줄 수 없다고 비판한다. 먼저, 기독교 교리는 (이웃 또는 원수에 대한) 사랑, 다른 사람에 대한 자기희생, 그리고 가장 힘든 길을 가라고 가르치기 때문이다. 형을 죽인 독일군과 외롭게 삶을 지탱하고 계시는 어머니와의 관계에서 이 학생이 해야 할 사랑과 자기희생, 가장 힘든 길은 어느 쪽인가? 불행히도 본질이 실존에 앞선다는 기독교적 관점으로부터 이 학생은 아무런 도움을 기대할 수 없다.

다음으로 칸트의 도덕 법칙과 정언명령은 이 학생에게 도움을 줄 수 있는가? 사르트르는 단호하게 아니라고 주장한다. 왜냐하면 칸트의 선험적 도덕 원리는 사람을 오직 인격 그 자체 또는 목적 그 자체로서만 대우하라고 가르치기 때문이다. 이 학생은 어떤 선택을 하든 어느 한 쪽을 수단으로 취급하게 되어 있다. 만약에 어머니를 선택한다면, 전쟁터에서 싸우고 있는 군인들을 수단으로 대우하는 것이고, 전쟁에 참가한다면 어머니를 수단으로 대우하는 상황에 빠지게 된다.

그러므로 무신론적 실존주의자로서 우리(나)는 이 학생에게 "학생은 자유롭네. 따라서 선택하게. 스스로를 발명하게."195)라는 말 외에 어떤 도움도 줄 수 없다. 왜냐하면 선험적 도덕 원리나 신의 명령 같은 보편적이고 절대적인 도덕 명령들은 하나의 실존으로서, 그리고 아직 그 무엇이 아닌 자유인 이 학생에게 아무런 도움을 줄 수 없기 때문이다. 또 이 학생은 단지 홀로 남겨진 '불안'이 수반하는 '절망' 속에서 스스로를 미래를 향해 선택하고 앙가제함으로써 스스로 자기 가치를 만들어내는 창조자인 자유로운 운명이기 때문이다. 즉 이 학생은 "비밀

---

195)   위의 책, 51쪽.

을 가지고 있지 않은" '덩어리', "자기가 아닌 것과 아무런 관계를 맺지 못하는" 사물(즉자)196) 이 아니라 자유롭기를 그만둘 수 없는 실존이기 때문이다.

> **실존주의가 휴머니즘인 이유는 자유와 주체성에서 출발해 스스로를 넘어선다는 초월성 때문이다. 인간은 이유 없이 결정을 내릴 운명이고, 영원히 자유로울 운명이다**

한편, 실존주의가 강조하는 자유와 주체, 앙가제는 실존주의가 휴머니즘이라는 명제와도 직접적으로 관련된다. 그런데 실존주의가 휴머니즘이라고 할 때, 이 용어에 대해 오해가 발생할 수 있다. 왜냐하면 생일날 혼자서 눈물을 흘리는 홀로된 노인을 보면서, 고양이와 개를 돌보는 사람들을 보면서, 종교적 가르침을 실천하는 신앙인을 보면서, 가난한 사람을 동정심으로 대하는 사람을 보면서, 재치 있고 유쾌한 말을 건넬 줄 아는 사람을 보면서, 옛것을 간직하고 찬양하는 사람을 보면서, 그리고 첫사랑의 아련한 추억에 잠길 줄 아는 사람을 보면서 우리는 얼마든지 이러한 상황들을 '휴머니즘'과 결합해 사용할 수도 있기 때문이다.

하지만 사르트르에게 휴머니즘이란 인간의 주체성에서 출발하며, 이를 토대로 스스로를 넘어선다(초월한다)는 의미에서 휴머니즘이다. 다

---

196) 베르나르 앙리 레비 지음, 변광배 옮김, 『사르트르 평전』, 서울 : 을유문화사, 2009. 330쪽.

시 말해 인간은 자신 속에 갇혀 있는 존재로서가 아니라 언제나 주체성을 기반으로 초월성과 연결되어 있다는 의미에서 휴머니즘, 즉 실존주의적 휴머니즘이다. 197) 실존주의적 휴머니즘이란 인간에게는 자신 이외에 다른 입법자가 없다는 사실, 그리고 인간은 자기 홀로 남겨진 상태에서 자신을 스스로 결정한다는 사실을 의미한다. 따라서 인간은 인간 자신을 스스로 발견해야 하는데, 이를 위해서는 이 세상 그 어떤 것도 인간을 인간 자신으로부터 구원하지 못한다는 것을 확신해야 한다. 198) 이것이 무신론에 기초한 실존주의적 휴머니즘이다.

사르트르의 실존주의에 의하면, 인간은 오직 스스로를 세계(밖)를 향해 던지고(기투하고), 이 기투를 통해 스스로를 잃어버림으로써, 즉 스스로를 넘어섬(초월함)으로써 실존하는 존재인데, 그런 한에 있어 그의 실존주의는 휴머니즘이다. 그렇다고 이것에 대해 실존주의는 인간을 그 자체 최고의 목적 또는 최고의 가치로 삼기 때문에 휴머니즘이라고 받아들여서는 안 된다. 왜냐하면 실존주의에서 인간이란 언제나 끊임없이 새롭게 만들어져야 하는 존재이지 그 자체로서 훌륭한 목적이라고 보아서는 안 되기 때문이다.

예를 들어 최고의 스마트폰이나 하늘 위의 호텔이라 불리는 에어버스를 만들고 이것들이 주는 혜택을 누리면서 "인간은 정말 훌륭해. 최고의 가치를 지닌 존재야."라고 말한다면, 여기에는 '이런 기기를 만들 줄 아는 인간은 존경을 받을 만해.'라는 뜻을 전제하고 있는 것으로 보인다. 이것은 인간 자신이 인간의 행위와 결과에 비추어 인간에게 어

---

197)   사르트르 지음, 위의 책, 86쪽.
198)   위의 책, 87쪽.

떤 가치를 부여하고 있기 때문에 이러한 종류의 휴머니즘은 실존주의적 관점에서 볼 때 불합리하고 부조리하다. 왜냐하면 실존주의는 인간에 대해 이런 종류의 판단과 평가를 허용하지 않기 때문이다. 실존주의에서 말하는 휴머니즘이란 앞에서 말했듯이 자유, 주체성, 넘어섬을 전제로 홀로 남겨진 상태에서 스스로를 결단함으로써 매순간 상황을 넘어서는 존재를 의미한다. 이 말은 사르트르의 삶에 대한 평가와도 정확히 일치한다.

> 그는 자유로운, 모든 것에 대해 자유로운 (중략) 사람이었다. 그는 자신이 원하는 것을 할 수 있었고, 아무도 그에게 충고할 권리를 갖지 못했다. (중략) 그는 자유롭고 혼자였으며, 이유가 없었고, 이유 없이 결정을 내릴 운명이었고, 어떤 것에도 의지하지 않으면서 결정할 운명이었으며, 영원히 자유로울 운명이었다.199)

그에 대한 이와 같은 평가는 "본질이 실존에 앞서는 것"이 아니라 "실존이 본질에 앞서는 것"이라는 명제에서 시작한 그의 실존주의가 '휴머니즘'인 이유를 적절하게 표현하고 있다.

하지만 우리의 삶이 언제나 매순간 자유, 주체성, 선택, 기투와 앙가제 같은 인간적인 방식으로 드러나는 것은 아니다. 실제로 우리는 많은 경우에 이와는 반대되는 방식으로 우리 자신을 드러낸다. 비록 우리가 신이나 운명론적 결정론, 어떤 신비로운 힘의 희생양이 되어서는

---

199) T. Z. 레빈 지음, 김기찬 옮김, 『방송강의 철학사』, 서울 : 현대지성사, 1997. 364~366쪽.

안 된다고 주장하더라도, 우리는 스스로를 바로 이와 같은 자유가 아닌 방식으로 삶의 대부분을 선택하면서 살아간다. 사르트르는 이러한 선택을 '자기기만'이라고 부른다. 자기기만은 앙가제로서의 자유를 은폐하는 행위이며, (내가 따라야 할) 어떤 가치들이 미리 존재한다는 주장을 따르는 선택이다. 하지만 이것은 오류이고, 거짓이다. 왜냐하면 가치를 만들어가는 주체로서 내가 따라야 할 어떤 가치가 내 앞에 이미 존재한다고 주장하는 것(모순)이기 때문이다.

사르트르는 우리에게 일관되게 자기기만에 맞서 저항하라고 가르치는데, 이는 자신의 어린 시절 경험과도 무관하지 않아 보인다. 사르트르는 전통적이고 권위적인 중산층의 슈바이처 가문의 외할아버지 아래에서 어린 시절을 보내면서, 손자로서 어린이로서 전통과 권위가 요구하는 역할을 충실하게 수행해냈다. 이런 삶은 그의 어머니에게 더욱 고된 삶을 요구했지만, 그의 어머니 또한 이 모든 요구를 묵묵히 수행해냈다. 사르트르에게 이 시기는 자기기만에 대한 혐오를 학습하는 시기였다.

그런데 자기기만을 단순히 '자신을 속이는 일'로만 해석하는 것은 사르트르의 의도를 적절하게 충족시켜주지는 못한다. 왜냐하면 인간은 스스로에 대해 자신을 속인다는 것을 의식하면서 자신을 속일 수는 없기 때문이다. 따라서 자기기만이란 지속적으로 '자기를 회피'하는 방식으로 기투하는 선택이라 할 수 있다.

예를 들어 한 남자와 데이트를 즐기는 한 여자의 경우를 보자. 그녀와 그녀의 손은 남자의 손에 쥐어진 채 함께 한적한 곳을 걷고 있으며, 그녀는 남자의 사랑하는 마음을 잘 알고 있다. 따라서 조만간 자신이 어떤 결정을 내려야 한다는 사실도 그녀는 잘 알고 있다. 그러나 그녀가 사태의 긴급성을 인정하려 들지 않고 오히려 남자를 완전히 신뢰하고 남자에게 모든 것을 맡기기로 선택한다면, 그녀는 자기기만에 빠져 있다고 할 수 있다. 왜냐하면 그 남자가 잡고 있는 그녀의 손을 자기 몸의 일부가 아니라 자신이 책임질 필요가 없는 단지 사물로 취급하고 있기 때문이다. 즉 그녀는 자신의 손을 남자의 손 안에 그대로 두는 행동을 하면서 마치 그것이 행동이 아닌 것처럼 취급하고 있는 것이다.[200)

그러므로 그녀의 행동은 자신을 상황에 굴복시키는 '수동적인' 선택이며, '불성실'한 것이다. 그녀는 자신의 손이 잡혀 있다는 사실, 그리고 그 사실이 의미하는 바를 알고 있으면서도 그 인식을 회피하려 하며, 이를 통해 자신을 그 사실과 멀리 떼어 놓으려는 기투를 하고 있다. 하지만 이것은 스스로가 즉자, 즉 바위와 같은 사물 존재가 되기를 지향하는 것이다. 이 경우 만약에 그녀가 자기기만에 빠지지 않고, 진정한 실존주의자가 되고자 한다면, 그녀는 잡혀 있는 손을 뿌리치든지, 아니면 손을 함께 맞잡을 것이다. 만약에 손을 맞잡기로 선택한다면, 그리고 이를 통해 서로에 대해 더욱 가까운 접근을 허용한다면, 이것은 각자의 자유 의지를 따르는 진정성과 책임 있는 행동이다. 이것은 능동적인 선택이며, 선택하기로 선택하는 것이다.

한편, 이와 같은 진정성과 책임 있는 행동으로서의 선택은 사르트르

---

200) 계리 콕스 지음, 지여울 옮김, 『실존주의자로 사는 법』, 서울 : 황소걸음, 2012. 188쪽: 새뮤얼 이녹 스텀프 외 지음, 이광래 옮김, 『소크라테스에서 포스트모더니즘까지』, 서울 : 책세상, 2005. 707쪽.

의 도덕적 행위를 이해하는 데 매우 중요한 단서가 된다. 왜냐하면 그의 주장은 각자는 자기가 원하는 어떤 선택을 함으로써 스스로를 형성한다고 가정하는 주관주의에 치우쳐 있다고 자주 비판 받아왔기 때문이다. 그렇지만 사르트르는 "인간은 스스로 인간 자신을 되찾아야 하고, 어떤 것도 인간을 인간 자신으로부터 구원해주지 못한다는 것을 확신해야 한다."고 강조한다. 그리고 이를 위해서는 "자신의 선택을 통해 인류 전체에 앙가제하는"201) 일을 회피해서는 안 된다고 주장하며, 여기에 "어떤 인간 공동체를 창조할 수 있는 가능성이 있다는 것을 알아야 한다."202)고 선언한다. 이러한 주장을 위의 남녀 관계에 적용해 이해한다면, 자유와 주체로서의 선택, 즉 '타자-관계 진정성(Other-Related Authenticity)'203)이 도덕적 의미의 시작이란 의미로 이해할 수 있다.

장진수의 『블루 게이트』(2014)는 청와대의 민간인 불법 사찰 사건(2012)이 내부 고발이라는 '양심선언'을 통해 세상에 알려지기까지의 과정을 담고 있다. 204) 그런데 양심선언의 주인공이자 사건의 주무관인 장진수는 여느 내부 고발자의 모습과는 다르게 그려져 있다. 책 속에서 그는 부조리에 맞서는 정의로운 투사의 모습 대신 '영혼 없는' 공무원의 전형으로 등장한다. 눈앞에서 정체불명의 거액이 오가고 상사가

---

201)　사르트르 지음, 위의 책, 72쪽.
202)　위의 책, 83쪽.
203)　게리 콕스 지음, 위의 책, 123쪽.
204)　오마이뉴스, 2014. 07. 21.

비상식적인 명령을 내려도 묵묵히 그 지시를 따를 뿐이다. 명령만을 따르면 된다는 태도다. 따라서 사무실 하드디스크를 폐기하라는 상관의 지시에 대해서도 아무런 문제의식을 갖지 않고 수동적으로 따를 뿐이다. 나아가 검찰 수사 때는 민간인 사찰의 피해자를 음해하는 문건이 만들어지는 것을 알면서도 그런 상황에 눈감아버린다. 그의 선언대로 "부끄럽게도 영혼이 없는 공무원 그 자체였다."

진실을 밝히고자 결심한 뒤에도 그는 공무원으로서 양심과 가장으로서 생계에 대한 책임 때문에 흔들린다. 이 때문에 부정한 돈을 증거물로 남겨두겠다고 결심했다가 전세금 대출 상환을 위해 5,000만 원을 모두 써버린다. "부끄럽지만 그러고 말았다." 그는 평범한 한 사람으로서 자신의 모습을 솔직하게 있는 그대로 드러낸다. 이렇게 평범했던 그가 어떻게 그렇게 큰 '사고'를 치게 된 것일까? "두 딸이 있습니다. 부끄러운 아빠의 이런 모습을 남겨줄 수 없다고 생각했습니다." 평범한 공무원은 감당하기 어려운 '한계 상황'에서 모든 두려움을 뚫고 자신의 선택으로 더욱 강해졌고, 스스로를 창조했다. 그의 용기와 책임, 그리고 진정성 있는 주체로서 선택과 결단은 어둠에 감춰져 있던 진실이 세상의 빛을 볼 수 있도록 해주었고, 스스로가 실존으로서 참된 주체이자 가치의 창조자임을 보여주었으며, 양심을 실천하는 참된 아빠(실존, 주체)로 다시 태어나게 해주었다.

Chapter

15

사회적 · 경제적 불평등은 모든 사람들에게 이익
이 되리라는 합당한 기대가 있도록 조정될 때 정
당화된다

_롤스

° 정의(옳음)의 원칙에 대한 합의는 자신의 선택과 무관한 우연
적 요소를 배제함으로써 가능하다

° 한 개인이 현재와 미래의 이익 · 손실을 비교하듯이 사회는 여
러 개인들 사이의 이익과 불만족을 계산하여 비교하기 때문에
'최대 다수의 최대 행복'이 좋을지는 모르지만 옳은 것은 아니다

° 분배적 정의란 균등하게 하는 것이 아니라 모두에게 이익이
되도록 하는 것이다

° 복지(국가적) 자본주의는 부와 자본을 소유한 소수의 영향력으
로부터 자유롭지 못하며, 부와 자본을 소수자에게 집중시킨다

지금
_____

[사례1] "주인 아주머니께. 죄송합니다. 마지막 집세와 공과금(70만 원)입니다. 정말 죄송합니다." 짧은 마지막 인사를 남기고 2014년 2월 26일, 서울의 한 지하 1층에서 세 모녀는 비극적인 현실의 삶을 마감했다. 죽음 당시 두 딸은 모두 신용 불량 상태였으며, 큰 딸은 당뇨를 앓고 있었고, 딸들을 대신했던 어머니(60세)는 식당에서 일을 하던 중 팔을 다쳐 생활고를 겪던 중이었다. (자연적·우연적 조건에 의해서 시작된 삶이 나머지 인생을 완전히 결정하도록 내버려두는 사회는 정의로운 사회인가?)

[사례2] 우리 사회의 정치·경제·사회·문화 등 각 분야 전문가 102명은 "우리 사회가 직면한 가장 큰 문제이자 시급히 해결해야 할 선결과제"로 '빈부격차 심화(66%)'를 꼽았다. 그런가 하면, 우리 국민 1천 명을 대상으로 조사한 결과(복수 응답)에 따르면, 우리 사회의 가장 큰 걸림돌은 '부정부패(39%)'와 '빈부격차 심화(36%)'인 것으로 나타났다. 그런데 경제적 어려움에 짓눌린 탓인지 20대들은 향후 우리 사회가 나아갈 방향으로 '빈부격차가 적고 사회보장이 잘돼 있는 나라(36.8%)', '힘없는 사람들도 평등하게 보호받는 나라(30.6%)'를 우선적으로 꼽았다. 또 전문가 집단 10명 중 9명은 "우리 사회가 좋지 않은 방향으로 가고 있다."고 보고 있었다. 이는 일반 국민들보다 훨씬 비관적인 것이어서, 각종 문제점들이 해결되지 못한 채 쌓여만 가는 현재의 한국 상황을 전문가들이 상당히 심각하게 바라보고 있음을 보여준다.

-〈한겨레신문〉, 2015. 01. 02-

주제어

정의(옳음)의 원칙에 대한 합의는 자신의 선택과 무관한 우연적 요소를 배제함으로써 가능하다

인종차별과 성차별, 빈부격차와 불평등의 대물림, '갑과 을'의 불평등 관계, 전체(다수)를 위해 소수에게 희생을 요구하는 것, 그리고 각자에게 각자의 공정한 몫을 나누는 것에 이르기까지 '정의(또는 옳음)'와 관련된 주제들은 우리 삶의 전반에 늘 함께 하고 있다. 이 주제가 고대 플라톤과 아리스토텔레스는 물론, 근대의 벤담과 밀 같은 공리주의, 그리고 이성주의자인 칸트 같은 사상가들의 노력에도 불구하고, 여전히 해결되지 않은 문제로 남아 우리를 괴롭히는 이유들 중의 하나는 당사자인 각각의 개인들이 자신이 감당해야 할 부담과 책임, 이익과 손해를 매우 정확하게 인식하고 있기 때문이다.

이 때문에 '정의란 무엇인가?'라는 주제에 일생을 바쳤던 롤스(J. Rawls, 1921~2002)는 "만약에 우리가 자신의 이해관계에 대해 전혀 알지 못한 상태, 즉 무지의 상태에 놓여있다면"이라고 가정해본다면, 문제 해결의 실마리를 발견할 수 있지 않을까 하는 문제의식을 갖고, 우리에게 순수 '사고 실험'을 제안한다. 롤스의 제안에 따라 지은이는 인간이 "합리적 이기심을 지녔고, 다른 사람의 이익과 손해에는 관심이 없고 단지 자신의 이익과 손해에만 관심이 있다."는 것, 그리고 "각자는 서로에 대해 똑같이 자유롭고 평등하게 모두가 합의해야 할 기준(원칙)에 참여할 자격을 가진다."는 것을 전제로 다음과 같이 토론 수업을 실제로 진행해보았다.

○ 문제 상황 :
암에 걸린 아버지의 병원비로 빚을 졌던 어머니의 죽음으로 떠안게 된 빚 6천만 원을 어떻게 나눌(분배할) 것인지를 두고 토론하여 모두가 합의할 '공정한' 금액을 찾는다.

○ 조건 :
자녀는 모두 네 명이며, 각자는 자신이 어떤 조건(상황, 지위)에 놓여 있는지를 전혀 알지 못하는 '무지의 베일' 상태에 놓여 있다.

○ 네 남매의 상황 :
(1) 큰 아들 : 둘째, 셋째 딸의 희생으로 일류 대학을 졸업한 후 삼성그룹 과장(부양가족 세 명, 초등학생 아들 외국 유학, 연소득 1억)

(2) 둘째 딸 : 고등학교를 졸업한 다음, 이혼 후 식당 주방 도우미 (부양가족 한 명, 연소득 4천만 원)

(3) 셋째 딸 : 전문대를 졸업한 다음, 부부가 피자 가게를 함께 운영함(자녀 없음, 연소득 7천만 원)

(4) 넷째 아들 : 지방 대학교 졸업 후 3년 계약 비정규직으로 일함 (미혼, 연소득 2천3백만 원)

수업(실험) 결과는 매우 흥미로웠다. 가장 두드러진 점은 자신이 어떤 조건에 있는지를 알지 못하는 상태에서, 달리 말하면 자신이 네 남매들 중 어느 한 지위에 속할지 모르는 상황에서 학생(자신)들은 자신에게 할당될지 모를 금액에 대해 최대한 공정하게 분배되도록 하기 위해 노력했고, 이를 위해 다른 참여 학생들을 합리적·논리적으로 설득하려 했다는 점이다. 모든 학생들이 만족스럽게 합의한 책임 부담(분배)의 순서는 큰 아들 → 셋째 딸 → 둘째 딸 → 넷째 아들이었다. 그리고 합의의 결과가 나온 다음, 자신이 어느 위치에 속하는지가 담겨 있는 봉투를 뽑도록 했을 때 참여 학생들은 모두 만족한 웃음을 지으면서도, 한편으로는 "내가 O째 자녀일 줄 알았다면" 하는 아쉬움도 드러냈다. 이 말은 만약에 자신이 어느 지위에 속하게 될 것인지를 이미 알고 있었다면, 그만큼 합의가 어려울지도 모른다는 암묵적 의미이기도 하다. 이 점에서 롤스의 '무지의 베일' 제안은 '무엇이 정의인가?'라는 주제를 탐구하려고 할 때 매우 합리적이고 타당한 접근 방법임을 일깨워 주었다.

이처럼 롤스는 모두가 합의할만한 공정한 조건에 기초해 모두가 합의하고 선택할 '올바른(정의로운)' 조건과 기준을 찾고자 했으며, 이로부터 도출되는 결론이자 원칙을 현실 사회가 '정의의 원칙'으로 삼아야 한다고 제안한다. 왜냐하면 "모든 사상이 추구하는 제1덕목은 진리이고, 정의는 모든 사회가 추구하는 제1덕목"이기 때문에 아무리 정교한 이론일지라도 진리가 아니라면 수정되거나 폐기되어야 하고, 법이나 제도가 아무리 효율적이더라도 '정당하지(정의롭지)' 못하다면 개선되거나 폐지되어야 하기 때문이다.

예를 들어 사회 전체의 다수와 복지에 도움이 되기 때문에 소수의 자유나 인권을 소홀히 하는 제도나 법은 정의, 즉 인간의 존엄과 인권의 불가침성이라는 보편적 정의의 기준에 어긋나기 때문에 옳지 못하다. 다수의 이익을 위해 소수의 자유와 인권의 희생을 요구하는 것은 다수 또는 사회 전체에 '효율적이고 좋을지(편리할지)' 모르지만 결코 '올바르다.'고 할 수는 없다. 정의로운 사회라면, 각각의 시민들은 서로에 대해 기본권으로서 평등한 자유권을 똑같이 보장받아야 한다. 따라서 이러한 기본권은 사회적 다수나 정치적 흥정의 대상이 되어서는 안 된다. 왜냐하면 인간 삶의 제1덕목은 진리이고 정의이기 때문이다. 그리고 자신의 이해관계에 대해 알지 못하는 상태라면, 앞에서 살폈던 것처럼 각자는 이와 같은 주장에 대해 더욱 이성적으로 합의할 것이다.

롤스가 제안했던 하나의 가상(假想, 사실이 아니거나 사실 여부가 분명하지 않은 것을 사실이라고 가정하여 생각함)으로서 최초의 조건(상황)인 무지의 상태와 이로부터 합의에 이르는 과정을 제안하는 '사고 실험'은 근대 사회계약론자들의 관점을 떠올리게 한다. 실제로 롤스 또한 이것을 염두에 두었던 것으로 보인다. 왜냐하면 롤스 스스로 "나의 목적은 로크, 루소, 그리고 칸트에게서 발견되는 사회계약의 이론을 더욱 세련되게 하여 일반화된 정의관을 제시하는 것"205)이라 말하고 있기 때문이다.

앞의 실험 사례에서 보았던 것처럼, 롤스는 한 사회가 어떤 모습(기본 구조)을 갖추고 있을 때 정의롭다고 할 수 있는가에 대해, 몇 가지 가상의 조건을 제시한 다음, 이로부터 도출되는 합의 내용(결과)이 곧 정의

---

205) 롤스 지음, 황경식 옮김, 『정의론』, 서울 : 이학사, 2004. 45쪽.

윤리와 사상 | 더 나은 삶을 위한 성찰의 힘 **인문학**

로움(옳음)을 규정한다는 믿음을 갖고 있었다. 그는 이것을 '공정성으로서의 정의'라고 부른다. 즉 정의란 곧 공정함이라는 의미이다. 롤스가 제안하는 가상의 조건은 '최초의 상황' 또는 '원초적 상황(입장)'이라고 부른다.

> 원초적 상황에서 무지의 상태(베일)에 놓인 개인들의 조건 :
> (1) 각자는 하나의 독립적 인격으로서 경제학에서 말하는 것처럼, 합리적 이기심을 가지며, 다른 사람들에 대해서는 무관심하고, 오직 자신의 이익에만 관심을 둔다.
> (2) 각자는 자신이 어떤 사회적 지위 · 계층에 속하는지를 알지 못하며, 또한 자신이 어떤 천부적 재능이나 소질, 지능, 체력, 가치관, 심리적 성향을 지녔는지 알지 못한다.

원초적 상황의 무지의 베일 (1)에서 말하는 합리적 이기심이란 우리가 일반적인 의미로 사용하는 '이기주의', 즉 자신의 재산 · 특혜 · 지배권에만 관심을 몰두하는 개인을 말하는 것이 아니다. 경제학에서 말하는 이기적 개인, 즉 자신의 목적을 이루기 위해 가장 합리적이고 효율적인 방안을 찾는 개인이며, 그렇기 때문에 다른 사람의 이해관계에 대해서는 관심을 두지 않는 개인이다. 따라서 이들은 자신의 기본적 권리와 이해관계를 중시하는 개인이며, 다른 사람을 시기하지도 않지만 동정심을 갖지도 않는다. 각 개인은 다른 개인들과 똑같이 자유롭고 평등한 상태에 놓여 있어야 한다.

롤스는 이것을 '상호 무관심한 합리성'206)이라는 용어로 표현한다. 이 말은 각 개인은 다른 사람들에 대해 서로 이익을 나누거나 그들에게 손해를 끼치려고도 하지 않으며, 애정이나 증오 때문에 흔들리지도 않는다는 뜻이다. 뿐만 아니라 각 개인은 다른 사람과 비교해 더 많은 것을 얻으려고 하지도 않고, 그들을 질투하지도 않으며, 그들에게 자신을 뽐내지도 않는다. 각자는 다른 사람을 이기는 것(승리)에 관심이 있는 것이 아니라 단지 '더 높은 사회적 기본 가치'를 얻고자 할 뿐이다.

롤스는 원초적 상황의 무지의 베일에서 (2)의 장치가 필요한 이유에 대해 우리가 앞의 수업 사례에서 살폈던 것처럼, 각자가 자신의 이해관계에 대해 명확하게 인지하고 있다면, 모두에게 공정하고 합리적으로 합의할만한 기준을 마련하기 어렵기 때문이라고 제시한다. 이 때문에 롤스는 '우연성 배제'의 원칙을 무지의 베일에 적용한다. 즉 자신의 의지와 상관없이 우연히 갖고 태어나는 조건들, 예를 들어 농촌(대도시)에 태어났는지, 빈곤(재벌) 가정에서 태어났는지, 어떤 성(남성·여성)으로 태어났는지, 장애를 갖고(건강하게) 태어났는지는 모두 우연적 요인에서 비롯된 것들이다. 따라서 이들 요인이 한 개인의 출생과 함께 남은 모든 삶을 지배하게 된다면, 이것 또한 옳지 못하며, 더욱이 이런 사실을 당사자가 이미 알고 있다면 '무엇이 올바름(정의)인가?'의 보편적 기준을 마련하기 어렵게 된다.

(무지의 베일 상태에서) 각자는 자신의 지위와 계층, 천부적 자산과

---

206) 위의 책, 205쪽.

능력, 지능과 재력 등을 어떻게 갖고 태어났는지 자신의 운수를 모른다. 또 자신의 합리적 인생 계획에 대해 정확히 알지 못하며, 모험을 좋아(싫어)하는지, 성격이 비관적인지 낙관적인지 같은 자신의 심리적 성향까지 모른다. 각자는 사회의 경제적·정치적 상황, 그것이 성취한 문명이나 문화의 수준도 모른다.207)

이처럼 최초의 원초적 상황인 무지의 베일 상태에서 각 개인은 모두가 똑같이 자유롭고, 평등하며 '공정한' 상태에 놓여 있다. 그리고 이제 이 평등하고 '공정한 최초의 상황'에서 각자는 자신들에게 적용될 공정성, 즉 정의의 기준이 되는 원칙을 마련하는 일에 참여한다. 자유롭고 평등한 합리적인 개인들이 합의하고 선택한 원칙이 마련될 수 있다면, 그것은 공정성의 논리에 따라 그 자체로 '올바른(정의로운)' 것이며, 그렇기 때문에 그들이 살아갈 사회 공동체에서 정의의 원칙으로 채택해도 당연히 '올바른' 것이 된다. 이 점에서 롤스의 정의론은 자유롭고 평등한 합리적 개인들이 공정하고 공개적인 순수한 절차에 따라 이르게 되는 '합리적 선택 이론'이라 할 수 있다. 정의의 원칙들이 정당한 이유는 이처럼 그것들이 '평등한 최초의 상황'에서 합의될 것이라는 사실 때문이다.

우리는 사람들 사이에 편견과 갈등을 일으키게 되는 우연적 요소들에 대한 지식을 배제한다. (중략) 원초적 상황의 당사자들이 평

---

207) 위의 책, 196쪽.

등하다고 생각하는 것은 합당한 것 같다. 왜냐하면 동등한 권리를 가지며, 누구나 제안할 수 있고, 그것을 받아들일 때 이성을 따르기 때문이다. (중략) 무지의 베일과 함께 이러한 조건들은 아무도 사회적·천부적 우연성 때문에 유리 또는 불리하게 되지 않으며, (각자는) 평등한 존재로서 자신의 이익을 증진하려는 합리적 개인이다. 또한 (이 상황은 각 개인이) 어떤 정의의 원칙들에 동의(합의)하게 될 것인지를 규정하게 된다. 208) (중략) 원초적 상황에서 정의로운 합의가 가능하기 위해서는 각자가 공정한 처지(상황)에 놓여 있어야 하고, 도덕적 인격으로서 평등한 대우를 받아야 한다. 209)

지금까지 '정의로운 사회'를 만들기 위한 순수한 가상으로서 '원초적 상황'과 조건(무지의 베일)에 대한 롤스의 입장을 검토했다. 정의로운 사회는 사회의 제도를 통해 구성원들에게 권리와 의무를 어떻게 분배할 것인지, 그리고 사회가 만들어낸 이익을 어떻게 분배할 것인지를 결정하는 올바른 방식을 갖추고 있어야 한다. 따라서 사회 제도는 정치·경제·사회 체제와 관련되며, 구체적으로 사상의 자유, 양심의 자유, 경쟁적 시장 원리, 생산 수단의 사유를 법을 통해 보호한다. 그런데 각자가 자신이 갖고 있는 자연적·우연적 조건에 대해 명확하게 인식하고 있다면, 각자는 자신에게 유리하도록 사회 제도와 절차를 바꾸고자 할 것이고, 이로 인해 불화와 갈등이 발생할 것이며, 이에 따라 정의의 원칙이나 기준은 마련하기 어렵게 될 것이다.

---

208) 위의 책, 54~55쪽.
209) 위의 책, 201쪽.

한 개인이 현재와 미래의 이익·손실을 비교하듯이 사회는 여러 개인들 사이의 이익과 불만족을 계산하여 비교하기 때문에 '최대 다수의 최대 행복'이 좋을지는 모르지만 옳은 것은 아니다

한편, 만약에 한 사회가 공리주의에 입각한 사회 제도를 정의의 원칙으로 삼을 경우, 그 사회는 개인이 자신의 이익과 손해를 구체적으로 비교 계산하여 자신의 선을 극대화하려고 하는 것처럼, 사회 또한 같은 논리에 따라 사회 전체의 이익과 행복을 극대화하고자 할 것이다.

> 개인의 원칙이 자신의 복지와 욕망의 체계를 증대시키려고 하는 것처럼, 사회의 원칙도 가능한 한 집단의 복지를 증진시키고 그 구성원의 욕구에 의해 구성된 전체적인 욕구 체계를 실현하고자 할 것이다. 한 개인이 현재와 미래의 이익·손실을 비교하듯이 사회는 여러 개인들 사이의 이익과 불만족을 계산하여 비교하게 된다.210)

이처럼 공리주의의 정의관이 지배하는 사회 구조에서는 '최대 다수의 최대 행복'이라는 정의 원칙에 따라 사회 제도는 '행복의 최대량'을 극대화할 수 있도록 구성될 것이다. 하지만 원초적 상황의 개인들은 이러한 공리주의의 '효용'에 기초한 정의관에 동의하지 않을 것이다. 왜냐하면 무지의 베일 상태에 있는 합리적 개인들은 자신들의 이익 증진

---

210) 위의 책, 60쪽.

에 관심이 있을 뿐, 쾌락과 만족의 총량을 극대화하는 것에는 관심을 두지 않기 때문이다.

정책(행위) 결정	각자(각 집단)에서 산출되는 쾌락의 양(효용)			
	A	B	C	총 효용
d1	7	10	16	33
d2	8	11	12	31
d3	1	9	30	40

▲ "최대 다수의 최대 행복"의 원리

위의 [표]를 공리주의적 관점에서 해석해보자. 이 경우 벤담의 공리주의는 정책(또는 행위) d3를 최종적으로 선택(결정)할 것이다. 왜냐하면 사회 전체의 쾌락과 효용, 즉 "최대 다수의 최대 행복"을 선택의 기준으로 삼을 경우, 정책(행위) d3의 총 효용(40)이 가장 크기 때문이다. 하지만 d3의 경우 A(또는 A집단)가 실현하게 될 효용은 1이기 때문에 d1(7), d2(8)를 결정할 때보다 상대적으로 가장 적다는 점이 문제다. 즉 상대적으로 사회적 약자일 가능성이 높은 A(또는 A집단)가 더욱 불리한 상황에 놓이게 된다는 것이다. 물론, 같은 상황에서 롤스의 경우라면 '최소 극대화'의 원리에 따라 d2를 결정하겠지만, 공리주의는 전체 효용의 총량을 선택의 기준으로 삼기 때문에 소수를 배려하더라도 경우에 따라 약자로서 소수가 더욱 불리한 상황에 놓이게 되는 문제를 완전히 해결하지 못한다는 문제를 안고 있다. 즉 공리주의가 자유와 평등이라는 가치나 가난, 차별 금지, 그리고 평등한 기회의 가치에 무감각하지는 않지만, 민주적 시민들의 자유를 표현하는 데 필요한 기본적 권리와 자유, 그리고 이것들의 우선성(제1원칙)을 만족스럽게 설명하는 데 한계가 있다는 것이다.211)

　이처럼 공리주의의 정의관은 '좋음(사회의 총 효용)'을 '옳음'과 동일시함으로써 '옳음이란 좋음을 극대화하는 것'이라고 인식하는 한계가 있다. 공리주의에서 옳은 제도 또는 옳은 행동이란 여러 대안들 중에서 '최대의 선(좋음)'을 산출하는 것과 관련되기 때문에 사회 제도와 구조 또한 이에 부합하도록 편성하는 것이 바람직하다. 하지만 위의 지적처럼, 벤담의 '쾌락적 공리주의'가 그렇듯이 공리주의는 욕구의 충족으로서 쾌락(행복)의 총량을 선과 동일시하는 이론이기 때문에 그것 자체를 반드시 '옳은 것'이라고 규정하기 어려운 문제가 발생한다. 무엇보다 그들은 만족(욕구 충족으로서의 행복)의 극대화를 어떻게 산출할 것인가(공리·功利)에 관심을 가질 뿐, 그것을 어떻게 구성원들에게 공정하게 분배할 것인가의 문제에 대해서는 소홀한 경향이 있다. 이 때문에 공리주의는 '개인들의 차이'를 신중하게 다루지 못한다는 비판을 받아왔다. 이 모든 점을 고려할 때, 우리는 '좋음이 곧 정의(옳음)'가 아니라 오히려 '정의(옳음)는 좋음에 우선한다.'는 관점을 받아들여야 할 이유가 성립함을 알 수 있다.

---

211)　http://www.civiledu.org/422

분배적 정의란 균등하게 하는 것이 아니라 모두에게 이익이 되도록 하는 것이다

롤스의 정의론은 '옳음이 좋음에 우선'해야 한다는 원칙이다. 따라서 이제 앞에서 살폈던 '공정한 최초의 상황'과 '무지의 베일'을 출발점으로 하여 사회의 기본 구조를 결정지을 정의의 원칙을 세우는 일로 들어가야 한다. 롤스는 최초의 원초적 상황으로부터 서로 무관심한 합리적 개인들 모두가 동의할만한 원칙, 즉 정의의 두 원칙을 잠정적으로 도출해낸 다음, 다음과 같이 제시한다.

첫째, 각 개인은 다른 사람들의 자유의 체계와 양립할 수 있는 평등한 기본적 자유의 가장 광범위한 체계에 대해 평등한 권리를 가져야 한다.

둘째, 사회적 · 경제적 불평등은 다음 두 조건을 만족시키도록 편성(조정)되어야 한다. 즉 (1) 그 불평등은 모든 사람들에게 이익이 되리라는 합당한 기대(전망)가 있도록 편성(조정)하고, (2) 그 불평등은 모든 사람들에게 개방된 직위 및 직책과 결부되도록 해야 한다.212)

롤스의 첫째 주장을 제1원칙, 즉 '평등한 자유의 원칙'이라 부르고, 둘째 주장을 제2원칙, 즉 '차등의 원칙'과 '기회 균등의 원칙'이라고 부

---

212) 위의 책, 105쪽.

른다. 그리고 평등한 자유의 원칙은 차등과 기회 균등의 원칙에 대해 서열에서 우선한다. 이것은 사회적 · 경제적 이익이 더 크다는 것을 명분으로 제1원칙인 평등한 기본권의 침해를 정당화할 수 없다는 뜻이다. 다시 말해, 제2원칙이 제1원칙의 침해를 보상할 수 없다는 의미이다. 제1원칙의 기본적 자유들은 각각의 자유들끼리 서로 충돌하는 경우에만 그 내부에서 조정되고 제한된다.

한편, 이 두 가지 원칙은 사회의 기본 구조에 적용되며, 이에 따라 각 개인에게 의무와 권리를 배분(할당)하고, 사회 · 경제적 이익을 배분하게 된다(나누게 된다). '평등한 자유의 원칙'은 각 개인에게 보장해야 할 기본적 자유(기본적 재화 또는 기본적 선, Primary Goods)의 목록들을 규정한다. 예를 들어 정치적 자유(투표와 공직을 가질 자유), 언론과 결사의 자유, 양심의 자유와 사상의 자유, 심리적 억압과 신체적 폭행 또는 절단을 포함하는 인신의 자유(인신의 온전성), 사유 재산을 소유할 권리와 법의 지배이다. 이 모든 것들은 법에서 규정하고 있지 않다는 이유 때문에 체포와 구금이 이루어져는 안 된다는 뜻이다. 이 모든 기본적 자유(또는 가치)들은 모두에게 '평등하게' 적용되어야 한다는 의미에서 '평등한 자유의 원칙'이다.

다음으로 제2원칙은 사회적 · 경제적 가치를 분배하는 올바른 기준과 관련된 원칙이다. 이에 따르면, (1)은 재산과 소득을 구성원 각자에게 반드시 균등하게 분배할 필요는 없지만, 적어도 구성원 각자(즉 모두)에게 이익이 되도록 해야 한다는 것이다. 그리고 (2)는 권한과 명령권을 갖고 있는 직책이나 지위는 누구나가 접근할 수 있도록 해야 한다는 것이다. 따라서 직위는 모두에게 개방되어야 하고, 사회적 · 경제적 불평등 또한 모두에게 이익이 되도록 조정(편성)해야 한다. 정리하면, 사회적 · 경제적 불평등은 다음 두 조건을 만족시키는 한에서 정당화되는데, (1)은 '최소 수혜자에게 최대의 이익'이 되고, (2)는 '공정한 기회의 평등'이라는 조건 아래 모든 사람들에게 개방된 직위와 직책이 결부되도록 편성되어야 한다는 것이다.213)

아직 해명되지 않은 중요한 하나의 원칙이 있는데, 그것은 제2원칙의 (1), 즉 차등의 원칙(최소 수혜자의 원칙)이다. 왜 서로 무관심한 합리적 이기심을 지닌 개인들이 무지의 베일 상태에서 최소 수혜자의 이익을 극대화하게 된다는 것인가? 롤스에 따르면, 이것은 '최소 극대화의 원칙(Maximin Rule)'으로 설명된다.214) 최소 극대화의 원칙에 의하면, 여러 대안들이 갖고 있는 우열은 그것들이 가져올 가능한 최악의(가장 나쁜) 결과에 따라 가려진다. 즉 우리는 어떤 대안이 가져올 최악의 결과('최소')를 다른 대안들이 가져올 최악의 결과와 비교해 그것이 가장 우월하다면, 그것(나쁜 것들 중 최선)을 '극대화'하는 선택을 한다는 것이다. 즉, 발생할 나쁜 결과들 중에서 가장 덜 나쁜 것을 선택한다는 뜻이다. 그 점에서 '최소 극대화'란 '최소 중의 최대화' 전략이라 할 수 있다.

이를 더 자세히 설명하면 이렇다. 우선 무지의 베일은 확률적 지식을 배제한다. 왜냐하면 당사자들은 그들 사회의 성격이나 그 사회 속에서 자신의 위치를 알지 못하기 때문이다. 따라서 각 개인은 확률적 계산을 할 근거를 갖고 있지 않다. 이 때문에 무지의 베일에서 각 개인

---

213) 위의 책, 132쪽.
214) 위의 책, 215~216쪽.

은 보수적 관점에서 최소 극대화 전략을 채택할 가능성이 높다. 또 제
2원칙에 대한 제1원칙 우선성은 원초적 입장에서 각 개인은 자신의 평
등한 자유를 희생하여 더 큰 이익을 획득하려고 하지 않을 것을 함축
한다. 왜냐하면 '축차적 서열'의 원칙에 따라 각자는 자신의 더 큰 경제
적·사회적 이익을 확보하기 위해 스스로를 위태롭게 할지도 모를 모
험적 선택을 하려 하지 않을 것이기 때문이다. 최소 극대화 전략에 따
른 선택을 나타내는 다음의 경우를 보자.

결정	각자에게 발생할 상황		
	c1	c2	c3
d1	−7	8	12
d2	−8	7	14
d3	3	6	8

▲ 최소 극대화의 규칙

위의 [표]에서 보는 것처럼, 어떤 사람이 불확실한 상황에서 어떤 결
정을 하게 될 때 서로 다른 이익(순익, 마이너스 이익)이 발생한다고 가정
해보자. 무지의 베일이라는 원초적 상황에서 어떤 사람이 만약에 d1을
결정한다면, 그는 최악의 상황, 즉 이익(손해)이 c1(−7) 발생하는 반면,
12의 이익을 실현할 수도 있다. 또 만약에 d2를 결정한다면, 그에게는
−8의 손해가 발생하지만 최대 14의 이익 실현이 가능하다. 그런데 d3
을 결정할 경우, 그는 최소 3의 이익을 취할 수 있지만, 최대 이익은 8

에 그쳐 d1, d2에 비해 최대 이익은 가장 적다. 비록 d3의 최대 이익(8)이 d1, d2의 최대 이익(12, 14)에는 미치지 못하지만, d1 · d2의 최소 이익(-7, -8)에 비하면 상대적으로 많은 이익의 실현(3)이 가능하다. 그러므로 '최소 (이익) 극대화'라는 보수적 전략에 따라 제2원칙의 (1)이 성립하게 된다.

롤스는 원초적 상황에서 무관심한 합리적 개인이라는 가정에 따라, 이 경우 d3을 선택하리라고 추론한다. 왜냐하면 모험적인 결정 때문에 최악의 상황(-7, -8)에 자신을 빠뜨리는 것은 합리적 개인이라는 가정에 어긋나기 때문이다. 이것이 그가 말하는 최소 극대화 전략이다. 쉽게 말해, 무지의 베일이라는 불확실한 상황에서 합리적 개인은 모험적인 최대 이익의 실현(위의 표 d2의 14)에 집착하기보다는 최악의 상황을 염두에 두고, 가장 나쁜 상황에서 최선일 수 있는(즉, 최소의 것들 중에서 가장 최대의 이익을 실현할 수 있는) 선택(d3의 5)을 하리라고 본다. 즉 순수한 가상으로서 원초적 상황의 합리적인 개인이 협상에 참여할 때 최선의 결정은 '불행 중 다행(즉 최소의 것들 중에서 최선의 것을 극대화함)'의 것을 선택한다는 것이다. 이것이 무지의 베일 상태에서 협상에 참여한 각자가 자신에게 닥칠 수도 있는 최악의 상황을 피할 수 있는 최선의 전략이기 때문이다.

결국 (원초적 상황에서) 각자는 자신이 가장 불리한 처지에 놓일지도 모른다는 가정에 기초하여 자신에게 우선적으로 이익이 되는 경우에 한해서만 차등(Difference)을 수용하자는 원칙에 동의하게 될 것이다. 최소를 극대화함으로써 (자신에게 닥칠지도 모를) 최악을 피하는 것이다. 그리고 이것이 제2원칙의 (1), 즉 차등의 원칙(최소 수혜자의 원칙)을 성립하게 한다.

(결론적으로) 차등의 원칙은 각자가 타고난 재능을 공동의 자산으로 여기고, 그 재능을 활용해 발생하는 이익은 그것을 공유하자는 데에 사실상 동의한다는 뜻을 내포한다. 태어나면서부터 혜택을 받은 사람은 그들이 누구이든 관계없이 그런 혜택을 받지 못한 사람들의 상황을 개선한다는 전제 위에서만 자신의 행운을 활용해 이익을 얻을 수 있다. 단지 태어나면서 많은 재능을 지녔다는 이유만으로 이익을 얻어서는 안 되며, 그들을 훈련하고 교육하는 데 들어간 비용을 갚고, 자신의 재능을 이용해 그러한 행운을 얻지 못한 사람들을 도와야 한다. 그렇다고 해서 그러한 차이를 없애야 한다는 말은 아니다. 사회의 기본 구조를 조정해 우연한 차이에 의한 행운을 갖고 태어나지 못한 사람들의 이익을 위해 쓰이도록 하자는 것이다.215) (왜냐하면) 우리에게 맨 처음 주어진 출발선이 당연한 내 몫이라고 주장할 수 없듯이, 내게 분배된 타고난 재능 또한 당연히 내 몫이라고 주장할 자격이 없기 때문이다.216)

무지의 베일로부터 제1원칙과 제2원칙에 이르는 롤스의 순수 절차적 정의관에 따르면, 공정한 절차를 통해 나타나는 결과는 그것으로 공정성을 충족한다. 예를 들어 공정한 절차에 따라 공정한 내기에 돈을 걸고 도박에 참여한 사람들을 가정해보자. 이 경우 마지막 도박이 끝났을 때 도박에 참여한 각자가 분배받은 금액은 공정하며, 적어도 불공정하다고

---

215)   마이클 샌델 지음, 이창신 옮김, 『정의란 무엇인가』, 서울 : 김영사, 2010, 219쪽 재인용.
216)   위의 책, 224쪽 재인용.

하기는 어렵다. 그러므로 순수 절차적 정의관은 차등의 원리와 함께 기회 균등의 원칙과도 긴밀하게 서로 엮여 있는 구조를 갖고 있다.

복지(국가적) 자본주의는 부와 자본을 소유한 소수의 영향력으로부터 자유롭지 못하며, 부와 자본을 소수자에게 집중시킨다

각자에게 평등한 자유를 최대한 보장하고, 차등의 원칙과 기회 균등의 원칙에 따라 사회 경제적 분배의 몫을 결정하는 롤스의 순수 절차적 정의관은 자연적 우연성과 사회적 우연성을 통제함으로써 최소 수혜자에게 이익이 되도록 작동하는 구조를 하고 있으며, 이렇게 볼 때 민주(주의)적 평등을 주장하고 있다. 그의 민주적 평등의 이념은 1999년에 나온 『정의론』의 개정판과 「공정으로서의 정의 : 재진술」(2001)에서 복지 국가에 대해 명확하게 비판적 관점을 드러내고 '재산 소유 민주주의(소유권 인정 민주주의, Property-Owning Democracy)'를 주장하는 것으로 구체화된다. 217)

---

217) 김한원·정진영 엮음, 『자유주의 : 시장과 정치』, 서울 : 부키, 2006, 118쪽; 진태원, "소수 자본가의 통제 막아내는 '재산 소유 민주주의'," 한겨레신문, 2014, 06, 02.

　　롤스는 바람직하지 않은 사회·정치 체제로 ① 자유방임적 자본주의, ② 복지 국가적 자본주의를 지적한다. ①은 형식적인 평등만을 강조해 공정한 기회 균등을 무시하고, ②는 다수의 정치적 삶이 부를 독점하고 있는 소수에게 의존하기 때문이다. 반면, 바람직한 사회·정치체제로 ① 재산 소유 민주주의 ② 자유주의적 사회주의를 주장한다. ①은 생산 수단의 사적 소유를 인정하면서도 부와 자본의 독점적 소유를 분산시킴으로써 소수에 의한 경제권 장악을 막고 있다. 또 ②는 인간의 권리를 존중하고 생산 수단을 공적으로 소유(생산 수단의 사회적 소유)하는 사회이다.

이전까지만 해도 롤스는 넓은 의미에서 복지 국가적 자본주의의 철학적 옹호자로 알려져 있었다.[218] 하지만 정의의 두 원칙과 이에 따른 분배 구조의 절차를 고려할 때, 롤스의 기본 구상에는 (복지 국가적 자본주의에서 말하는) '재분배' 개념이 근본적으로 발생할 수 없다.[219] 왜냐하면 롤스의 재산 소유 민주주의는 각 시기의 마지막에, 즉 분배의 결과가 이미 끝난 후에 적게 가진 자들에게 소득을 재분배하는 방식이 아니라, 각 시기가 시작할 때부터, 즉 처음부터 생산적 자산의 소유권과 인적 자본을 광범위하게 분산시키는 방식을 통해 자유롭고 평등한 시민 상호 간에 장기간에 걸친 공정한 협력 체계를 구축하려는 것이기 때문이다.[220] 롤스가 제안하는 재산 소유 민주주의의 핵심은 부와 자본의 소유권을 분산함으로써 구성원 중 힘을 지닌 소수 집단이 사회 경제적·정치적 삶을 통제하는 것을 방지하려는 것이다.[221]

또 롤스가 '복지(국가적) 자본주의'를 비판하는 이유는 다음과 같다.[222] 첫째, 복지 자본주의에서는 부와 자본이 소수 자본가에게 집중되어 있고, 이 때문에 '정치적 자유의 공정한 가치'를 모든 구성원들에게 보장하는 것이 불가능하다는 것이다. 즉 부와 자본을 가진 소수가 정치 과정에서 정치적 자유·언론·집회·결사·사상의 자유, 재산권 및 인신의 자유 등에 훨씬 큰 영향력을 행사할 수 있다는 것이다.

218)   진태원, 위의 기사.
219)   김한원 지음, 위의 책, 199쪽.
220)   위의 책, 118~119쪽 재인용.
221)   진태원, 위의 기사.
222)   위의 기사.

둘째, 소수의 지배력 때문에 복지 자본주의 아래에서는 시장이 산출한 광범위한 불평등을 바로 잡을 수 있는 충분한 세금을 부과할 가능성이 구조적으로 제약되어 있다는 것이다. 셋째, 복지 자본주의에서는 정부에 일차적인 수입과 자원에 의존하는 이들과 시장에서 자원을 획득하는 이들 사이에 격차가 있기 때문에 호혜성의 원리에 기초한 평등한 관계를 만들어낼 수 있는 가능성이 그만큼 줄어든다는 것이다.

이렇게 볼 때, 롤스의 재산 소유 민주주의는 최소 수혜자에게 보장되는 분배의 몫을 소수에게서 거두어 최소 수혜자에게로 재분배함으로써 형성되는 것이 아니라 기본 구조를 통해 돌아가는 정당한 분배로 이해된다. 그렇게 함으로써 그가 가장 중요하게 여겼던 '자존감(self-respect)'이 사회의 모든 계층에서 실현될 수 있다고 보았던 것이다. 이 점에서 재산 소유 민주주의는 소수 부유층에 의한 최소 수혜 계층의 자존감 훼손을 지켜내고, 나아가 모든 계층의 자존감을 실현하려는 것이다.223)

'평등한 자유의 원칙'과 '차등의 원칙', 그리고 '재산 소유 민주주의'라는 롤스의 정의론은 2010년 우리나라에서 '정의 신드롬'을 일으켰던 샌델의 「자유주의와 정의의 한계」(1982)로부터 비판을 받는다. 샌델에 의하면, 롤스의 '자유주의'는 '의무론적 자유주의'일 뿐이기 때문에 인간을 이해할 때 공동체가 아닌 '자아 우선성'에 기초한다고 비판한다. 다시 말해 인간은 공동체인 사회와 국가로부터 결코 분리될 수 없기

---

223) 김한원 지음, 위의 책, 119쪽.

때문에 '정의'가 '공동선'보다 우선할 수 없다는 것이다. 개인의 정체성이란 사회 공동체와의 복잡한 상호 작용에 의해 구성되기 때문에 사회 정의보다 우선하는 것은 공동선('미덕과 좋은 삶')이라는 것이 샌델의 주장이다.

또 다른 공동체주의자인 매킨타이어는 『덕 이후』(1981)에서 롤스에게 사회란 이해관계를 지닌 각 개인들로 이루어져 있으며, 이들이 서로 화해하여 공동의 삶을 위한 규칙을 제정하도록 되어 있다. 이에 따라 개인이 일차적이고, 사회는 이차적이라고 지적한다. 이 때문에 공동체주의자인 매킨타이어에게 롤스의 원초적 상황은 '반사회적 개인주의'인 것처럼 보인다. 매킨타이어는 롤스의 원초적 입장에 대한 묘사가 "배가 난파되어 다른 사람들과 함께 무인도에 닿게 되어 각자가 서로 이방인인 것처럼"[224] 보인다고 비판한다. 이것은 개인들의 이해관계가 무엇이고, 무엇이 선인지를 결정짓는 공동체의 가능성을 배제하고 있다는 지적이다. 한마디로 '연고 없는 자아'라는 것이다.

그렇다고 롤스의 정의론이 '자유지상주의'로부터 지지를 받은 것도 아니다. 대표적인 자유지상주의자 노직은 롤스가 최종적으로 '최소 수혜자의 원칙'을 정당화하기 위해 무지의 베일이라는 장치를 활용했다고 비판한다. 이 때문에 최초의 상황은 공정하지도 중립적이지도 않다는 것이다. 그는 '소유 권리론(소유권의 절대성)', 즉 '소유 권리로서의 정의(정당한 최초 취득의 원칙, 정당한 양도의 원칙, 정당한 시정의 원칙)'[225]에

---

224) 스테판 뮬홀 외 지음, 김해성 외 옮김, 『자유주의와 공동체주의』, 서울 : 한울아카데미, 2003. 139쪽.
225) 김한원·정진영 엮음, 앞의 책, 178쪽.

기초해 국가가 개인의 자유에 간섭하는 행위에 대해 반대한다.

  2010년 우리나라처럼, 2014년 중국에서는 샌델의 정의 신드롬이 일어났다. 그런데 롤스가 미국에서 『정의론』(1971)을 주장할 때 미국은 인종 갈등과 빈부 격차가 극심한 상황이었다. 우리나라(2012년 현재 한국의 소득 상위 1%가 전체 소득의 12.23% 차지)와 마찬가지로 지금 중국은 소수민족의 분리 독립 운동과 함께 "중국의 자산 상위 1%가 국내 자산의 3분의 1 이상"을 차지함으로써 불평등이 극에 도달한 상황이다. 한편, 세계경제포럼(WEF)은 2015년 9월 "한국 경제와 관련해 우려되는 것들 중 하나가 부패이며, 사회 여러 분야에서 힘이 센 사람들이 독과점적 이익(Rents)을 가져가도록 하고 있다. 그리고 독과점적 이익이 소수의 대기업에 고도로 집중돼 있다."는 보고서를 내놓았다.

Chapter

16

너의 행위의 결과가 언제나 미래의 인간 생명 가
능성에 대해 파괴적이지 않도록 행위 하라

_한스 요나스

° 전통 윤리학에서 윤리적 의미는 지금 여기에 있는 인간과 인
  간 사이의 직접적인 관계를 전제로 성립했다
° 기술 지배 권력은 책임의 본질적 지평을 불확정적 미래로 확
  장할 것을 요청받고 있다

지금

글래머 배우인 앤젤리나 졸리는 2013년 2월에 양쪽 유방 절제수술을 받은 다음, 이 사실을 5월 뉴욕 타임스에 밝혀 전 세계 여성에게 충격을 줬다. 졸리는 "내 어머니는 암과 싸우다가 56세에 사망했다."면서 "난 어머니의 유전자 중 암을 유발하는 BRCA1을 물려받았으며, 의사는 내게 유방암 발병 위험이 87%, 난소암 발병 위험이 50%라고 전했다."고 수술의 이유를 밝혔다. 수술 이후 졸리의 유방암 발병 확률은 87%에서 5%로 드라마틱하게 떨어졌다고 했다. BRCA1 유전자가 돌연변이를 일으키면 유방암의 가능성이 커지지만, 그 돌연변이 부분을 잘라내고 정상 DNA로 교체한다면 양쪽 유방은 무사하지 않았을까?

그게 가능하냐고? 최첨단 유전공학인 '유전자 가위'를 활용한다면 가능하다. 진짜 가위처럼 생기지 않고 가위처럼 잘라내는 기능을 하는 덕분에 이름이 그렇게 붙었다. 즉 특정 DNA 부위를 자르는 데 사용하는 인공 효소를 '유전자 가위'라 부른다. 이것은 잘못된 유전자를 잘라내고 정상 DNA를 붙이는 유전자 교정(Genome Editing) 기술이다. 요즘은 3세대 유전자 가위인 '크리스퍼(CRISPR-Cas9)'가 주목받고 있다. 이 기술을 이용하면 문제의 유전자를 잘라내고 새로 바꾸는 데 최장 수년씩 걸리던 것이 며칠이면 되고, 여러 군데의 유전자를 동시에 '수리'할 수도 있다. 또 암과 에이즈, 혈우병 등 각종 유전병을 치료할 수 있고, 농작물이나 축산물의 품종개량도 용이하다.

2014년 중국 과학자들은 크리스퍼 유전자 가위로 원숭이의 배아에서 특정 유전자를 바꾸는 데 성공했다. 또 2015년에는 국내 과학자가 이끄는 한·중 공동 연구진이 특정 유전자를 교정해 근육이 많은 '슈퍼 돼지'를 만드는 데 성공했다. 사람에게 적용한다면 정자·난자의 DNA를 바꿔 원하는 유전자를 가진 '맞춤형 아기'로 발전시킬 수 있다. 이론적으로는 슈퍼맨 탄생도 시간문제다. 1998년 개봉한 SF영화 '가타카'가 연상된다.

-〈서울신문〉, 2015. 06. 01. -

주제어

전통윤리학, 책임의 원칙(윤리), 기술 지배권력, 호혜성, 비호혜성, 유대성 · 공감 · 공정성 · 동정의 윤리 · 호모 파베르, 새로운 정언명법, 공포의 발견술, 예견적 책임, 전체성 · 연속성 · 미래와의 연관성, 결과의 모호성, 적용의 강제성, 시 · 공간적 광역성, 인간중심주의의 붕괴

전통 윤리학에서 윤리적 의미는 지금 여기에 있는 인간과 인간 사이의 직접적인 관계를 전제로 성립했다

인류의 진보와 유토피아에 대한 염원은 과학기술의 발달과 함께 현실적으로 실현 가능한 목표처럼 여겨졌다. 하지만 이러한 기대와는 달리 과학기술이 인간은 물론, 모든 자연 생명의 가치를 위협하는 근본 원인으로 작용하고 있다는 점도 부정할 수 없는 현실이다. 진보에 대한 맹목적인 신뢰가 낳은 문제, 예를 들어 제2차 세계대전에서 자행되었던 나치의 생체 실험은 '뉘른베르크 강령(1947)'을 낳았고, 화학 살충제인 DDT의 폐해는 『침묵의 봄』(1962)이 600만 부 이상이나 팔리는 베스트셀러가 되게 하였다. 인간과 자연 생명에 대한 이러한 위기의식은 지금까지의 윤리 이론에 대한 비판적 성찰을 요구했고, 이러한 요구는 인간은 물론, 인간이 아닌 존재, 즉 자연 생명과 미래 세대에 대한 도덕적 배려라는 새로운 윤리 영역의 가능성을 열어주었다. 또한 이것은 인간의 본성 자체를 위협하게 된 새로운 거대 권력인 과학기술 자체에 대한 윤리적 성찰이라는 의미를 포함하고 있다.

이제까지 전혀 알려지지 않았던 힘을 과학을 통해 부여받고, 경제를 통해 끊임없는 충동을 부여받아, 마침내 사슬로부터 풀려난 프로메테우스는 자신의 권력이 인간에게 더 이상 불행이 되지 않도록 자발적인 통제를 통해 자신의 권력을 제어할 수 있는 하나의 윤리학을 요청받고 있다. 226)

물론, 이러한 새로운 상황을 전통 윤리학이 적절히 설명하고 대응할 수 있다면 희망을 품을 수도 있겠지만, 불행히도 전통 윤리학은 지금 여기의 인간(현세대)과 인간이라는 직접적인 관계만을 대상으로 하기 때문에 이 새로운 상황을 적절히 설명하고, 이에 대한 윤리적 지침을 제공하는 데 실패할 수밖에 없다. 한스 요나스(Hans Jonas, 1903~1993)는 이와 같은 윤리적 공백 상태에 대한 처방으로 '책임의 원칙' 또는 '책임의 윤리'를 주장한다.

그의 『책임의 원칙 : 기술 시대의 생태학적 윤리』(1984)는 '미리 사유된 위험 자체', 즉 미래에 있을 수 있는 예상치 못한 상황, 전 지구적 범위까지 미칠 수 있는 과학기술에 의한 위험들, 그리고 인간이 몰락할지도 모른다는 미리 사유된 위험들을 통해 도출된 윤리적 원리이다. 즉 미리 사유된 인식 체험이라는 '공포의 발견술'을 통해 새로운 기술 권력에 대해 새로운 윤리적 의무를 주장하는 것이 '책임의 윤리'이다. 왜냐하면 인간은 무엇인가가 위험에 처해 있다는 사실을 알고 있을 때

---

226) H. 요나스 지음, 이진우 옮김, 『책임의 원칙 : 기술 시대의 생태학적 윤리』, 서울 : 서광사, 1994. 위의 책, 5쪽.

에야 비로소 무엇이 위험에 처해 있는지를 제대로 알기 때문이다.[227]

이 점에서 요나스의 책임의 윤리는 새롭게 등장하는 의무 그 자체를 규정하는 윤리이며, 멀리 떨어져 있는 미래를 예견하고, 지구의 모든 영역을 인과성의 의식 안으로 포함하는 '경외의 윤리'이다. 경외의 윤리로서 책임 윤리를 이해하기 전에 먼저 전통 윤리학의 성격을 이해해야 한다. 왜냐하면 전통 윤리가 기술 시대의 새로운 상황에 잘 조응하지 못하는 한계를 드러낼수록 새로운 책임 윤리의 필요성은 그만큼 중요한 주제가 될 것이기 때문이다. 전통 윤리학은 다음과 같은 성격과 한계를 지닌다.[228]

첫째, 전통 윤리학은 인간 외적인 세계와의 관계에서 윤리적으로 중립적이다. 달리 말해 비인간인 대상은 윤리적으로 중요한 의미를 지니지 않는다.

둘째, 전통 윤리학에서 윤리적 의미란 자기 자신과의 관계를 포함하며, 인간과 인간의 직접적인 관계를 말한다. 이 점에서 모든 전통 윤리학은 인간 중심적이다.

셋째, (인간 중심적인) 전통 윤리학은 인간이라는 '실체'와 그 본질을 '불변하는' 것으로 파악한다. 따라서 인간의 본질을 기술의 대상으로 파악하지 않는다.

넷째, 전통 윤리학에서 행복과 불행은 행위와 매우 가까이 있었다. 따라서 행위의 직접적인 범위 밖에 있는 영역은 고려하지 않

---

227) 위의 책, 6쪽.
228) 위의 책, 29~30쪽.

아도 되었다. 행동이 미치는 영향의 범위는 작았고, 시간적으로 예측할 수 있는 목표는 짧았으며, 상황에 대한 통제는 제한적이었다. 행동이 미치는 범위가 시간·공간적으로 한정적이었기 때문에 장기적인 진행 과정은 우연이나 행운에 맡기면 되는 것이었다. 결국 윤리학은 '지금' 그리고 '여기'와 관련된 것이었고, 인간관계에서 일어나는 일들과 관련된 것들이었다.

이렇게 전통 윤리학의 모든 도덕적 명령과 격률들은 행위가 직접적으로 미치는 범위에 한정되고 적용되었다. 예를 들어 "네 이웃을 너 자신과 같이 사랑하라.", "다른 사람이 너에게 행하기를 바라는 대로 너 또한 그렇게 행하라.", "네 이웃을 수단으로 대하지 말고, 항상 목적 그 자체로 대우하라."와 같은 도덕 명령들에 등장하는 '타인'들은 모두 공통적으로 지금 여기에서 관련되는 사람들이라는 점이다. 따라서 전통 윤리학이 대상으로 하는 것은 지금 여기에 살고 있는 현재 세대들이었으며, 도덕적 판단의 여부는 곧 행위가 미치는 구체적인 범위로 한정되는 특성이 있었다. 이 점에서 "인간에게 선(善)의 완전한 장소는 항상 여기(현재)였다."229)

이처럼 전통 윤리는 기본적으로 호혜성에 기초하고 있다.230) 그 것은 지금 여기 있는 당사자 또는 권리를 주장할 수 있는 사람을 전제로 성립했다. 따라서 나에게 의무란 지금 여기의 다른 사람에게는 권리를 의미했고, 다른 사람의 권리는 나의 권리와 동등하다는 것을 전

---

229) 위의 책, 32쪽.
230) 위의 책, 84쪽.

제로 하는 것이었다. 그렇지만 미래에 대한 책임의 윤리는 이와 같은 호혜성을 주장하지 않는다. 책임 윤리가 탐구하는 것은 아직 존재하고 있지 않은 것과 관련되며, 따라서 권리와 호혜성의 이념은 문제되지 않는다. 책임 윤리는 앞으로 존재할 가능성을 근거로 이야기하기 때문이다.

이와 같은 '비호혜성', 즉 지금 여기의 독립적인 성인들의 관계가 아니라 독립적이지 않은 미래 세대와의 관계가 책임 윤리의 기초를 형성한다. 이에 따르면, 미래 세대의 인류는 지금 현세대의 경박한 행동이 초래한 불행에 대해 "당신들은 불행의 창시자예요!"라고 비난할 권리가 그들에게 있다고 주장한다. 따라서 현세대는 아직 존재하지 않는 미래 세대의 이러한 권리(즉 "미래 세대는 실존해야 한다.")에 대해 응답할 의무가 있으며, 그것은 책임의 형태로 나타난다는 것이다. 다시 말해 미래 세대와의 유대성, 공감, 공정성, 동정의 윤리에 기초해 현재 세대는 일종의 '허구적 동시성'[231]을 깨달으며, 이를 근거로 미래 세대의 권리를 인정하고, 현재 세대에게는 의무와 책임이 부과되어야 한다는 것이다.

기술 지배 권력은 책임의 본질적 지평을 불확정적 미래로 확장할 것을 요청받고 있다

이렇게 기술 시대의 도래와 함께 모든 것이 바뀌었다. 현대의 기술은

---

231) 위의 책, 89쪽.

너무나 새롭고 너무나 많은 것들을 만들어냈으며, 그 결과 전통 윤리학으로는 현대의 기술적 행위들이 초래하는 문제들을 설명하기 어렵게 되었다. 무엇보다 가장 근본적인 변화는 인간의 기술에 의한 자연 침해 가능성이 일상화되었다는 점이다.[232] 그런데 이것은 기술에 의한 침해로 자연이 완전히 파괴되고 훼손되었다는 사실을 인식하기 전에는 그 심각성을 전혀 상상할 수 없다는 것이 더욱 심각한 문제이다. 이것은 사실상 인간 행위의 본질이 변했다는 의미이기도 하다. 이 때문에 자연은 인간에게 책임의 영역이 되었으며, 윤리가 심사숙고해야 할 '새로운 것'이 되었다.[233]

앞에서 보았듯이 전통 윤리는 인간다운 삶을 위한 전 지구적 조건, 그리고 종의 먼 미래와 실존에 대해 관심을 가질 필요가 없었다. 하지만 윤리가 인간의 거대 권력에 대한 자기 통제를 안내하고 지도하는 것이어야 한다면, 이제 윤리는 인간의 권리와 의무에 관한 새로운 견해를 제시해 주어야 한다. 오늘날 인간은 전체로서 생명 영역이 자신의 권력에 예속되어 있다고 당연하게 전제를 하고 있는 것은 아닌지, 나아가 생명 영역이 독자적인 권리를 갖고 있는 것은 아닌지에 대한 윤리에서의 근본적인 사고의 전환과 탐구를 해야 한다.

만약에 그렇다면, 이것은 인간의 선은 물론, 인간 외적인 자연의 선에 대한 탐구를 요구하며, 목적 자체의 개념을 인간의 영역을 넘어 미래 세대와 자연 생명으로까지 확장해야 한다는 것을 의미한다. '호모 사피엔스'에 대한 '호모 파베르'의 승리, 즉 기술 지배 권력은 책임의 본

---

232) 위의 책, 33쪽.
233) 위의 책, 34쪽.

질적 지평을 동시대의 공간을 넘어 불확정적 미래로 확장할 것을 요청하고 있다.

근대 칸트의 정언명령에 의하면, 도덕성을 규정하는 행동 규칙은 "너의 의지의 격률이 일반적인 법칙이 되기를 원할 수 있는 그러한 행위를 하라."였다. 하지만 새로운 종류의 도덕 명령이 불확정적 미래를 가리키는 것이어야 한다면, 그것은 다음과 같은 명령의 형식(정언명령)이 될 것이다. 234)

> 너의 행위의 결과가 지상에서의 진정한 인간적 삶의 지속과 조화를 이루도록 행위 하라.
> 너의 행위의 결과가 인간 생명의 미래 가능성에 대해 파괴적이지 않도록 행위 하라.
> 지상에서 인류의 무한한 존속을 가능하게 하는 모든 조건을 위협하지 마라.
> 미래 인간에 대한 불가침성을 네가 함께 바라는 대상이 되도록 지금 여기에서의 선택에 포함시켜라.

이처럼 새로운 정언명령은 자기만족을 위한 '짧은 불꽃놀이'를 위해 인류 미래의 생명을 위태롭게 해서는 안 된다고 주장한다. 이것은 현재 세대가 존재하기 위해 아직 존재하지 않는 미래 세대의 이익을 담보로 해서는 한 된다는 명령이며, 또 현재 세대에게는 그럴 권리가 없다

---

234) 위의 책, 40쪽.

는 선언이기도 하다. 즉 미래는 우리에게 책임의 영역이라는 뜻이다.

　　그런데 현재의 기술 지배 권력은 비인간적 영역은 물론, 매우 적극적으로 인간 자신을 향하고 있으며, 그 결과 인간 스스로가 기술의 대상으로 전락하고 있다. 예를 들어 분자 생물학의 발전은 인류에게 노화의 과정을 늦추고 생명의 활동을 연장하는 데 큰 도움을 줌으로써 '더 오래 사는 삶'이라는 인류의 오랜 소망을 실현해 주고 있다. 하지만 더 오래 살게 되었다는 말 속에는 새로운 생명의 출현이 그만큼 더 줄어들게 되었다는 의미도 포함되어 있다.

　　극단적으로 말하면, 죽음이 폐지된다면, 번식 또한 폐지된다. '되풀이되는 결말로서 죽음'이라는 희생을 통해 '되풀이되는 시작으로서 생명'이 있는 것이다.[235] 그리고 이것이 우리의 삶을 권태로운 일상에 빠지지 않도록 해주는 보호막이 되고, 삶을 더욱 가치 있게 만들도록 이끄는 힘이 된다. "너는 죽을 수밖에 없는 존재라는 사실을 기억하라(Memento Mori)."는 죽음의 경고가 우리의 삶에 주는 의미를 성찰할 줄 알아야 한다. 그럼에도 인류는 스스로의 기획에 따라 인류를 개선하고 변화시키고자 하며, 스스로 진화의 모든 과정에 기술적 개입을 서두르고 있다.

　　인간은 행위를 하는 존재이며, 윤리는 행위를 규제하는 성격을 갖고 있다. 따라서 행위가 미칠 힘이 크면 클수록 윤리의 필요성은 더욱 클 수밖에 없다. 그리고 현재의 기술 지배 권력, 즉 새로운 종류의 행위 능력은 그에 합당한 새로운 윤리의 기준을 요구하고 있으며, 그것

---

235)　위의 책, 53쪽.

은 책임의 윤리이다. 우리는 이것을 '공포의 발견술'을 통해 '예견적(예방적) 책임'의 윤리로 구체화해야 한다.

만약에 살인이 없었다면, 생명의 신성함을 알지 못했을 것이고, 또 '살인하지 마라.'는 신성한 도덕 명령을 분명하게 보여주지 못했을지도 모른다. 또 거짓이 없었다면 진실의 가치를 알지 못했을지 모르고, 부자유가 없었다면 자유의 가치를 알지 못했을지도 모른다. 마찬가지로 우리가 찾고 있는 미래에 대한 책임 윤리는 우리의 잘못된 판단으로 이런 일을 당하지 않도록 미리 예방하고 지켜줄 수 있는 인간 개념을 발전시킬 수 있도록 해준다.

그런데 위협이 무엇인지를 알지 못한다면, 무엇을 보호해야 하는지도 알지 못한다. 확실한 것은 악을 인식하는 것이 선을 인식하는 것보다 훨씬 쉽고, 무엇이 악인지에 대해서 인식하는 문제는 직접적이고 명확하여 의견의 차이가 별로 없다는 점이다. 파렴치한 행위를 보지 않고서 어떻게 진실을 찬양할 수 있으며, 전쟁의 참상을 보지 않고서 어떻게 평화를 찬양할 수 있겠는가?

우리는 원하는 것보다 원하지 않는 것에 대해 훨씬 더 명확하게 잘 안다. 따라서 우리가 무엇을 보호해야 하는지를 알고자 한다면, 먼저 도덕 철학은 우리가 원하는 것(희망)보다는 원하지 않는 것(공포)을 이야기해야 한다. 이와 같은 '공포의 발견술'236)이 무엇이 도덕적인지를 탐구하려고 할 때 매우 유익한 출발점이 된다는 사실은 틀림없다.

'파스칼의 도박'을 생각해보자. 당신은 '신이 존재한다.'에 돈을 걸 수

---

236) 위의 책, 66쪽.

도 있지만, '존재하지 않는다.'에 걸 수도 있다. 먼저, 신이 존재한다는 믿음을 가지고 순결한 생활을 했지만, 불행히도 신이 존재하지 않는 것으로 밝혀진다고 하더라도 당신이 잃는 것은 거의 없다. 하지만 신이 존재하지 않는다는 믿음을 갖고 온갖 방탕한 생활로 쾌락을 탐닉했는데, 신이 정말로 존재하는 것으로 밝혀지면 당신은 지옥에서 영원한 고통을 감수해야 할 수도 있다. 만약에 우리가 짧고 불확실한 현세의 삶이 주는 행복, 그리고 내세에서의 영원한 행복과 불행의 가능성이라는 내기에서 최상의 작은 것을 얻고 그 대가로 무한한 모든 것을 잃을지, 아니면 유한한 작은 것을 잃고 무한한 것을 획득할지를 선택해야 한다면, 우리는 후자를 선택하는 것이 지혜롭다.

마찬가지로 '공포의 발견술(Heuristics Of Fear)' 또한 우리가 수용해야 할 책임이 어떤 것인지를 명확하게 알려주고 있다. 결정은 최고의 선을 획득하기 위해서가 아니라, 최고의 악을 회피하기 위한 쪽으로 이루어져야 한다. 이것만이 언제나 우선권을 가지며, 필연성을 형성한다. 왜냐하면 사람은 최고의 선이 없이는 살 수 있지만, 최고의 악으로는 살 수 없기 때문이다.237) 그러므로 현재 세대는 물론, 미래 세대의 실존, 그리고 자연 생명 그 자체가 내기의 담보물이 되어서는 안 된다. 요나스는 이것을 "인류의 미래는 인간의 집단적 행동이 지니는 우선적(일차적) 의무이고, 여기에는 자연의 미래가 반드시 포함된다."는 것으로 표현한다. 이는 "위험 속에서 새롭게 발견된 인간과 자연의 운명 공동체가 우리로 하여금 자연의 고유한 존엄성을 인식하게 해주고, 공리적인

---

237) 위의 책, 79, 82쪽.

것을 넘어서 자연의 불가침성을 보존할 것을 요청한다."는 뜻이다.

　이렇게 '공포의 발견술'은 새로운 도덕적 관심을 일깨우고, '책임의 윤리'가 시작되는 지점이 된다. '공포와 전율', 즉 '두려워함' 그 자체는 '책임 윤리'의 원천이자, 예방을 위한 희망이 되며, 실천해야 할 의무가 된다. 또한 이것은 우리가 잃어버렸던 경외심(놀라움)을 존중하는 마음을 갖도록 해준다. 경외심은 우리에게 '신성한 것', 즉 어떤 경우에도 결코 훼손되어서는 안 되는 것을 드러내 보여주기 때문에 현재를 희생하여 미래와 거래하지 못하도록 막아줄 수 있다.238)

　이와 관련해 이제 막 태어난 아이(신생아)의 모습은 우리에게 경외와 모든 책임의 원형을 구성하는 하나의 사례로 적절하다. 우리는 갓 태어난 아이를 보면서 모든 생명체의 무제한적인 자기 목적과 그 목적에 일치하게 이끄는 생명 능력이 그 속에 있음을 인식한다. 또 이 아이가 내쉬는 숨소리를 통해 이 아이가 존재'해야 한다'는 내재적 당위성을 깨닫고 그에 맞는 행동을 우리의 책임과 의무로서 인식하게 된다.

> 타자들은 그렇게 전달된 요청을 받아들여 도움을 주며, 신생아의 요청에 포함된 목적론적 약속의 점진적 이행을 가능하게 해준다. 타자들은 신생아와의 목적론적 약속이 이행되어 그들이 약속의 이행으로부터 해방될 때까지 지속적으로 이 일을 수행해야 한다.239)

　따라서 우리가 아이에 대해 지고 있는 책임은 총체적인 것이라는 점

---

238) 　위의 책, 374쪽.
239) 　위의 책, 232쪽.

에서 동포에 대한 인류애적 의무 그 이상의 것이라 할 수 있다. 이처럼 신생아로부터 표현되는 '당위(의무)'는 의심의 여지없이 명증성과 구체성, 절박성을 띠고 있다.240) 즉 신생아에게서 드러나는 책임의 근거에는 죽음(파멸)으로부터 위협받는 존재라는 사실이 자리하고 있다. 매 순간 지속적으로 높은 위험 수위에 놓여 있는 이 존재의 훼손 가능성은 매순간 책임의 연속성을 구성한다. 그리고 이와 같은 책임의 본보기는 같은 조건에 놓인 모든 존재들, 즉 아이처럼 소멸성에 직면해 있는 인류와 미래 세대, 그리고 자연 생명에 대해서도 책임의 지평을 확장할 것을 요청하며, 이를 기반으로 책임의 윤리를 규정하게 된다.

어린아이에 대한 부모의 의무, 곧 책임은 본능적으로 무조건적인 것이며, 인격적으로는 가장 강렬한 것이다. 왜냐하면 그 책임은 (아이의) 전체성, (생명의) 연속성, (아이의) 미래와의 연관성이라는 성격을 지니기 때문이다.241) 이에 기초해 책임 윤리는 책임의 범위를 인간은 물론, 생명 공동체로 확장해야 한다고 주장한다. 왜냐하면 이들 또한 아이처럼 불안정하고, 훼손될 수 있으며, 취소(소멸)될 수 있는 존재이기 때문이다.

> 모든 생명체는 자신에 대해 더 이상의 정당화를 필요로 하지 않는 고유한 목적이다. 이 점에서 인간은 다른 생명체에 대해 우선권을 가지지 않는다. 단지 인간만이 생명들에 대해서, 즉 생명들의 자기 목적을 보호하기 위해서 책임을 질 수 있다는 것만은 예외이다. (중략) (그렇더라도) 모든 책임의 원형은 인간에 대한 인간의 책

---

240) 위의 책, 234쪽.
241) 위의 책, 179쪽.

임이다. 책임 관계에서 이것은 의심의 여지가 없다. (중략) 모든 사람이 부모의 보호를 원천적으로 경험한다는 것은 명확하다. 이것은 결핍 때문에 위험한 상황 속에서 살아가는 생명체만이 책임의 대상이 될 수 있다는 말이다. 즉 생명체로서의 존재가 책임의 전제 조건이라는 뜻이다.242)

요나스는 현대 거대 과학기술이 윤리적 차원에서 성찰의 대상이 되어야 하는 이유에 대해, 첫째 그 기술이 미래에 어떤 결과를 가져올지 예측할 수 없기 때문에(결과의 모호성), 둘째 다른 종류의 능력이나 지식과 달리 그 실천적 적용의 압력에서 자유롭지 못하기 때문에(적용의 강제성), 셋째 기술의 결과가 전 지구의 미래와 관련되기 때문에(시 · 공간적 광역성), 넷째 기술의 발달이 전통적인 인간중심주의 윤리를 무너뜨렸기 때문(인간중심주의의 붕괴)243)이라고 주장한다. 그리고 이에 근거해 그는 현대 거대 기술의 지배 권력에 대한 새로운 윤리를 당위로서 필연이라고 주장하면서 자신의 책임 윤리를 주장하고 있는 것이다.

"위험은 실패보다 성공 안에 도사리고 있다."244) 과학기술에서의 지속적인 성공과 이에 따른 새로운 가능성은 인간의 모든 새로운 욕구를 당연하게 부추김으로써 마침내 지속적인 욕구 자체를 당연한 하나의 삶의 방식으로 자리 잡게 만들고 있다. 이런 지속적인 과정을 통해 과학기

---

242) 위의 책, 179~180쪽.
243) 한스 요나스 지음, 이유택 옮김, 『기술 의학 윤리』, 서울 : 솔, 2005. 41~48쪽.
244) 위의 책, 42, 48쪽 : 사악한 형 카인(폭탄)이 결박당한 채 지옥에 갇혀 있는 동안, 선량한 동생 아벨(평화를 위한 원자로)은 매우 차분하게 향후 천 년 동안 쓸 수 있을 만큼의 독(毒)을 비축하고 있다.

술의 힘은 더욱 커지고, 마침내 과학기술 자체가 전제적 권력이 되어 인간까지 도구화하는 단계에 이르고 있다. 하지만 인류의 지속적 생존(즉 미래 세대)이 정언명령이라면, 그리고 오랜 진화의 과정을 통해 이루어진 풍부한 유전자 풀의 보호(즉 모든 생명의 보존) 또한 우리가 따라야 할 당위로서 정언명령이라면, '적정량의 도덕(즉 책임 윤리)'은 기술 윤리의 핵심이 된다. 즉 우리가 기계의 소유물로 전락하지 않고, 우리 스스로에 대해 주인으로 남아 인간으로서 자율과 존엄을 지키기 위해서는 기술이 나아가는 방향을 기술 스스로 통제할 수 있도록 해서는 안 된다.245)

> 무시무시한 것이 많이 있지만, 인간보다 무시무시한 것은 없다네.
> 신들의 지고한 땅까지 파헤치고, 해마다 말과 당나귀를 끌고 쟁기로 갈아엎네.
> 기술로 야생 짐승의 주인이 되고, 높은 곳을 자유로이 나는 새의 주인이 되어,
> 언제나 민첩한 모든 짐승을 굴복하게 하네.
> 오직 죽음만은 피할 수 없었지만, 질병으로부터 피할 수 있는 방법을 생각해냈네.
> 영리함과 발명의 기술로 앞날을 경계하여 한 걸음씩 앞으로 나아가네.
> 신에 맹세한 법을 존중하면, 그의 나라 영원히 우뚝 서겠지만,
> 추악한 짓을 무모하게 행한다면, 나라를 잃을 것이네.246)
>
> —소포클레스, 『안티고네』—

---

245) 위의 책, 50쪽.
246) 한스 요나스 지음, 앞의 책, 24~25쪽.

Chapter

17

우리의 삶과 행위는 거대한 서사적 성격을 가지
며, 그 안에서 우리의 삶은 우리 스스로가 등장
인물이자, 작가이며, 현재 공연하고 있는 이야
기이다

_매킨타이어

° 현대 사회를 특징짓는 주정주의적 자아는 어떤 필연적인 사
  회적 정체성이 결여된 '박탈된 자아', '유령적 자아'이다
° 전통 사회에서 개인의 정체성을 확인하는 수단은 다양한 사
  회 집단 속에 그 개인이 소속되어 있다는 사실에 있었다
° 실천이란 사회적으로 정당화된 협동적 인간 활동의 일관성
  있고 복합적인 형식이며, 이를 통해 내재적 선들이 실현된다
° 우리의 삶이란 서사적 존재로서의 삶이며, 나의 삶의 역사
  는 언제나 나의 정체성을 이끄는 내가 속한 공동체의 역사 속
  에 편입되어 있다
° 내가 추구하는 선(善)은 전통에 의해 정의된 하나의 콘텍스
  트 안에서 이루어지는 것으로 보아야 한다
° 롤스와 노직은 공통적으로 정의의 문제를 다루면서 '공적(미
  덕, desert)'을 배제하고 있다

지금

[사례1] 모 대학교 여학생이 어머니뻘인 미화원에게 폭언과 욕설을 퍼부어 '패륜녀'라는 비난을 들은 바 있다. 또 다른 대학에서는 20대 학생으로 추정되는 남성이 교내 환경미화원과 경비원을 폭행해 물의를 일으켰다. 심지어 20대 여성이 지하철에서 새치기 문제로 싸우다 임산부의 배를 발로 차는 일까지 벌어졌다. 소위 '패륜 남녀'라고 불리는 사람들을 살펴보면 이들 중 상당수는 극단적인 자기애를 가지고 있다는 것을 알 수 있다. 극단적 이기주의자들은 자신의 욕구를 다른 사람들의 욕구보다 훨씬 더 중요하게 여기므로 다른 사람들은 눈에 들어오지 않는다. 이들은 자기 자신이 항상 우선시되어야 한다고 생각하므로 기대가 충족되지 않으면 심한 분노와 좌절감을 느낀다. 문제는 이런 인격적 결함이 성장과정에서 교정 받지 못하거나 별문제가 아닌 것으로 치부되기 십상이라는 점이다. 최근 물의를 일으킨 이들은 대부분 고등 교육을 받은 20대이다. 경쟁의 사다리를 오르며 승자가 되는 것은 배웠지만 남들과 더불어 사는 법은 배우지 못했을 가능성이 크다. 가정과 학교에서 이기적인 행동보다 부진한 성적이 더 문제인 것으로 취급받는 현실에서 그릇된 성품을 갖게 되는 것도 무리는 아니다. 성공적인 삶이란 타인과 협력하고 공동체의 공동선을 실천하고 추구함으로써 가능해진다.

－〈세계일보〉, 2010. 06. 20.－

[사례2] 최근 대학 캠퍼스에서 고령의 미화원을 모욕하거나 폭행하는 '패륜' 사건이 잇따라 터지는 것은 개인의 성공만 지나치게 강조하는 교육의 결과

라는 지적이 많다. 무조건 자신의 경쟁력만 끌어올리면 된다는 사고방식이 이런 폭력에 대한 죄의식까지 둔감하게 만드는 만큼, 학교 현장에서의 인성 교육 강화가 시급하다는 것이다. 이에 대해 한 심리학 교수는 "학력만 내세우는 체제에서는 학생들이 자기 존중감을 잃고, 이어 타인을 배려하는 능력을 상실한다. 돈 많은 승자만 동경하는 비굴한 존재가 되기 쉽다."고 말했다. 그는 학교가 학생을 평가하는 척도가 "성적 등의 스펙(조건)이 좋은가.'에서 '얼마나 사람답게 행동하고 공동체를 위해 살 수 있는가."로 바뀌어야 한다고 강조했다.

주제어

아리스토텔레스, 근대 자아관, 주정주의, 계몽주의, 개인주의, 실존주의, 칸트주의 비판, 유령적 자아, 통약불가능성, 실천, 삶의 서사적 통일성, 전통, 공유된 선 관념, 좋은 삶, 탁월성, 목적(Telos), 공적(Desert), 내재적 선, 덕(미덕), 배경(무대), 역사, 맥락(관계, Context), 공동체

현대 사회를 특징짓는 주정주의적 자아는 어떤 필연적인 사회적 정체성이 결여된 '박탈된 자아', '유령적 자아'이다

'라쇼몽 효과'란 말이 있다. 이 용어는 일어난(일어나고 있는) 일(현상)은 하나이지만 서로 다른 입장 때문에 완전히 다른 해석과 판단을 내놓는 경우를 가리킨다. 영화 '라쇼몽'에서 일어난 사건은 하나의 사실, 즉 한 사무라이가 숲속에서 죽임을 당했고, 그 전에 그의 아내가 산적으로부터 겁탈을 당했다는 사실이다. 하지만 사건과 관련된 인물들(산적, 사무라이의 아내, 무당, 나무꾼)의 진술은 각자의 기준과 이해관계에 따라 모두 완전히 다르다. 산적은 아내가 자신의 유혹에 넘어갔고, 남편과는 정당한 결투를 벌였다고 진술한다. 아내는 겁탈을 당했지만 싸늘한 남편에게 실망해 자신이 죽였다고 진술한다. 나무꾼은 아내가 두 남자를 부추겨 결투를 했다고 진술한다. 무당은 산적은 남자다웠고, 나무꾼은 아내가 자신을 배신해 분노 때문에 자결했다고 진술한다.

이처럼 영화 '라쇼몽'에서는 같은 하나의 사건을 두고 서로 다른 인식과 기준을 적용해 공정한 판단과 본질이 흐려지는 상황이 묘사된

다. 철학에서는 이와 비슷한 말로 '통약불가능성(Incommensurability, 같은 기준이나 척도로 잴 수 없음)'이란 용어를 사용하는데, 철학자 매킨타이어는 이런 일이 지금 같은 '도덕 다원주의' 또는 '정의주의(주정주의, Emotivism)'가 지배하는 시대에 일상화되어 있다고 진단한다. 이것은 우리 사회의 주요 사건들(예를 들어 동성애와 낙태, 사형제도, 세월호, 가계부채, 보편복지, 메르스 등)에서도 그대로 재현되고 있다. 즉 각자의 선호와 감정에 따른 각자의 소리만 있을 뿐이다.

이러한 정의주의적 주장은 논쟁을 위한 합리성을 전제로 주장하는 것이 아니기 때문에 자신의 기준을 다른 사람에 대해서는 물론, 자신에 대해서조차도 정당화할 수 없다. 왜냐하면 정의주의란 단지 개인이 선호하는지 혐오(거부)하는지에 대한 정서(감정) 상태만을 표현하는 것이기 때문이다. 비록 도덕적인 논쟁이 개인들 간의 신념이나 의지의 불일치를 드러내는 것이기는 하지만, 그렇더라도 그런 주장을 할 때는 개인의 자의적이고 임의적(일정한 기준이나 원칙 없이 하고 싶은 대로 하는)이며 우연적(아무런 인과 관계 없이 뜻하지 아니하게 일어나는) 감정이 아니라 합리성이라는 비개인적 기준에 의해 조율되어야 한다.

매킨타이어(Alasdair MacIntyre, 1929~)는 개인의 감정이나 태도를 표현하여 다른 사람들을 자신의 감정에 동조하게 하려는 이런 시도는 도덕 논쟁과 판단에서 매우 바람직하지 못한 행위라고 비판한다. 그런데 정의주의의 이와 같은 문제는 실존주의에서도 발견된다. 즉 그들의 주장처럼 주체적 결단에 따른 것이므로 개인의 양심을 반박하거나 비판해서는 안 된다고 한다면, 또 모든 가치가 개인의 선택에 의해서만 창조되는 것이라고 주장한다면(사르트르 실존주의), 그것은 완전히 주관적인 것이 되어버리기 때문이다.

> 정의주의적 자아는 (중략) 모든 궁극적 기준의 상실이다. 정의주의
> 적 자아가 어떤 기준이나 원리 또는 구속력 있는 가치들을 공언하
> 더라도, 그것들은 태도와 선호·선택의 표현으로 서술될 뿐이기
> 때문에 그 자체 어떤 기준·원리·가치에 의해 규정될 수 없다.
> 왜냐하면 태도·선택·선호의 표현이 기준·가치·원리에 대한
> 복종에 선행해버리기 때문이다. 그러므로 정의주의적 자아는 (중
> 략) 어떤 합리적 역사(내력)도 가질 수 없다.247)

　　다른 사람에게 자신이 갖고 있는 감정과 선호를 맞추도록 시도하는
정의주의적 도덕은 사람을 합리적 존재로 대할 수 있는 기회를 제거해
버린다. 매킨타이어에 의하면, 현대 사회에서 나타나는 조작적 인간
관계 구조 또한 이와 긴밀한 연관성을 갖고 있다. 그는 현대 사회의 특
징적 인간형을 탐미주의자(심미주의자), 관리자, (임상) 치료사로 분류
한 다음, 이들의 역할을 통해 어떻게 상대방이 다른 사람들의 목적을
위한 수단으로 여겨지게 되는지, 즉 어떻게 상대방의 감정을 자신들의
감정에 맞추도록 하는지를 보여준다.248)
　　예를 들어 탐미주의자에게 이 세계란 자신의 쾌락을 추구하고 권태

---

247) 　알래스데어 매킨타이어 지음, 이진우 옮김, 『덕의 상실』, 서울 : 문예출판사, 1997.
62쪽; 스테판 뮬홀, 에덤 스위프트 지음, 김해성·조영달 옮김, 『자유주의와 공동체주의』,
서울 : 한울아카데미, 2003. 113쪽.
248) 　스테판 뮬홀 지음, 위의 책, 115~116쪽.

로움을 물리치기 위한 공간이기 때문에 그는 끊임없이 다른 사람들을 자신의 만족을 위한 수단으로 삼게 된다. 또 (관료제 아래에서) 관리자는 자신의 목표를 효율적으로 달성하기 위해 인적·물적 자원들을 효율적으로 관리하고 조직하려고 시도한다. 하지만 그의 이러한 활동은 주주나 시장 원리에 종속되어 있다. 임상 치료사의 관심은 신경증적 증상을 앓고 있는 사람들을 치료하여 사회적으로 유용하다고 여겨지는 목적을 추구하는 힘으로 전환시키는 역할을 한다. 이들 또한 관리자처럼 효율성과 기법에 관심을 두기 때문에 환자의 내재적 관심과 가치에 개입하는 일은 피한다.

전통 사회에서 개인의 정체성을 확인하는 수단은 다양한 사회 집단 속에 그 개인이 소속되어 있다는 사실에 있었다

매킨타이어에게 현대 사회의 개인들이란 위의 세 가지 인간형에서 나타나는 역할 유형과 다르지 않으며, 이들 유형에 따라 스스로를 규정하면서 삶을 살아간다. 이 때문에 현대 사회를 특징짓는 주정주의적 자아는 한때 자아에 속한다고 여겨졌던 특성들이 제거된, 그리고 어떤 필연적인 사회적 정체성이 결여된 '박탈된 자아', '유령적 자아(추상적 자아)'249)이다.

---

249) 알래스데어 매킨타이어 지음, 위의 책, 62쪽.

(그렇지만) 전근대적 전통 사회에서 개인이 자신의 정체성을 획득하거나 다른 사람들이 그 개인의 정체성을 확인하는 수단은 다양한 사회 집단 속에 그 개인이 소속되어 있다는 사실에 있었다. 나는 형제이고, 사촌이고, 손자이고, 이 가계와 저 마을 공동체 그리고 이 부족을 이루는 한 구성원이다. 이런 특성들은 우연히 인간에게 부여된 특성들이 아니며, 또 '진정한 자아'를 발견하기 위해 제거해야 하는 특성들도 아니다. 그것들은 본질적으로 나의 한 부분이며, 종종 전체적으로 나의 책무와 의무를 정의(규정)한다. 개인들은 서로 결합되어 있는 일련의 사회적 관계 안에서 특정한 사회적 공간을 계승한다.[250)]

이처럼 한 개인은 '사회적 정체성'과 '사회적 인격'을 가진다. 하지만 그렇다고 해서 그 개인의 지위가 고정적이고 정태적인 것이라고 보아서는 안 되며, 오히려 그것은 특정한 목적(telos)을 지닌 긴 여정 속에서 특정한 지점에 놓여 있는 것이라고 보아야 한다. 삶의 길을 걷는다는 것은 목표를 향해 나가면서 마침내 완성되고 행복한 삶에 이르는 것이기 때문이다. 하지만 현대 사회의 주정주의적 자아는 자신만의 영역에서는 주권을 획득했지만, 전통과 관련된 사회적 정체성을 지닌 자아, 그리고 자신의 삶이 특정한 목적을 향해 질서가 지워져 있는 것으로 파악할 수 있다는 관점을 상실하고 말았다.[251)]

그렇다면 현대 사회의 '유령적 자아'는 무엇에서 발생한 것일까? 매

---

250) 위의 책, 63쪽.
251) 위의 책, 64쪽.

킨타이어는 그 직접적 계기를 18세기의 계몽주의에서 찾는다. 그에 따르면, 18세기 계몽주의 철학자들은 실패할 수밖에 없는 기획에 매달렸는데, 그 이유는 그들이 그 이전까지의 전통적인 인간 이해와는 어긋나고 단절된 자신들의 특정한 인간 이해 방식에 기초해 도덕의 기초를 세우려 했기 때문이라는 것이다.

다시 말해 도덕은 교육을 통해 인간의 본성을 개선하고 교정함으로써 자신의 목적을 정의할 수 있도록 이끌어주는 목적론적 성격(잠재성과 목적의 실현)252)이 핵심인데, 이러한 전통은 '사회적 삶'을 중시했던 고대 그리스에서는 자연스런 것이었다. 특히 아리스토텔레스에게 덕(德)이란 인간 삶의 본질을 이루는 부분이며, 개인의 삶은 물론, 도시 국가에서의 훌륭한 삶(사회적 삶)의 문제와도 관련된 중요한 것이다(연고적 자아).253) 즉 개인에게 최선인 것은 국가 공동체에게도 최선이며, 따라서 서로 같은 것이었다. 그렇지만 칸트나 흄처럼 근대 계몽주의자들은 이성이나 정념처럼 자신들이 갖고 있는 특정한 인간의 본질에 관한 이해로부터 도덕의 기초를 세우려 했기 때문에 실패할 수밖에 없었다.

칸트는 정념이 도덕의 기초가 되지 못하도록 배제했기 때문에 도

---

252) 위의 책, 90쪽: 매킨타이어는 윤리학을 '우연히 존재하고 있는 인간'이 어떻게 '자신의 본성을 실현하면 있을 수 있는 인간'으로 이행할 수 있는가 하는 방법을 이해시켜주는 학문으로 이해한다. 그러므로 윤리학은 가능태와 현실태, 합리적 동물로서 인간의 본질, 인간의 목적에 대한 해명을 전제로 한다. 그리고 다양한 덕들을 향유하게 하고, 악들은 금지하는 도덕 계율들은 가능태에서 현실태로 이행해 가는 방법과 참된 본성을 실현하고 진정한 목적에 도달하는 방법을 가르쳐준다.
253) 위의 책, 225쪽.

덕을 이성의 기초 위에 세우고자 했고, 흄은 이성이 도덕의 기초가 되지 못하도록 배제했기 때문에 도덕을 정념의 토대 위에 세우고자 했으며, 키르케고르는 이성은 물론, 정념까지 배제했기 때문에 무기준적 · 절대적 선택을 도덕의 토대로 설정한다.[254]

칸트 도덕 철학의 핵심은 "도덕 법칙들이 합리적이라면, 그것은 마치 수학법칙처럼 모든 합리적(이성적) 존재들에게 동일해야(일관성 있어야) 한다."[255]는 것이다. 따라서 실천 이성의 명령은 경험으로부터 나올 수 없으며, 상황이나 조건에도 구속받지 않는 무조건적이고 절대적인(정언적인) 일관성 있는 명령이어야 한다. 하지만 일관성 있는 법칙의 적용이라는 요구는 쉽게 무너진다. 예를 들어 "나 이외의 모든 사람은 수단으로 이용될 수 있다."는 준칙이 비도덕적일 수는 있지만, 그렇다고 일관성이 없는 준칙이라고 할 수도 없다. 그리고 이러한 준칙에 따르는 사람들이 이기주의자들의 세계를 바란다고 해서 일관성을 상실하지도 않는다. 또 각각의 모든 개인들이 이 원칙에 따라 사는 세상은 불편할지 모르지만, 불가능한 것도 아니기 때문이다.[256]

흄 또한 도덕은 "이성의 작품이든지 아니면 정념의 작품이든지"라는 가정[257]에 기초해 이성의 작품일 수 없기 때문에 정념의 작품이라고 확정하는 잘못을 저지른다. 그 결과 그는 도덕을 정념과 욕망을 통

---

254) 위의 책, 86쪽.

255) 위의 책, 77쪽.

256) 위의 책, 82쪽.

257) 위의 책, 86쪽.

해 이해하고, 정당화하는 오류를 저지른다. 또 흄은 "존재(is)로부터는 어떤 당위(ought)도 도출될 수 없다."는 주장을 내세운다. 그는 '~이 있다(~이다.)./~이 없다(~아니다.).'로부터 습관(관습)적으로 '~해야 한다./~해서는 안 된다.'로 연결되는 명제들을 만나게 된다고 주장하면서 이러한 관계 구조는 '도무지 이해할 수 없는' 연결 구조라고 비판한다. 하지만 매킨타이어는 이에 대해서도 '사실적 전제로부터 가치 평가적 결론이 타당하게 도출'된다고 반박한다. 예를 들어 "시간을 잘 맞추지 못하는 무거운 시계가 있다."는 하나의 '사실적 결론'이고, "그러므로 그 시계는 나쁜 시계이다."는 '가치 평가적 결론'이지만 타당하다. 또 "한우를 개량하여 최우수 농민상을 수상했다."는 '사실적 결론'이지만, "그러므로 그 농부는 훌륭한 농부이다."는 '가치 평가적 결론'이지만 타당하다. 즉 적절한 기준과 '기능'을 충족할 때, "그것은 좋은(훌륭한) ~이다."라고 말하는 것은 타당한 진술이라는 것이다. 그러므로 '사실적 전제'로부터 '규범적 결론'에 이르는 논증은 타당하다.258)

> 고대 전통에서는 '인간'과 '좋은 인간'의 관계가 '시계'와 '좋은 시계', '농부'와 '훌륭한 농부'의 관계와 같았다. '인간'과 '잘 사는 것'의 관계는 '악기'와 '악기를 잘 연주하는 것'과의 관계와 서로 동등한 의미를 지닌다는 것이 아리스토텔레스 윤리학의 출발점이었다.259) (중략) 그러므로 어떤 것을 좋다고 규정하는 것은 결국 사실적 진술에 해당한다. 어떤 행위가 정당하고 옳다고 말(규정)하

---

258) 위의 책, 97~98쪽.
259) 위의 책, 98쪽.

는 것은 바로 선한 사람이 그런 행위를 그런 상황에서 실제로 행하리라는 사실을 말하고 있는 것이다. 그러므로 이것은 사실 진술이다. 이런 전통 속에서 도덕규범의 진술은 모두 사실 진술들의 참·거짓으로 판단될 수 있다. 260)

매킨타이어는 칸트와 흄의 사례에서 구체적으로 나타났듯이, 이들 모두는 공통적으로 자신들이 처해 있는 독특한 사회적·역사적·문화적 상황을 제대로 인식하지 못하고 있었으며, 이 때문에 그들 스스로가 약속했던 과제는 해결이 불가능하고 실패할 수밖에 없었다고 진단한다. 261) 즉 그들은 '사실로서의 도덕 판단(가치 판단)', '인간의 목적', 그리고 '연고를 지닌 자아'에 관심을 두지 않았다는 지적이다.

실천이란 사회적으로 정당화된 협동적 인간 활동의 일관성 있고 복합적인 형식이며, 이를 통해 내재적 선들이 실현된다

매킨타이어는 근대 계몽주의와 현대의 주정주의적 자아에 대해 비판적으로 진단한 다음, "아리스토텔레스적 전통이 도덕적·사회적 태도와 책무들에 대한 이해 가능성과 합리성을 복원할 수 있는 방식으로 재서술될 수 있다."262)고 주장한다. 물론, 그 중심 내용은 그의 덕

---

260) 위의 책, 99~100쪽.
261) 위의 책, 94쪽.
262) 위의 책, 380쪽.

(德) 윤리와 좋은 삶을 위한 공동체적 관점을 수용하는 것이지만, 폴리스(도시국가)적 한계는 넘어서고자 했다. 그의 '덕 윤리'를 『덕의 상실』(1981) 제14장 "덕의 본질"과 제15장의 "덕들, 인간 삶의 통일성, 전통의 개념"에 나타난 '실천(사회적 관행, Practice)', '삶의 서사적 통일성(Narrative)', '전통(Tradition)'에 관한 주장을 중심으로 살펴보자.

매킨타이어는 자유주의적 개인주의자들에게 공동체란 각 개인이 스스로 설정하고 선택한 자신의 '좋은 삶'을 추구하는 무대로 인식되기 때문에 국가가 개인에게 도덕적 태도를 심어주는 역할은 국가의 정당한 기능에 해당하지 않는다. 하지만 고대·중세의 정치 공동체는 자신을 유지하기 위해 개인에게 덕들의 실천을 요청했을 뿐만 아니라 아이들이 덕을 갖추도록 키우는 것은 권위 있는 성인들의 역할이었다.263) 이 점에서 덕이란 인간이 '습득'한 하나의 성질이고, 따라서 그것을 소유하고 '실천'한다는 것은 곧 그 실천을 통해 그것에 '내재하고 있는 선'들을 성취한다는 것이며, 실천을 제대로 하지 않는다는 것은 그러한 내재적 선들을 제대로 성취하지 못한다는 의미를 지녔다.264)

> 내가 말하는 '실천'이란 사회적으로 정당화된 협동적 인간 활동의 모든 정합적(일관된)이고 복합적인 형식으로서, 그런 활동 형식(방식)에 적합하고 또는 부분적으로는 그런 활동 형식을 규정하는 탁월성의 기준을 성취하려고 애쓰는 과정에서, 그런 활동 방식에 내

---

263) 위의 책, 288쪽.
264) 위의 책, 282쪽.

재하고 있는 선들이 실현되는 것을 말한다. 즉 그러한 활동을 통해 탁월성을 성취하는 인간의 힘, 그리고 그러한 탁월성과 관련된 목적 또는 선들에 관한 관념들이 체계적으로 확장되는 결과를 낳는다.265)

실천(Practice)에 의한 '내재적 선(Internal Goods)' 개념은 매킨타이어의 '덕 윤리'를 설명하는 첫 번째 핵심 개념이다. 내재적 선은 오직 실천적인 참여의 경험을 통해서만 인식되고 규정될 수 있기 때문에 이런 경험을 하지 못한 사람에게는 적용되지 않는다. 예를 들어 단순히 벽돌을 쌓는 행위, 그냥 공을 발로 차는 행위, 단순히 고추 모종을 심는 행위는 단지 '놀이'이지 '실천'이 될 수 없다. 실천이란 '인간 공동체의 유지와 창조'라는 의미와 관련되기 때문이다. 이 점에서 실천이란 말에는 탁월성의 기준에 대한 공유된 이해와 협동적 인간 활동이라는 목적의 의미가 결합되어 있다.

그러므로 실천은 탁월성의 기준(척도)과 규칙을 준수하는 것은 물론, 선(목적)들의 성취까지 포함한다.266) 예를 들어 우리가 어떤 선수에 대해 '훌륭한 선수'라고 말할 때, 이는 그 선수가 '실천적 참여', 즉 선수로서 참여하는 경기의 기준(척도)과 규칙들의 권위를 인정하고, 이 기준에 따라 성취한 자신의 탁월성이 합의된 논증 방식과 공유된 공동체의 기준에 따라 판단되었음을 의미한다. 물론, 그는 자신의 성취에 따라 명예, 부를 얻을 수도 있을 것이다. 하지만 이런 것들은 언제나 성

---

265)   위의 책, 277~278쪽.
266)   위의 책, 278, 281쪽.

취한 그 사람의 것이고(승자와 패자가 있는 경쟁 결과), 어떤 사람이 이것을 소유하게 되면 될수록 다른 사람이 가질 수 있는 것은 그만큼 줄어들기 때문에 '외재적 선(External Goods)'에 해당한다.

반면, '내재적 선' 또한 탁월성에 대한 경쟁이기는 하지만, 탁월성의 성취는 실천에 참여한 전체 공동체의 선이라는 의미를 지니기 때문에 공동체를 더욱 풍요롭게 만들어준다.[267] 그리고 이러한 내재적 덕들로는 정의, 용기, 정직의 덕들이 있으며, 따라서 우리는 위험에 빠질지 모르더라도 이러한 덕들을 실천할 준비를 해야 한다.[268] 매킨타이어의 이러한 주장의 이면에는 정의주의적 자아에서 강조하는 개인적 · 주관적 태도, 선택, 선호, 취향들이 지속적 실천을 위한 판단의 기준(척도)이 되어서는 안 된다는 주장이 깔려 있다.

물론, 실천이 공동의 기준과 척도의 권위에 복종해야 한다는 주장 때문에 매킨타이어를 '보수주의자'라고 비판하기도 한다. 하지만 그의 진정한 의도는 실천에 참여하기 위해서는 개인적 · 주관적 선호가 그것(공동의 표준)을 따라야 한다는 것에 있었다. 왜냐하면 실천한다는 말에는 우리를 앞서간 사람들, 특히 그들의 업적이 실천의 범위를 현재의 수준까지 이르도록 확장해준 사람들과의 관계에까지 이른다는 것을 의미하기 때문이다.

> 그러므로 나는 전통의 업적에, 그리고 더욱 강력한 이유에서 전통
> 의 권위에 직면하게 되며, 나는 이로부터 배워야만 한다. 이러한

---

267) 위의 책, 282쪽.
268) 위의 책, 283쪽.

학습과 이를 통해 구현된 과거와의 관계 속에서 정의, 용기, 정직
(진실)의 덕들은 그것들이 현재를 보존하는 데 마찬가지 이유로 필
요하다. 269)

**우리의 삶이란 서사적 존재로서의 삶이며, 나의 삶의 역사는 언
제나 나의 정체성을 이끄는 내가 속한 공동체의 역사 속에 편입
되어 있다**

우리가 한 사람의 어떤 행위를 이해한다고 할 때, 그것은 그 행위
를 하고 있는 사람의 삶, 그리고 그 행위가 일어나고 있는 배경(무대,
Setting)이 지닌 내력(역사) 속에서의 한 장면을 파악한다는 뜻이다. 즉
우리는 그의 행위를 이야기(서사, Narrative)의 묶음에 들어 있는 한 장면
으로 보게 된다. 270) 그러므로 어떤 행위를 이해하려면, 그 행위를 특
징짓고 있는 무대, 즉 서사적 내력을 이해하는 일이 중요하다. 또 이러
한 서사적 내력은 다른 사람의 행위는 물론, 자신의 행위를 이해할 때
도 마찬가지로 중요하다.

예를 들어 결혼한 한 남성이 삽을 들고 정원에서 도랑을 파고 있다고
하자. 그가 도랑을 파고 있는 이유는 어쩌면 다가올 겨울에 대비하기
위한 것일 수도 있고, 아니면 자기 아내를 즐겁게 해주려는 것일 수도
있다. 만약에 전자라면, 그의 행위는 마당과 정원이 있는 집이라는 배

---

269) 위의 책, 287쪽.
270) 스테판 뮬홀 지음. 위의 책, 128쪽.

경(무대)과 관련되어 있고, 후자라면 결혼 생활이라는 배경(무대)과 관련되어 있다. 따라서 그 남성이 도랑을 파는 행위를 정확히 이해하고자 한다면, 그 행위의 배경(무대)이 어떤 것인지에 대해 이해하는 일이 매우 중요하다.

이처럼 우리가 어떤 행위자의 행위를 이해하려면, 먼저 그 행위자의 내력(역사)을 그 행위가 일어나고 있는 배경들의 내력과 관련지어 이해하는 과정이 중요하다. 우리가 어떤 행동을 이해하려 할 때 그 행위자의 의도를 고려하지 않은 채 그 행위를 이해할 수는 없으며, 또 그 의도를 알기 위해서는 그 행위가 일어나고 있는 무대와의 관련성을 파악하지 않으면 안 된다. 그리고 이때 '무대'란 하나의 제도일 수도 있고, '실천(Practice)'이나 인간(그)의 환경일 수도 있다.[271] 어떤 경우이든 중요한 점은 무대가 하나의 역사(내력)를 가지고 있다는 사실이며, 행위자의 행위는 그가 자리 잡고 있는 무대(장면)를 떠나서는 이해될 수 없다는 점이다.

이것은 우리의 삶이 하나의 거대한 서사의 일부라는 뜻이기도 하다. 그렇기 때문에 우리의 삶과 행위는 역사적 성격을 가지며, 그 안에서 우리의 삶은 우리 스스로가 등장인물이자, 작가이며, 현재 공연하고 있는 이야기인 것이다. 우리들 각자는 역사 속에서 불려나온 등장인물이다. 우리는 이야기(서사)를 통해 우리의 삶을 살아가고, 우리의 삶은 이야기에 기초해 이해될 수 있으며, 이 이야기는 다른 사람의 행위나 삶을 이해할 때도 같은 역할을 한다.[272]

---

271) 매킨타이어 지음, 위의 책, 303쪽.
272) 위의 책, 311쪽.

이렇게 볼 때, 한 사람의 인격이라는 개념 또한 역사(내력, 서사)로부터 이끌려 나온다고 할 수 있다. 탄생부터 죽음에 이르기까지 우리의 삶은 진행 중인 하나의 이야기를 살아가는 과정 속에 있으며, 인격적 정체성이란 그 이야기의 통일성과 관련된 성격의 통일성이다. 그러므로 우리들 각자는 특정한 사회적 정체성의 소지자이자 전달자이다. 이런 의미에서 한 사람의 인격 또는 덕이란 '실천'을 유지할 수 있게 해주고, 그것에 내재한 선을 성취할 수 있게 하는 성향과 관련된다.[273]

> 다양한 개인들은 다양한 사회적 상황 속에서 살며, 또한 특수한 사회적 정체성의 담지자이다. 나는 누군가의 아들 또는 딸이고, 누군가의 사촌 또는 삼촌이다. 나는 이 도시 또는 저 도시의 시민이며, 이 조합 또는 저 조합의 구성원이다. 나는 이 씨족에 속하고, 저 부족에 속하며, 이 민족에 속한다. 그렇기 때문에 나에게 좋은 것은 이런 역할을 담당하는 누구에게나 좋은 것이다. 이러한 역할의 담지자(소지자, 전달자)로서 나는 나의 가족, 나의 도시, 나의 부족, 나의 민족으로부터 다양한 부채(은혜)와 유산, 올바른 기대와 책무들을 물려받았다. 이것은 나의 삶에 대해 도덕적 출발점이 되며, 부분적으로 나의 삶에 도덕적 특수성을 부여한다.[274]

이처럼 우리의 삶이란 서사적 존재로서의 삶이며, 나의 삶의 역사는 언제나 나의 정체성을 이끄는 내가 속한 공동체의 역사 속에 편입

---

273) 위의 책, 323쪽.
274) 위의 책, 324쪽.

되어 있다. 하나의 작가로서 또는 등장인물로서 나는 연극으로 본다면, 이야기의 '처음부터' 시작하는 것이 아니라 '사건의 중반부'에 등장한다. 그렇기 때문에 나는 나 자신을 역사의 한 부분으로서 이해하며, 전통의 담지자로서 이해한다. 그러므로 내가 추구하는 선(善)은 전통에 의해 정의된 하나의 콘텍스트 안에서 이루어지는 것으로 보아야 한다.275) 자아가 사회적·역사적 역할과 지위로부터 분리될 수 없는 이유는 나의 삶의 역사가 공동체의 역사와 관련되어 있기 때문이다. 이것은 또한 주정주의적 자아관으로부터는 좋은(나쁜) 결정을 내릴 수 있는 기초(바탕)와 틀을 제공받을 수 없다는 뜻이기도 하다.

내가 추구하는 선(善)은 전통에 의해 정의된 하나의 콘텍스트 안에서 이루어지는 것으로 보아야 한다

하나의 전통 속에서 선(善)은 여러 세대를 거쳐 대대로 이어지고, 확장된다. 그러므로 개인의 선 추구는 일반적으로, 그리고 특징적으로 개인의 삶이 전통의 한 부분을 이루는 전통에 의해 규정되는 맥락(Context) 안에서 이루어진다. 그리고 이런 점은 실천에 내재하는 선들은 물론, 개인적 삶이 추구하는 선들에 대해서도 타당하다. (중략) 실천은 여러 전통들의 더 포괄적이고 더 장구한 역사들 속에 편입되어 있으며, 또 이 역사를 통해 이해가능하게 된다.276)

---

275) 위의 책, 328쪽.
276) 위의 책, 327~328쪽.

우리들 각자는 이러저러한 전통 속에 있기 때문에 '좋은 삶'이란 역사적·사회적으로 확대된 큰 이야기와의 관계 속에서 파악될 수 있다. 따라서 개인이 선(善)을 탐색하고 추구하고자 할 때, 배경·전통은 매우 중요한 자원이 된다. 왜냐하면 전통은 자기 이해와 좋은 삶에 관한 적절한 판단 기준이 되기 때문이다. 그렇지만 적절한 기준이 된다는 것은 '일반적이고' '특징적인' 의미에서 그렇다는 것이지 '언제나' 그렇다는 것은 아니다. 그 이유는 전통 또한 쇠퇴하고 소멸할 수 있기 때문이다. 전통이 정의를 결여하고, 진실성을 결여하며, 용기를 결여하고, 관련된 지성의 덕을 결여하게 될 경우, 이런 제도와 실천 아래에서 우리의 삶과 행동이 부패하게 되듯이 전통 또한 스스로를 부패시키게 된다.

따라서 우리가 전통에 대해 적절한 감각을 갖고 있다는 것은 전통을 보수주의적으로 찬양한다는 의미와는 전혀 다르다. 전통에 대해 적절한 감각을 지닌다는 말은 과거가 현재를 위해 이용 가능하며, 미래의 가능성을 파악하게 해준다는 의미로 이해되어야 한다. 살아있는 전통이란 아직 완성되지 않은 이야기가 계속 진행되고 있다는 뜻이며, 그렇기 때문에 이를 통해 하나의 미래를 마주보게 된다는 의미를 지닌다.277)

> 현재의 나는 본질적인 부분을 물려받는 존재이다. 즉 어느 정도 나의 현재 속에 현재하고 있는 특수한 과거인 것이다. 나는 내 자신을 역사의 한 부분으로 파악하며, 이런 의미에서 나는 전통의 담지자들 중의 한 사람이다. 나의 모든 실천은 역사를 가지고 있

---

277) 위의 책, 329쪽.

다. 덕(德)들은 과거와의 관계는 물론, 미래와의 관계, 그리고 현
재와의 관계를 보존해야 한다. 278)

그러므로 매킨타이어에게 전통이란 과거는 물론, 현재와 미래로 확
장하는 '살아있는 전통'의 의미를 지니며, 목적론적인 의미에서의 선(善)
과 관련된 개념이다. '살아 있는 전통'의 의미로서 전통이란 전통은 스스
로를 평가하고 비판하는 합리성과 기준을 내부적으로 갖고 있다는 의미
이다. 따라서 전통은 자신을 해체하고 재구성할 수 있는 능력을 갖고 있
으며, 이러한 합리성을 바탕으로 자신의 도덕적 신념이나 가치 측면에
서 새로운 전통을 만들어나간다. 또 전통은 우리 자신의 선은 물론, 여
러 선들이 전통을 구성한다는 점에서 목적론적인 의미를 지닌다. 즉 개
인의 선은 전통의 일부를 이루는 전통에 의해 규정된다(또는 전통과의 관
계 안에서 이루어진다). 결론적으로 전통은 과거를 딛고 일어서지만 미래
를 향해서는 열려 있다는 점에서 미리 결정되어 있지 않으며(예측 불가능
성), 선을 추구한다는 점에서는 목적론적이라고 할 수 있다.

롤스와 노직은 공통적으로 정의의 문제를 다루면서 '공적(미덕, Desert)'을 배제하고 있다

도덕의 본질을 덕(德), 즉 정의(正義)에서 발견하는 매킨타이어는 이

---

278) 위의 책, 326쪽.

것이 아리스토텔레스처럼 정치적 삶에서 가장 중요하다고 주장한다. 따라서 덕 또는 정의에 관한 실천적 합의(선에 관한 공유된 관념)가 결여된 공동체는 공동체로서 올바로 설 수 있는 토대를 상실했다는 뜻이다. 그런데 오늘날처럼 개인주의와 자유주의적 문화가 지배적인 체제에서는 "특정한 규칙을 준수하려는 성향 또는 감정"279)으로서 덕의 본질과 내용에 대해 합의에 이르기가 사실상 거의 불가능하다. 이러한 어려움은 롤스나 노직의 정치 철학 또한 예외가 아니다. 280)

매킨타이어는 롤스나 노직의 정의론에는 공통적으로 덕(德)이 중심적 지위에서 밀려나 있기 때문에 이에 대해 만족스런 설명을 하지 못한다고 비판한다. 롤스가 관심을 두는 것은 지금 심각하고 난처한 상황에 처한 사람들이 어떻게 해서 이런 상황에까지 이르게 되었는지에 대해서는 관심이 없기 때문에 과거는 아무런 의미도 지니지 못한다. 그가 관심을 두는 것은 소득과 재산을 어떤 기준에 따라 분배할 것인가이다. 반면, 노직은 오직 과거에 정당하게 취득한 것에 대한 증거만이 중요(소유에서의 정의)할 뿐이기 때문에 현재 상태에서의 분배적 정의, 즉 어떻게 분배할 것인지에 대해서는 관심을 두지 않는다.

그러므로 이 두 사상가들은 공통적으로 정의의 문제를 다루면서 '공적(미덕, desert)'을 배제하고 있다. 엄격히 말하면, 이들은 공적을 언급할 수 없다. 왜냐하면 이들에게 일차적인 것은 개인이고, 사회는 이차

---

279) 위의 책, 359쪽.

280) 매킨타이어는 홉스, 로크, 칸트 같은 개인주의 또는 무연고적 자아, 그리고 선택의 절대성을 강조하는 사르트르와 키르케고르의 실존주의, 그리고 흄의 주정주의적 자아에 대해 모두 명확하게 비판적 입장을 견지한다.

적이기 때문이다. 그 결과 개인적 이해관계를 확인하는 일이 다른 모든 도덕적·사회적 유대의 형성에 선행하고 있다. 하지만 공적이란 공동체와의 관계(맥락)에 토대를 두고 있다. 왜냐하면 공적이란 인간의 선은 물론, 공동체의 선에 관한 공유된 인식을 기초로 하며, 각 개인은 자신의 일차적인 이해관계를 이들 공유된 선들과의 관계 속에서 규정할 때에만 규명되기 때문이다.281)

하지만 매킨타이어에게 롤스와 노직은 개인주의적 전통 속해 있는데, 이 때문에 그들은 마치 서로에게 낯선 사람들이 타고 있는 배가 난파되어 무인도에 도착한 상황, 즉 서로에 대해 서로가 이방인인 것과 같은 상황을 전제하고 있다고 비판한다. 그 결과 이들에게서는 공동체의 공동 과제를 수행하는 문제, 즉 공동선과 결합하고, 덕과 정의의 기준이 되는 공적에 대한 어떤 논의도 불가능하게 된다는 것이다.282)

매킨타이어의 근본 입장은 아리스토텔레스의 전통이 우리의 도덕적·사회적 태도들과 책무들을 이해 가능하게 해주며, 합리성을 복원할 수 있는 방식으로 새롭게 재서술될 수 있다는 것이다. 그리고 이것은 공동체가 신봉하는 공유된 선 관념에 기초한 정치 공동체의 정립으로 전개된다. 하지만 여전히 남아 있는 의문점은 현실의 정치 공간이 폴리스와는 차원이 다른 규모와 시스템을 갖고 있다는 점, 그리고 공유된 선 관념이 자칫 집단주의 또는 전체주의적 위험을 내포할 수 있

---

281) 위의 책, 360, 366, 368쪽.
282) 위의 책, 369쪽 : 롤스의 재분배 원리는 과거와의 관계를 배제하고 단절시키고 있으며, 노직의 소유에서의 정의(소유 권리론)는 소유에 관한 최초의 정당한 권리를 주장하는 데 한계가 있다. 왜냐하면 현대 세계에서 재산 소유자들은 원주민들에 대한 착취와 폭력과 정복을 통해 착취한 사람들의 후예(상속인)들이기 때문이다.

다는 점이다. 그럼에도 개인주의와 자유주의, 주정주의에 의한 연고가 없는 유령적 자아가 지배하는 지금 사회의 '도덕적 진공 상태'에서 '우리는 어떤 성품과 인격을 지닌 사람이 되어야 하는가?', '어떤 삶이 훌륭하고 덕 있는 삶인가?'에 대해 '실천적 지혜'을 갖게 해준 점은 '덕 윤리'의 진정한 의의임이 분명하다.

　1998년에 발행된 우리의 중학교 도덕 교과서는 공동체와 공동선에 관해 다음과 같이 서술하고 있다.

> 우리나라는 예로부터 공동체적 삶을 중요시해왔다. 그러나 공동체 의식과 공동선을 추구하는 전통은 현대의 물질 만능주의와 이기주의로 인해 제대로 이어지지 못하고 있다. (중략) 공동체의식은 우리 사회를 하나의 몸처럼 움직이게 하는 원동력이 된다. (중략) 그러나 공익과 공동선만을 강조하고 개인의 존엄성을 경시해서는 안 될 것이다. 바람직한 공동체를 위해서는 공익과 공동선을 추구하면서도 개인의 존엄성을 지켜주는 것이 중요하다.